동아시아의 종교

The Religions of Eastern Asia

H. G. 언더우드 지음
한창덕 옮김

연세대학교 대학출판문화원

역자 서문

언더우드(Horace Grant Underwood, 1859-1916) 선교사는 우리나라 개신교 역사에서 가장 영향력이 컸던 사람이다. 그는 1885년에 개신교 최초의 선교사로서 조선 땅을 밟은 이래 1916년 작고할 때까지 30여년을 조선에 살면서 여러 가지 조선의 풍물에 관한 이해가 넓었으며, 동아시아의 종교에 대한 관심이 많아서 당시 이 분야에 관한 많은 학자들의 연구 저서를 탐구하고 자신이 목격하고 체험한 경험을 토대로 하여 이와 같은 저서를 만들게 되었다.

이 책은 원래 1908년 그의 모교인 뉴욕대학에서 '동아시아의 종교'라는 제목으로 한 강연 내용을 편집하여 1910년에 출간한 것이다. 그는 이 강연에서 그가 경험했던 동아시아의 주요 삼국인 중국, 일본, 한국의 종교상황을 설명하면서 이들이 가지고 있는 신론과 기독교의 신론을 비교하였다. 우선 동아시아에서 신봉되고 있는 종교를 5가지로 나누고, 이중 도교, 신도, 샤머니즘의 셋은 각각 중국, 일본, 한국의 민족종교로 보고, 나머지 유교와 불교는 삼국에 공통적인 종교로 분류하였다. 도교와 유교는 중국에서 시작된 종교이지만 유교가 한국이나 일본에 큰 영향을 끼친 반면에 도교는 중국에만 국한되었기 때문에 도교를 중국의 민족종교로 보았으며, 신도는 일본에 고유한 민족종교로, 그리고 한국의 경우는 샤머니즘을 민족종교로 구분하고 있다. 유교와 불교는 삼국에 공통이지만 이중에 불교를 유일한 세계종교로 평가하고 있다.

샤머니즘을 한국의 민족종교로 구분한 것은 언더우드의 직접적인 경험에서 나온 것이다. 한국에는 유교와 불교가 주된 종교로 신봉되고 있었지만, 그러나 생활에 가장 밀접하게 영향을 미치고 있는 것은 바로 이 샤머니즘이라고 간파한 것이다.

중국의 도교와 유교는 그 원시신앙으로 거슬러 올라가 보면, 유일신론적인 경향이 있었으나 후대에 오면서 다신숭배로 타락했다고 언더우드는 설명하고 있다. 한국의 샤머니즘의 경우도 고대에는 하나님 숭배사상이 있어서 유일신론적이었으나, 역시 후대에 와서 많은 잡신을 숭배하는 경향을 보이고 있다고 한다. 일본 신도는 원시신앙을 확인할 자료가 부족하여 결정적으로 언급할 수는 없지만, 초기에는 다신론적 자연숭배였으리라고 추정한다. 인도에서 전해진 외래종교인 불교는 그 창시자인 붓다의 가르침은 무신론적이었으나 후대에 다신론적으로 변질되었다고 보고 있다.

언더우드는 이 다섯 종교의 신론과 대비하여 기독교의 신론은 처음부터 일관되게 유일신론적이며 유일신론이야말로 가장 고차적이고 순수한 신개념이라고 주장하며, 동아시아의 종교에서도 중국의 도교나 유교, 그리고 한국의 샤머니즘은 원시신앙에서 가지고 있던 유일신앙의 순수성을 다시 회복할 수 있으며 기독교의 신앙이 그 역할을 할 수 있다고 자신하고 있다. 일본의 경우는 비록 신도가 다신숭배를 신봉하고 있으나, 뛰어난 종교성을 가지고 있기 때문에 기독교와 같은 순수한 유일신앙을 알게 되면 곧 여기에 동화될 것이라고 확신한다.

언더우드가 이해한 동아시아의 종교는 그의 개인적인 생각에 더하여 당시 서구의 학자들이 이루어 놓은 업적을 많이 빌려온 것을 그의 글에서 찾아 볼 수 있다. 그러나 단순히 그들의 견해를 차용한 것은 아니며, 자신이 경험하고 연구한 결과가 크기 때문에 그의 연구업적을 과소평가할 수는 없다.

한편으로 그의 연구는 객관적 시각에서 보기보다는 기독교 선교라는 사명을 염두에 둔 것이기 때문에 공정한 평가라고 하기는 힘든 면이 있다. 그것은 시종일관 유일신론만이 순수한 종교라는 주장과 기독교가 바로 그러한 종교를 보여주고 있다는 주장에서 선교사로서의 사명감을 볼 수 있다.

이러한 한계에도 불구하고 그의 연구는 동아시아의 종교를 핵심적으로 잘 보았으며, 긍정적인 면과 부정적인 면을 균형 있게 파악하려고 노력했다는 점에서 높이 평가받을 만한 것이다. 그의 연구는 당시뿐 아니라 후대의 선교사들에게 지대한 영향을 끼쳤을 것이며, 기독교가 다른 종교를 어떻게 보았는가 하는 문제는 종교 간의 대화를 모색하는 현대에도 중요한 단서가 된다고 하겠다.

언더우드는 1859년에 영국에서 태어나 미국에서 자라고 뉴욕대학을 거쳐 1884년에 화란 개혁교회 계통의 뉴브런즈윅 신학교를 졸업한 후 이듬해인 1885년에 미국 북장로교 선교사로 한국에 왔다. 한국에서는 제중원 근무, 고아원 설립, 새문안교회 설립, 성경 번역, 찬송가 간행, 조선 예수교 총회 조직(초대 총회장), 연희전문학교 설립 등 매우 열정적인 선교활동을 하였다. 1916년에 미국으로 요양 차 갔다가 그곳에서 별세하였다. 그는 단순한 선교사의 차원을 넘어서 구한말 격변기에 한국의 정치, 사회, 문화 등 다방면에서 지대한 영향을 미친 인물로서 평가를 받고 있다.

오늘날 동아시아는 세계의 정치, 경제, 문화적 측면에서 매우 중요한 역할을 담당하고 있다. 이러한 때에 한·중·일 삼국의 종교를 개관해 보는 일은 대단히 의미가 큰 작업이라고 생각한다. 이 책이 언더우드의 이해에 도움이 되고, 또한 동아시아의 종교에 대한 이해에 도움이 되기를 기원한다.

2012년 11월

역자 씀

차 례

제 1 강
도교

이 강의의 목적은 중국, 일본, 한국 사람들이 어떠한 신개념을 가지고 있는지를 확인하기 위하여 그들의 종교와 관행을 검토해 보려는 것이다. 이 작업을 수행하면서 가능한 또 다른 목적은 동아시아 사람들의 신에 대한 사상을 기독교의 신론과 비교해 보는 것이다.

이 주제를 고려할 때, 이들 세 나라에 민족적인 것으로 분류할 수 있는 종교들을 검토하는 일이 최우선으로 보이는데, 그것은 중국의 도교, 일본의 신도, 그리고 한국의 샤머니즘이다. 그 다음으로 이 세 나라에서 공통으로 발견할 수 있는 두 위대한 종교인 불교와 유교에 관심을 기울일 것이다. 그리고 마지막으로 이 다섯 가지 종교에서 찾아볼 수 있는 신개념과 성경에 나오는 신개념을 대조하려고 한다.

그러면 첫 번째로 도교를 살펴보기로 하자. 이 도교는 가일스 박사의 견해로는 유일한 중국인의 종교이다. 그는 중국인은 일반적으로 유교, 불교, 그리고 도교의 세 종교를 가지고 있다고 하며 다음과 같이 언급하고 있다.

"유교는 종교가 아니며, 단지 사회적, 정치적 윤리체계일 뿐이다. 불교는 진정한 종교이기는 하지만 외래 종교이다. 오직 도교만이 토착적으로 성장한 종교이다."[1]

그러나 우리는 당분간 중국에 세 가지 종교가 있다는 일반적인 주장을 받아들이고 이어지는 강의에서 유교가 종교인가 아닌가 하는 문제를 토의할 것이다. 셋 중에 유교와 도교가 토착적이며 어느 것이 더 우세한지는 문제로 남는다.

레그 박사는 유교를 더 강조하고 있다. 그는 노자가 공자와 동시대인으로서 약간 앞서기는 하지만 유교의 기원은 역사이전의 시기로 추적할 수 있는 반면에, "도교는 기독교 시대가 시작된 후 상당한 기간이 지난 후에도 아직 종교로서 존재하지 않았다"[2]고 주장한다.

그러나 공자의 가르침을 연구하고 그의 작품들을 제대로 판단하도록 촉구하면서 부언하기를, "우리가 그의 시대에 잠재적인 도교가 어떠했는지를 안다면 그것으로부터 다른 인상을 받는다"[3]고 하며, 공자 시대에도 도교가 존재했었다고 명백하게 주장하고 있다. 확실히 그것은 종교로서 체계화되거나 공식적으로 인정받지는 못하였지만, 그러나 그 신조는 유행하였고 추종자도 많았는데, 사실 공자의 저작들은

---

1 "중국과 중국인", p.143

2 "중국의 종교들", p.164

3 "중국의 종교들", p.178

도교적 경향에 대한 저항이었다. 애니미즘, 강신술, 그리고 인간의 욕구에 의한 잡신의 탄생 등을 미워했고, 그 민족의 원시신앙이 이러한 저급한 다신론이나 물신숭배에 의해서 얼마나 왜곡되었는지를 목격한 공자는 극단적인 반대방향으로 나가서 모든 사람들이 오로지 현재의 생활에만 전념하도록 요구했다.

노자나 공자는 그 당시 존재했던 개념이나 관행들을 사용했다. 그리고 유교나 도교는 모두 그 이전에 존재했던 것이 발전된 것이다. 공자는 특히 자신은 창시자가 아니며 어떤 계시도 받지 않았고 다만 편집자일 뿐이라고 주장한다.[4] 그는 그 이전에 있던 이야기들을 말할 뿐이며 과거나 미래뿐만 아니라 현재의 인간사에 관한 규례를 세우려고 노력한다. 반면에 노자는 후대의 더욱 문명화된 시기에 걸맞는 비범한 철학자이다. 현재의 도교가 어떻게 노자의 저술과 가르침에 연유했는가를 밝히는 것은 참으로 어렵다. 그러므로 우리가 "도교"라는 단어를 사용할 때, 두 가지 다른 의미를 인식할 필요가 있다. 즉 그것은 철학과 종교이다. 이 둘은 세심한 주의를 기울여야 한다. 그러나 이 작업을 시작하기 전에 그 *전례*들을 확인해 보자.

어떤 나라마다 민족의 원시종교를 연구함에 있어서 가장 큰 어려움은 문자가 발명되기 이전에 존재했던 것들, 따라서 문자로 기록될 가능성이 없는 것들을 연구해야 하는 점이다. 그러나 역사학자들이 그

4 **[역자주]** 〈논어〉, '술이'편에 '공자가 말씀하기를, 전술하기만 하고 창작하지 않았다(子曰 述而不作)'는 구절이 있다. 전술은 현인의 경지이고 창작은 성인에 합당한 것이다. 이 구절은 공자가 스스로 성인의 경지를 자처하지 않은 겸손을 보인 것이다.

러한 미비점을 보완하고 그 원시시대 상황에 대한 진실한 설명을 하는 일에 주의가 부족한 것을 볼 때, 그들은 이미 그들이 가지고 있는 특정한 견해에 의해서 옳고 그름에 대한 사상을 형성하고 있는 것이다. 사실 많은 경우에 연구자들은 그들 자신의 특별한 신념들을 지지하는 견해로 무장되어 있다.

중국어와 같은 소리가 아닌 특정한 생각을 나타내고 규칙적이고 체계적인 방식으로 복잡한 사상을 표현하는 표의문자에서는 알파벳과 같이 소리를 나타내는 표음문자를 사용하는 국가보다 언어학적 연구를 통해서 한 민족의 초기 신앙이나 개념을 더 많이 배울 수 있다. 유능한 언어학자인 레그 박사는 이러한 문제를 세심히 연구하고 중국의 원시사상의 중요한 단서를 발견할 수 있는 부분은 바로 이곳이라고 적극적으로 주장한다. 초기 문자를 통해서 시각적으로 사상을 보여주는 그림문자인 중국문자의 뿌리를 찾을 수 있다는 주장이다. 그래서 우리는 그 문자의 명칭에 관계없이 그들의 의미를 배울 수 있다. 그리고 그는 많은 초기 사상들을 조심스럽게 분석해 간다.

우리는 이 모든 과정을 검토할 시간은 없으나, 두 가지만 명심하면 충분할 것이다. 하늘을 상징하는 '천(天)'이라는 글자와 그리고 통치자를 의미하는 '제(帝)'라는 글자이다. 천이라는 글자는 두 부분으로 구성되어 있는데 '하나(一)'라는 부분과 '크다(大)'라는 부분으로 되어 있다. 이것은 우리에게 '하나의 위대한 존재' 즉 위대한 하나를 연상시키지 않는가? 이 단어는 여전히 하늘을 의미하는데, 그러나 단순히 물리적인 하늘뿐 아니라 전능자요 세상과 인간의 지배자를 의미한다.

두 번째 것은 '제'라는 글자로 지배자 혹은 통치자를 의미하는데,

'위'를 나타내는 '상(上)'이라는 글자와 어울려서 최고 지배자의 뜻으로 쓰이고, 그 용도는 유일한 우주의 최고 지배자라는 의미로 한정된다.

레그 박사는 다음과 같이 주장한다. "초기 형태로부터 '제'는 하늘의 인격적 명칭이었다. '천'은 모세에게 자신을 밝힌 '야훼'라는 이름의 능력을 가지고 있다. '제'는 주인, 통치자와 인간과의 관계에서 그 절대적인 신격을 나타낸다. 위대한 이름을 입술에 올릴 때 천과 중국인 선조들과의 관계는 우리들의 선조들에게 있어서 하느님[5]과의 관계와 꼭 같다고 나는 믿는다."[6]

이와 같은 성격은 중국의 통치 군주에게 적용될 수 없는데, '황제'라는 용어에서 이러한 사용은 비교적 새로운 것이며 이전의 몇몇 황제의 사후에 신격화가 이루어지기 까지는 채택되지 않았다는 사실을 기억해야만 한다. 새로운 황제가 권좌에 오른다; 그는 권력을 장악한다, 그리고 새로운 왕조를 개국한다, 그리고 그 이전의 권력자들과 필적하기 위해서 이전의 황제들에게 신격화 후에 주어졌던 명칭을 채택한다. 그러나 이것은 기원전 221년[7] 이후의 일이며, 그 이전에는 그 용어의 사용에 아무런 영향도 미치지 않았다.

우리가 다루는 주제와 관련이 있는 이러한 표의문자들을 더 깊이 연구하면서, 그러나 여기서는 할애할 시간이 없지만, 그는 중국인들의

---

5 **[역자주]** 이 책에서 God은 하느님, god는 신 또는 신격, Hananim은 하나님으로 번역함.

6 "중국의 종교들" p.10

7 **[역자주]** 진시황이 전국시대를 통일하고 진나라를 세웠으며, 이때부터 황제라는 명칭이 사용되었다.

신개념인 '제'와 영을 조심스럽게 구분하고, 그리고 그 언어의 쓰임에서 나타나는 것처럼 생전의 인간과 사후의 인간을 구분한다.

이러한 종류의 주장이 미치는 영향력은 그 표의문자를 창안해 낸 사람들이 종교적인 글을 쓰려고 했던 것이 아니라 단순히 한 민족의 생활이나 전체 사상을 기록하기 위한 매개체를 준비하고자 했다는 사실을 기억할 때 더욱 증대된다.

그의 언어학적 연구를 결론지으며, 레그 박사는 다음과 같이 말한다. "오천년 전에 중국인들은 유일신론자였다, - 일신론자가 아닌 유일신론자[8] - 그리고 이 유일신론은 우리가 본 바와 같이 한편으로 자연숭배에 의해서, 그리고 다른 한편으로 미신적인 점복술에 의해서 붕괴되는 위험에 빠졌다."[9]

논의를 더 진행하기 전에 이 강연과 관련된 어떤 용어들의 특수한 용법을 명확히 한정하는 것이 좋겠다. 먼저, '유일신론'이라는 단어에 대해서 살펴보자. 나의 의도는 그 용법을 모든 다른 신들을 배제하는 엄격한 의미로 한정하는 것이다. 최고의 언어학자들이 인정하고 있는 몇몇 용법에 의하면, 유일신론이란 한 민족 혹은 사람들이 다른 신들이 존재하는 상황에서 오직 한 신에게만 경배하는 것이다. 이 강연에서 우리의 의도는 오히려 모든 다른 신들의 존재가능성을 배제하고 그 용어를 사용하는 것이며, 그리고 '일신론'이라는 말은 한 부족이나 민족이 그의 *특별한 신*으로, 그 신이 우상이든지 영이든지 간에, 오직

8 유일신론(monotheism)은 오직 하나의 신만이 존재한다고 믿으며, 일신론(henotheism)은 최고신이 존재하고 그 밖에 하위의 신들이 공존한다는 이론이다.

9 "중국의 종교들" p.16

한 우상 혹은 신만을 배타적으로 숭배하는 것을 의미한다. 일신론은 많은 신들 중에 다른 저급한 신격들의 행위를 통제하는 하나의 뛰어난 신에 대한 사상이다.[10]

중국 역사의 기록물들을 살펴보면, 초기 시대에는 기도들이 하나의 신으로서 상제에게 바쳐졌다; 황제들이 권좌에 오르면 상제에게 고하고 그의 보호와 도움을 위해 기도했다; 그리고 사실 다른 영들과 저급한 신들이 있었는데, 그들은 주로 상제의 신하로서 그의 지시에 따라 그의 명령을 수행했다.[11] 상제에게 찬양했고, 그리고 찬양의 송시가 이 목적을 위해서 처음으로 작곡되었다. 다음과 같은 구절들은: -

---

10 "그러나 고대 중국인들에게 가장 높은 숭배의 대상은 상제였으며, 그 상제는 중국인들의 다른 신들 보다도 히브리 신의 개념에 더 가깝다. 하늘은 높고 위대하다. 그러나 상제는 하늘과 땅을 동시에 지배한다. 군주가 통치하고 나라들이 번성하는 것은 그의 호의에 의한 것이며, 왕위가 전복되고 왕국이 멸망하는 것은 그의 명령에 따르는 것이다. 지상의 군주가 왕국을 다스리는 것처럼, 그와 같이 상제는 푸른 하늘을 다스린다." - 더글라스, "유교" p.82

11 "요임금이 죽은 후에 그와 같이 다스렸던 순임금이 유일한 군주로서 왕위를 계승했다. 전임자와 같이 그는 마음이 깊고, 현명하고, 뛰어나고, 그리고 지적이었다. 그는 온순하고, 존경스럽고, 그리고 신중했다. 그의 신비로운 덕이 높이 칭송되었고, 그리고 그는 왕위에 임명되었다. 요임금에 대한 방대한 평가작업 후에 그가 행한 첫 번째 공식행사의 하나는 최고의 통치자 혹은 신인 상제에게 희생제를 드리는 일이었다. 우리가 듣기로, '그 후 순임금은 특별한, 그러나 정형화된 형식으로 상제에게 희생을 바쳤다: 정결과 공경으로 여섯 주체에게 희생을 바쳤다: 산들과 강들에 적합한 희생을 바쳤다: 그리고 그의 숭배를 영들의 주인에게 확장시켰다.' 평이하게 사용된 이 표현이 상제에 대한 숭배가 적어도 이전에 존재했다는 것을 암시하지만, 이것이 중국 역사에 있어서 종교적 숭배에 관한 첫 언급이다. 모든 세대에 걸쳐서 가장 최상의 형태의 숭배가 바쳐진 대상은 바로 이 최고의 존재이다." 더글라스, "유교", p.11

> "위대하다 신이시여['제'],
> 위엄으로 다스리신다;"
> 혹은
> "얼마나 강하신가 신이시여['제'],
> 인간의 지배자;
> 얼마나 두려운가 그의 위엄이!"[12]

최고의 권력과 다스리는 손에 대한 사상을 확실히 보여주고 있다. 그는 거룩하고, 그리고 죄를 생각할 수 없다. 희생을 바치기 전에 정화 의식에서 보이는 것처럼, 그때에 몸을 청결하게 해야 하는 바로 그 필요성은 영혼을 청결하게 해야 할 중요한 필요성을 명백하게 보여준다. 그리고 희생재물의 사용은 죄가 있는 인간이 그를 진정시켜야 한다는 사실을 보여준다. 고대로부터 우리는 그러한 희생의 증거를 가지고 있다; 그리고 그 의례에 대한 정확한 설명을 할 수는 없지만, 최고의 관심과 세심한 주의를 기울였음을 보여주는 충분한 단서가 있다.

우리가 다음과 같은 기도를 바치고 있는 중국의 황제를 존경심과 경이로움이 없이 고찰할 수 있을까: -

> "오랜 태초에 형체도 없고 어두운 큰 혼돈이 있었습니다. 다섯 가지 요소가 아직 순환하지 않았고 해와 달도 빛나지 않았습니다. 그런 까닭으로 그 가운데 자신을 드러내는 형체도 소리도 없었습니다. 오, 영적

12 "중국의 문학"에서 가일스의 번역

왕이신 당신께서 권좌로 나오시고, 그리고 처음으로 혼탁한 부분을 순수한 것으로부터 구분하셨습니다. 당신은 하늘을 만드시고, 땅을 만드시고, 인간을 만드셨습니다. 모든 사물이 재생산하는 능력을 가지고 존재하게 되었습니다."

"오, 제여, 당신께서 사물의 비활동적인 힘과 활동적인 힘이 작용하도록 길을 열었을 때, 당신의 창조 작업은 계속되었습니다. 오, 영이신 당신께서 해와 달과 그리고 다섯 별들을 만드셨습니다; 그리고 그들의 광체는 순수하고 아름다웠습니다. 하늘의 둥근 천장은 휘장처럼 펴져갔고, 그리고 장방형의 땅이 그것을 떠 받쳤으며, 모든 피조물들이 행복했습니다. 당신의 종인 나는 공손히 당신께 감사를 드립니다."

"모든 살아있는 생물들이 당신의 호의에 의하여 시작되었습니다. 오, 제여, 인간과 피조물들이 당신의 사랑 안에서 낙원을 누립니다. 모든 살아있는 존재들이 당신의 선하심에 빚지고 있지만, 그러나 누가 그들의 축복이 어디서 왔는지 알겠습니까? 오, 주여, 그것은 모든 것의 진정한 부모이신 당신뿐입니다."[13]

틀림없이 이것은 왕이나 예언자들 중에 하나로부터 우리가 기대할 수 있는 것이다. 물론 의문은 자연스럽게 일어나는데, 이것은 순수한 유일신론인가 혹은 일신론인가 혹은 단순한 일신숭배[14]인가?

알려진 것처럼, 그들의 최고 통치자로서 그들이 우주적 하늘을 택했다는 사실은 곧 그것이 일신숭배가 아니라고 말한다; 그러나 자세히

13 레그, "중국의 종교들" p.46, 47, 49

14 **[역자주]** 일신숭배는 최고신의 개념이 없이 여러 신중에 한 신을 숭배한다.

살펴보면, 이 말은 거의 증거가 없다. 왜냐하면 그들이 모든 자연력 중에서 하늘을 그들의 특별한 신으로 선택했다면, 다른 민족들은 다르게 선택할 수 있다는 점에서 이것이 순수한 일신숭배가 아닐 수 있는가? 그러나 그 기도문은, 주의 깊게 연구해 보면, 숭배자에게 그것은 단순히 민족의 신, 중국인의 신, - 특정민족의 신 - 이 아니고 전 우주적 신이라는 사실을 명백하게 보여준다. "당신은 하늘과 땅과 인간을 만드셨습니다. 모든 사물이 그들의 재생산의 능력을 가지고 존재하게 되었습니다." 이 말은 단순히 어떤 민족의 신에게 바쳐진 기도라고 보기가 어렵다.

그러므로 우리는 그것이 유일신론적인지, 혹은 일신론적인지 하는 문제를 고려하게 된다. 일반적인 의견들 - 저급한 신격들이 숭배를 받았다, 자연숭배는 초기에는 거의 다 있었다, 저급한 신격들이 인정받지 못했다고 확신할 수 없다 - 등은 모두 유일신론 보다는 일신론을 가리키고 있다; 그러나 레그 박사의 세심한 언어학적 연구는, 이러한 영들에 대한 숭배와 관련된 고대 관행에 대한 그의 주장에 더하여, 초기의 중국인은 진정한 유일신론자들이었다는 그의 이론에 무게를 두고 있다.

그는 다음에 나오는 인용문에서 유일신론과 일신론을 대비시키지는 않았지만, 그러나 고대 중국의 종교는 정령숭배나 영혼숭배였다는 성급한 이론에 반대한다. 그의 주장이 매우 적절하기 때문에 여기에 그의 글을 상당히 길게 인용하지 않을 수 없다.

그는 말한다: -

"다음과 같이 물을 수 있는데, 어떤 종교가 그 숭배의 대상이 영으로 간주된다는 의미에서 정령숭배가 아닌가? 그러나 그것은 단순히 숭배되는 것이 영들이기 때문이 아니고, 그들이 숭배자와 맺고 있는 관계, 그리고 최고의 영 혹은 신과 맺고 있는 관계 때문이다. 만약 고대 중국의 종교가 정령숭배뿐이라면, 그들이 공경하는 최고의 대상인 제 혹은 신은 얼마나 오래전에 어디로부터 왔는가? 그리고, 초기에 열등한 숭배가 행해졌으며 자연의 대상과 밀접하게 연결되어 있었던 다른 영들에 관하여 볼 때, 그들은 신을 대신하여 인간에게 봉사했기 때문에 숭배되었다. 그러한 영들에게 바쳐졌던 앞선 시대의 기도나 송시들이 부족한 상태에서 명 왕조(1368-1642)의 법령에서 선택된 하늘과 땅과 영들에게 바친 다음의 기도들은 고대의 전통을 충실하게 나타내고 있다고 받아들일 수 있다. 하늘의 영들 - '구름을 주관하는 영, 비를 주관하는 영, 바람의 영, 그리고 천둥을 주관하는 영들' - 이들에 대하여 말하기를, '오, 영들이시여, 상제를 보좌하는 신하로서 구름과 비를 감독하고 바람을 멀리 날려 보내는 것이 당신들의 일입니다. 모든 사람들은 당신이 베푸신 혜택을 즐거워합니다.' 다시 땅의 영들 - 산과 언덕의 영들, 네 개의 바다와 강의 영들, 토지의 영들, 그리고 하늘아래의 모든 산과 강의 영들 - 이들에 대하여 말하기를, '오, 영들이시여, 위대한 일꾼이요 변형자의 신하로서 하늘이 부여해 준 능력과 영향력으로 한 지역의 수호자로 주재하는 것이 당신의 일입니다. 그래서 사람들은 당신들의 은택을 즐거워합니다."[15]

15 "중국의 종교들", p.18-19

레그 박사의 주장은 영이나 때때로 '저급한 신격'이라고 불리는 것들은 초기에는 중국인들이 어떤 의미에서는 신으로 여기지 않았고, 다만 상제의 의지를 수행하도록 보내진 관리하는 영으로 간주되었다는 것이다. 그는 이러한 영들이 '제'라고 불리지 않았다는 사실에 특별한 관심을 보였을 뿐만 아니라, 그의 책 '중국의 종교들'에서 보이는 초기 문자들에 관한 연구에서 이러한 영들에게 적용된 용어와 신이나 신들에게 적용했던 용어들 사이에 명확한 차이점을 도출해 냈다. 따라서 처음에 이 영들은 최고신의 대리인, 관리, 종이었던 것처럼 보이며, 그리고 초기 시기에는 중국인들도 그렇게 생각했다.

이것과 같은 주제에 관해서 북경의 마틴 박사의 글을 인용해 보겠다: -

"중국인의 문헌이나 제도들은 신에 관한 사상으로 넘쳐나는 힌두인이나 히브리인들의 것들과 같지 않다. 그럼에도 불구하고 그런 사상은 그들의 고전 속에 모호하게 표현되어 있어서 우리로 하여금 문헌이나 제도들이 민족적 영혼에 대한 매우 희미한 인상을 남겨놓지 않았나 하는 의구심과 애석함을 갖게 만든다.

그들의 역사서에 음악은 '상제'를 찬양하기 위해서 발명되었다고 기록되어 있다. 왕좌를 다투는 경쟁자들은 '상제'의 판단에 호소한다. 그는 나라들의 중재자이고, 그리고 선의에 의해서 움직이는 한편, 또한 인간의 부정에 대해서 분노하기도 한다. 주역에서 그는 봄의 순환을 통해서 동면하고 있는 자연에 생명을 회복시킨다고 묘사되고 있다. 예기에는 고대인들이 곡식을 위해서 '상제'에게 기도했고, 제물로 바치기 3개월 전부터 축사에서 키운 흠이 없는 수송아지를 희생으로 바쳤다고 기록하고 있다. 시경에는, 대부분 서기 전 8백년에서 천년 경에 작곡되고 더 오래된 단편들을 포함하고 있는데, 선한 영들이 오른 편과 왼 편에서 오르락 내리락 하는 동안 상제는 높은 권좌에 앉아 있는 것으로 묘사되고 있다.

이러한 문헌 어디에서도 상제는 그리스의 제우스처럼 인간의 형태와 같은 옷을 입지 않았고 인간적 열정으로 품위를 떨어뜨리지 않았다. 거기에는 우리가 히브리 성경 속에 여호와의 묘사에서 볼 수 있는 의인화도 적다. 기독교를 받아들인 학식 있는 중국인들은 그들의 조상이 믿은 상제가 그들이 경배하도록 가르침을 받은 하늘의 주인인 천주와 동일하다고 주장한다.

이러한 개념은 어디서 왔을까? 그것은 여러 세대에 걸친 통찰의 성숙한 결과인가, 혹은 가부장적 전통의 흐름 속에 먼 고대로부터 전해진 것인가? 우리가 생각하기에 후자가 개연성이 있는 유일한 가정이다. 중국의 초기 문헌들에서 사변적인 연구의 흔적은 없다. 그들은 상제의 본성에 대해서, 혹은 그러한 존재에 대한 그들의 믿음의 근거에 대해서 의문을 제기하지 않았으며, 문헌들의 첫 페이지에서 이미 잘 알려진 것처럼 그를 암시했고, 그리고 정착된 의례로서 산 정상에서 그에게 바쳐진 번제에 대해서 언급하고 있다. 사실, 상제라는 사상은 우리가 처음 접했을 때 발전하는 과정에 있지 않았고, 이미 쇠퇴하는 첫 단계에 놓여 있었다.”[16]

---

16 “중국의 종교들” p.18-19

그렇다면, 확실히 모든 가능성 중에서 앞에서 인용한 레그 박사의 결론은 옳았으며, 초기시기에 중국인들은 유일신론자들이었다고 말할 수 있겠다. 그러나 공자와 노자의 시대에는 이미 이 유일신론에서 멀리 떨어져 있었으며, 그 이후로 많은 사람이 중국의 원래 신앙이 단순한 정령숭배나 영혼숭배였다고 주장하게 만드는 상황이 되었다.

처음에 그들은 자연현상들을 상제의 행위로 여기며 특별한 주의를 기울였다. 그리고는 그 현상들을 최고신의 대리인으로 간주하였고, 나중에는 그들 자신의 영역에서 스스로 행하는 신격으로 간주하였다.

그리하여, 곧 별과 행성들, 언덕과 산들의 영이 모두 그들의 만신전에 받아들여졌다. 이러한 신격들의 능력을 가졌다고 주장하며 귀신을 쫓아내는 자들이 생겨났고, 그리고 하나의 신에 대한 순수한 숭배는 잡신들에 대한 미신숭배에 자리를 넘겨주게 되었다.

이것이 공자와 노자가 등장할 당시의 상황이었다; 이것이 그들이 발견한 '잠재된 도교'이며 오늘날 도교의 전례이다.

이제 오늘날 도교라는 이름으로 알려진 종교에 대해서 철저히 연구하기 위하여 도교의 철학에 대해 자세히 살펴보자.

도교의 철학

도교 철학의 기초가 되는 도덕경의 저자와 도교의 창시자는 모든 사람들이 노자라고 인정하고 있다. 이 사람에 관하여 우리가 아는 것은 별로 없다. 그의 생애에 관한 단편들은 매우 미약하며, 이것들의 진실성에 대해서도 현대 학자들은 의문을 나타낸다. 소위 역사가라고 하는 후대의 저자들이 많은 사실들을 첨가하였지만 이것들은 대부분 명백하게 전설적이며 대부분의 고대 기록에서 그 정통성을 찾기 어렵기 때문에 받아들여질 수 없다. 그래서 그의 생애에 관한 상세한 설명을 할 수 없다; 그러나 그는 호난 지방에서 B.C. 604년에 태어났다고 알려져 있다. 전설에 따르면, 그는 8년간 잉태되었고 태어났을 때 백발머리와 수염이 있었고 주름진 얼굴을 가지고 있었다. 그의 이름은 '늙은 소년[17]'이라는 뜻인데, 그러나 여기서 번역된 '소년'은 꼭 나이가 어린 소년만을 의미하지는 않고, 노자라는 이름은 노년에 붙여졌을 것이며, 그 이름이 나중에 그러한 전설을 만들어 냈을 것이다. 많은 사람이 주장하기를 노년의 철학자는 공자의 방문을 받았다고 한다; 유교 고전에 그러한 방문을 언급한 부분이 있다, 그러나 다른 사람들은 이러한 언급은 가필한 문구이며 위조라고 주장한다.

우리는 다음과 같은 사실을 잊어서는 안 된다. 도교와 유교 사이에 전쟁이 극성을 떨었고, 치열했으며, 모든 유교 서적을 불태우고 유학자들을 몰살하려는 시도가 있었으며, 이러한 사실들이 그 땅의 현실적인 학문을 나타내는 것처럼, 유학자들이 도교의 근거가 전혀 존재하지 않았다고 주장한 후 처음에 그 근거들을 제거하는데 우리가 생각하는 것보다 훨씬 더 성공했을 수 있다. 다음에서 최고의 철학자들의 논박을 볼 수 있다.

---

17 **[역자주]** 노자(老子)를 잘못 풀이한 듯하다. 여기에서 쓴 자(子)는 위대한 스승에게 붙이는 존칭이다. 노자의 본명은 정설이 없으나 일반적으로 이이(李耳)라고 알려져 있다.

더글러스 교수는 다음과 같이 말한다: -

"그러나 모든 권위자들이 동의하는 바와 같이 노자가 조나라 조정에서 이 직위에 있는 동안 다른 현자들처럼 공자도 중국의 소크라테스를 방문하였다."[18]

그러나 가일스 교수는 그의 저서에서 장자를 인용하면서 다음과 같이 말한다: -

"그의 저서에 공자와 노자의 만남에 관한 설명이 발견되지만, 그러나 그것은 오래전부터 비공식적으로는 유능한 중국의 비평가들로부터 위선적인 사기라고 비웃음을 샀다." 그리고 덧붙이기를, "일반적으로 공자의 저술이라고 믿을 수 있는 저서에서는 노자의 이름이 한 번도 언급되지 않았다는 사실을 말해야만 한다."[19]

다수의 중국학자들은 더글라스의 견해에 동의한다. 그리고 만약 가일스 교수가 그의 주장을 뒷받침할 만한 새로운 사실을 발견하지 못한다면, 다수의 주장이 유지되어야 할 것 같다. 그러나 그 자료들이 빈약하다는 점은 모두가 동의하고 있으며, 가일스 박사를 제외하고 저자가 확인될 수 있는 한 모든 사람이 도덕경을 노자의 작품으로 인정한다. 가일스 박사 혼자 이를 부정하는데, 그는 저서 전체에 걸쳐서

18 "유교와 도교", p.178

19 "중국의 학문" p.58

그 철학자 자신의 작품이라는 증거가 거의 없다고 주장한다. 그는 다른 책에서 도교에 관하여 논의하면서 이 점에 대하여 다음과 같이 말한다: -

"도에 관한 검토를 더 진행하기 전에, 왜 이 작품[도덕경]이 후대의 위조로 보는 것이 맞는지를 밝히는 것이 바람직하다. 고전 문헌에 대한 단순한 가필 과정에 의해서 노자가 공자와 동시대인이라는 사실을 증명하기 위한 시도가 이루어졌다; 그리고 두 현자가 만났을 때 노자가 매우 늙었다는 사실과, 더욱이 그 면담이 공자의 놀라움으로 끝났다는 사실을 증명하고자 했다."

다시 그는 말한다:

"이제, 공자의 모든 작품들과, 저자이든지 혹은 편집자이든지, 그리고 그의 사후 발간된 모든 담론들 속에는 노자나 도덕경에 대한 한 마디의 암시도 없다. 있었다는 그 면담도 모두 찾아볼 수 없다.…

"공자가 죽은 지 백년 후에 중국의 둘째 현자인 맹자가 나타났다. 봉건 제후들에게 정치적인 조언을 하는 문장 속에, 그리고 공자의 담론보다 분량이 훨씬 많은 그의 제자들과의 대화에서도 만찬가지로 노자나 도덕경에 대한 암시가 없다.…

"16,17세기의 중국의 저명한 비평가들은 맹자가 당대에 유행하던 묵자의 극단적인 이타주의 체계나 양주의 극단적인 이기주의 체계와 같은 다양한 비정통적인 학파들을 공격하는데 그의 생애를 보냈다는 점을 지적했다; 그리고, - 내 견해로는 압도적 다수가 지지한다고 보는 것으로 - 만약 도덕경이 맹자의 시대에 존재했다면 그것은 반드시 인식되었을 것이며, 유일하게 완전하고 정통적인 가르침인 유교로부터 사람의 정신을 혼란시키는 해로운 저서로 취급되었을 것이다."[20]

이러한 논의가 전부는 아니지만, 가일스 교수의 견해는 대표적인 관점이며 많은 관련문헌에서 지지되고 있으며, 결론적으로 도덕경은 완전히 후대의 작품이며 사실은 거의 현대의 저작이라고 그는 주장한다. 그러나 그는 진정한 노자의 말이라고 볼 수 있는 예들을 선별하고 있는데, 어떤 기준으로 이것은 인정하고 저것은 버리는지를 판단하기는 어렵다.

모든 도교 철학이 세워진 근거는 노자의 저작으로 주장되는 이 위대한 저작이다; 그러나 그것은 후대의 작가들에 의해서 확대되고 첨가되었으며, 그 모든 근거는 도덕경이라고 볼 수 있다. 그 책은 단지 5천자에 불과하고, 그 분량은 산상수훈에 비하면 단지 두 배에 불과하다. 그 책의 대부분은 극단적으로 수수께끼 같은데, 이 책이 상당한 정도로 지성적으로만 알 수 있게 된 것은 오직 비평가들이 확장해서 해석해 놓았기 때문이다.

그 주된 대상은 도(道)이며, 그것은 원래 '이성'으로 해석되었고, 따라서 도교인들은 이성주의자들로 잘못 여겨졌다. 도가 무엇인가에 대한 노자의 몇몇 언급들은 도를 이해하는 어려움을 보여주고 있다.

20 "중국과 중국인" p.146-148

도에 대하여 언급하면서 노자는 말한다: "아는 자는 말하지 않고 말하는 자는 알지 못한다." 다시 말하기를, "문밖을 나가지 않고 세상을 알 수 있는 것처럼, 창밖을 보지 않고도 도를 알 수 있다."[21] 다시 말하기를, "움직이지 않고 알게 되고, 보지 않고 보게 된다. 행하지 않고 이룬다… 아무 일도 하지 말라, 그러면 모든 일이 이루어진다… 계곡의 신은 죽지 않는다; 이 신을 심연의 어머니라 부른다, 이 심연의 어머니의 추이를 하늘과 땅의 징조라고 끊임없이 부른다; 그것은 지속되는 것 같고, 그리고 그것은 노력 없이 일한다."[22]

이 도는 문자적으로 '길'을 의미하고, 때로는 '방법'으로 때로는 '이성'으로 해석되며, 도교 철학에서 도는 모든 사물이 연원하고 모든 사물을 통제하는 원리의 일종인 '절대'를 의미한다.

여기서 언급되는 주제들에 관하여 말하면서, 영국의 저명한 권위자인 와터즈 박사는 적절히 논하고 있다: "풍부한 언어로 명백하고 단순한 문장을 논의할 때조차도 설명하는데 어려움이 있는데, 짧고 불가해한 문장을 설명하려고 할 때 그 어려움이 얼마나 더하겠는가? 문화 언어의 유아기에 살면서 글을 썼던 다른 철학자들과 같이 노자도 그의 사상을 전달하는데 매우 불완전한 매체만을 가지고 있었다. 그 시대의 언어는 거칠고 불완전했고, 명상적인 영혼의 깊은 사상을 표현하기에는 거의 적합지 않았다; 그래서 그것은 기껏해야 내적인 사상을 절반

21 **[역자주]** 〈도덕경〉 47장, '不出戶知天下 不窺牖見天道 … 不行而知 不見而名 不爲而成'

22 **[역자주]** 〈도덕경〉 6장, '谷神不死 是爲玄牝 玄牝之門 是爲天地根 綿綿若存 用之不動'

은 드러내고 절반은 감출 수밖에 없었다."

그러므로 노자 철학의 진정한 개념에 도달하는 어려움은 거의 극복할 수 없으며, 만약 후대의 저자들이나 제자들의 더 풍부하고 명백한 설명이 없다면, 우리는 완전히 당황하게 될 것이다.

한정된 이 강연에서 우리는 이 철학의 체계를 완전히 토의할 수는 없다. 우리의 관심사와 관련된 주된 의문은 신에 관한 그의 가르침은 무엇인가 하는 점이다. 여기서 다시 우리는 그 단순한 문장과 불명확한 내용으로 인하여 어려움에 빠진다. 더글라스 교수는 다음과 같이 말한다: "도덕경으로부터 우리가 판단할 수 있는 한, 인격적인 신에 관해서 노자는 아는 것이 없었다. 그리고 사실 그러한 존재에 대한 믿음은 노자 철학의 전체 흐름에 반대되는 것이다. 그가 하늘의 지배자라고 한 단순한 언급에서 보이는 것처럼, 그의 철학체계에는 최고신의 여지가 없다. 노자는 말한다, "도는 텅 비어있고, 그 작용은 끝이 없다; 그것은 모든 사물의 미래를 깊숙이 꿰뚫는다. 그것은 날카로운 각을 무디게 한다. 그것은 혼돈을 푼다. 그것은 강한 빛을 부드럽게 한다. 그것은 먼지와 함께한다. 그것은 고요 속에 늘 머문다. 나는 그것이 누구의 아들인지 알지 못한다. 그것은 신보다 먼저 있었던 것 같다. 도는 조건지울 수 없는 것이며 말로 표현하기에는 너무 오묘한 추상개념으로서 신 자신을 포함해서 하늘과 땅의 근원이다. 그리고 만일 이름을 붙일 수 있다면, 만물의 어머니이다."[23]

더글라스 교수의 의견에 대하여 레그 박사는 반대한다: "나는 노자

23 "유교와 도교", p.211

가 신을 믿지 않았다는 주장을 받아들이고 싶지 않다.” 그리고 그는 노자가 신의 존재를 인식했었다는 사실을 보여주기 위해서 더글라스 교수가 위에서 인용했던 ‘신’, ‘제’라는 용어의 사용을 언급하고 있다. 의문은 여전히 일어나는데, 그의 신은 무엇인가? 모든 사물이 그에게서 생겨나고 모든 것이 그에게로 돌아가는 추상적 무한자일 뿐이다. 신은 자연이고, 자연은 신이다. 아마도 도덕경에 관한 주의 깊은 연구자나 초기의 도교 저자들은 더글라스 교수의 견해에 동의하고, 노자는 인격신과 같은 한정적인 존재를 몰랐다는 결론을 내릴 것이라고 생각할 수 있다. 왜냐하면, 그는 영이나 저급한 신격들은 별 쓸모가 없다고 보았기 때문이다. 그는 그들의 존재를 부정하지는 않았으나, 확실히 그것을 무시했다. 그에 따르면, 모든 존재하는 사물은 심연의 어머니인 도로부터 나왔다. 도는 때때로 혼돈과 거의 같은 것처럼 보인다. 그러나 이 혼돈은 비록 명확하지 않고 물리적이지는 않지만, 어떤 잠재력을 가지고 있는 것 같다. 노자는 말한다: “그 위는 밝지 않고, 그 아래는 어둡지 않다; 그 작용은 끝이 없고, 그 이름을 붙일 수 없다; 물러나면, 허무로 돌아간다. 이것을 나는 형상 없는 형상라고 하며, 아무 것도 없는 모습이라고 한다. 이것이 구명을 어렵게 하는 것이다.[24]

그러나 그에 따르면 이와 같은 도가 창조보다 더한 것을 행한다 - “그것은 생산하고, 자양분을 주고, 크게 하고, 먹이고, 완성하고, 익게 하고, 열매 맺게 하고, 만물을 보살피며, 그것은 선한 사람의 영광이며 악한 사람의 희망이다.”[25] 그것은 인간의 일을 지시하고 잘못을

24 〈도덕경〉 14장

25 〈도덕경〉 62장

바로잡는다. "그것은 인간의 생업을 공평하게 하며, 풍성하게 가진 자의 것을 취해서 필요한 사람에게 나눠준다."[26] "그것은 착한 행위를 상주고, 악한 자를 벌한다. 다른 사람을 돕는 자를 축복하고, 궁핍한 사람의 필요를 공급한 사람에게 배로 갚아준다."

이 책의 가르침에 따르면, 하늘은 물리적인 하늘로 여겨질 뿐만 아니라, 인격적인 존재도 되며 - 공자의 경우는 더욱 그러하다 -, 그리고 사실 "하늘은 도의 자손"이고 "그 법은 도로부터 받았다"고 말한다.[27]

땅도 역시 인격화되고 도에 의해서 만들어졌다고 믿으며, 도에 의해서 다스려지고, 하늘과 인간 사이의 관계와 똑같은 관계를 유지한다; 모든 사물은 일련의 목적을 위해서 존재하며, 주어진 시간 동안 계속되고, 쇠락하며 그들이 왔던 곳으로 돌아간다. 이것을 "운명으로 회귀"라고 부른다.[28]

그러나 도교 철학은 일상생활의 윤리에 더 많은 관심을 가지며, 일종의 자기 억제를 통해서 모든 사람을 위한 최고의 선을 이룰 수 있다고 가르친다. 노자는 예와 법에 관해서 공자의 가르침에 반대한다. 그 마음이 올바르면 이러한 것은 필요가 없다고 주장한다. 노자의 윤리적 교훈에 관해서 여기서 더 논할 여유는 없다; 다음과 같이 언급하는 하는 것으로 충분할 것이다. 도덕성에 있어서 노자는 고대든지 혹은 현대든지 어떤 이방의 철학자에 뒤지지 않으며, 많은 특별한 사례에서 최고 수준을 능가하며, 특히 그가 악을 선으로 갚으라는 기독교의 법

26 〈도덕경〉 77장

27 〈도덕경〉 16장

28 더글라스, "유교와 도교", p.217

을 그의 시대에 언급했을 때[29], 그는 모든 사상가를 넘어서고 있다. 이러한 것들이 도덕경에 나타난 노자 철학의 대략적인 윤곽이다.

그의 저작을 연구함에 있어서, 노자는 세상에 철학을 알려주고 있으며 그것도 아주 초기 시대라는 사실을 잊어서는 안 된다. 그는 그의 시대에 미신들을 보았다. 그리고 그는 단순히 예와 법의 체계에 의해서 사람들을 '원래의 덕'으로 돌려보려는 노력에 반기를 들었다. 그는 도를 물질적, 정신적, 그리고 윤리적인 모든 사물의 근본으로 삼았다; 그의 생각에 도는 모든 사물을 존재하게 하고 발생시키는 절대적인 원리이다. 그의 철학은 도를 모든 것의 신으로 여기는 일종의 범신론처럼 보여 왔다. 도에 너 자신을 맞기면 당신은 예절이나 도덕의 규칙이 필요 없게 될 것이다; 모든 것이 바르게 될 것이다. 그의 도덕규범은 대체로 선하며, 그리고 가장 최고는 앞에서 언급한 '되갚음'이다.

노자가 인생의 길 혹은 방법으로 알았으며 인간이 최고로 발전시켜야 하는 그 도는 노자가 말하는 도의 단지 한 국면이고, 그리고 그 생성의 깊이를 잴 수 없는 것이라면, 그는 이 신비스럽고 무한하며 감춰진 언어로써 도의 다른 국면을 말하고 있는 것이 아닐까?

노자의 저작들이 그가 모든 사물의 기원을 알고 있었다는 사실을 분명히 보여주고 있다고 주장하는 사람들이 있는 것을 나는 알고 있다. 그러나 나는 이를 의심한다. 왜냐하면 만일 사실이 그렇다면, 그가

29 **[역자주]** 〈도덕경〉 63장에 '원망을 덕으로 갚아라(報怨以德)'는 구절이 나온다. 이 말은 예수의 '원수를 사랑하고 너희를 미워하는 자를 선대하라(누가복음 6장)'는 말씀과 의미가 통한다. 반면에 공자는 '바름으로 원망을 갚고 덕으로 덕을 갚아라(以直報怨 以德報德)'고 말씀하고 있다.(논어 헌문편)

모든 것을 더 명확하게 정의했을 것이기 때문이다. 다시 언급하지만 우리는 그가 살던 고대 시대는 지금처럼 언어가 명확하고 충분하지 않았다는 사실을 기억해야만 한다.

마틴 박사는 다음과 같이 말한다: "도덕경은 경구로 가득 차 있고, 어떤 문장들은 숭고한 의미를 지니고 있다; 그 내용이 정연하지 않기 때문에, 어떤 학문적인 해석으로도 체계화하기가 어렵다. 그러나 그 불일치는 문자의 틀 속에 깔려있는 신비로운 의미를 전체적인 방식으로 설명할 수 있게 해준다.[30]

도덕경의 주제에 관한 논의를 마치기 전에, 중국에서 선교 초기에 활동하던 다수의 프랑스 신부들과 이후의 선교사들이 삼위일체 교리를 도덕경에서 발견하였다고 믿었던 사실을 언급하는 일은 흥미롭다. 그러나 대다수의 중국인 학자들은 이를 부인한다.

도덕경 14장에서 보이는 다음 구절은 삼위일체를 암시한다고 여겨지는 부분이다: -

"보이지 않는 것을 '미(微)'라고 한다;
들리지 않는 것을 '희(希)'라고 한다;
만져지지 않는 것을 '이(夷)'라고 한다;
이 세 가지는 따져 볼 수가 없고, 하나로 섞여 있다.
처음 것이 더 밝지 않고, 마지막 것이 더 어둡지 않다.
그것은 끊임이 없고, 형언할 수 없으며, 아무 것도 없는 상태에서 존

30 "중국인" p.110

재한다.

형상 없는 형상이고, 아무것도 없는 모습이며, 황홀이다.

맞이해 보지만, 그 머리를 발견할 수 없다.

뒤따라 보지만, 그 끝을 찾을 수 없다.

옛날의 도를 가지고 현재를 다스려라,

그러면 옛날의 시작을 알 수 있다.

이것이 도의 첫 원리이다."

처음 세 줄이 여러 사람들이 삼위일체라고 말하는 부분이며, 세 음절 '미', '희', '이'가 합쳐지면 '여호와'와 유사성이 나타난다. 물론 이 결합에 어떤 근거도 찾지 못하는 사람도 많다. 그러나 이런 유사성을 처음 발견한 프랑스 신부들은 중국인처럼 단음절 언어를 사용하는 사람들에게 각 음절에 특정한 의미를 부여하는 것이 자연스럽다고 생각했다.

모음 발음의 분기는 일반적인 히브리 문서에서 쉽게 일어난다. 그리고 우리가 그러한 추론의 방식을 공상적이고 숙고할 가치가 없다고 여기거나, 혹은 근거가 없다고 여기든지 간에, 틀림없이 현대의 도교인들은 그들의 세 가지 주요 신 - 세 가지 개념은 이들 세 줄에서 발전되어 나왔다고 말한다 - 을 가지고 있다는 것을 우리는 발견하며, 이러한 사실은 매우 흥미롭다. 이러한 이상한 일치는 작게 볼 수 없다. 인용된 것처럼 '그 셋은 하나로 합해 진다'는 구절이나, '하나는 다른 것보다 더 밝지도 않고 더 어둡지도 않으며, 더 크거나 더 작지도 않다, 그리고 그들은 처음과 끝도 없이 영원하다'는 주장들을 볼 때, 프랑스 신부들이나 초기의 저자들이 현대 중국학자들이 생각하는 것처럼 그렇게 매우 잘못되었다고 의심할 수 있을까?

레그 박사는 '미', '희', 그리고 '이'라는 음절에 하나의 의미를 부여하며 매우 다른 해석을 보여주고 있다; 그러나 그 학식이 매우 믿을 만한 북경의 마틴 박사는 다음과 같이 말하고 있다, "이러한 추측에 어떤 진실이 있든지 간에, 다수의 중국인 비평가들은 그 구절을 중국 군주들의 신인 상제에 대한 묘사로 인식한다. 그리고 그 이름을 구성하고 있는 세 음절은 중국어에서 특별한 의미가 없는 것이라고 받아들인다."[31]

중국 글자의 해석에 있어서, 특히 도덕경과 같이 간결하고 압축된 언어의 경우에는 많은 해석의 범위가 가능하다는 점이 인정된다. 중국어는 표의문자 혹은 그림문자만을 가지고 있기 때문에, 추상적인 사상을 표현하려고 할 때, 하나 이상의 의미를 허용하지 않는 글자를 쓴다는 것은 거의 불가능하다는 것을 알 수 있다. 그러므로 마틴 박사와 같은 훌륭한 중국학자가 세 음절과 관련하여 앞에서 인용된 것과 같이 "세 음절은 중국어에서 특별한 의미가 없는 것"이라는 해석을 한다면 - 나에게는 틀림없는 삼위일체 사상으로 보이는데 -, 그리고 그 세 음절이 밀접하게 결합되면 우리가 판단하는 한, 히브리어 이름의 여호와라는 모음과 닮은 모양이 되는 해석을 한다면, 아주 최소한으로 잡아서 그렇게 큰 가능성은 아니고 희미하게라도, 노자는 가부장적 원천으로부터 삼위일체 사상을 이해했거나 혹은 받았을 가능성이

---

31 "중국인", p.111

있어 보인다.[32]

도에 관한 노자의 글을 읽고 있으면, 우리는 세상의 여명기에 이슬이 맺히는 신선함 속에 삼천년 전으로 이동해 가는 것처럼 보인다. 그리고 우리 자신이 창조주를 향하여 안개가 낀 어스름 속에서 손을 뻗치고 있는 위대한 어린 아이의 영혼과 접촉하고 있는 것처럼 보인다. 새벽별들의 희미하고 문득 들리는 메아리 노래 소리가 그의 듣는 귀를 통해서 가끔씩 들려온다. 그는 무한이 매우 가깝다는 사실을 알고 느낀다. 여기저기에 장막이 드리워져 있고, 그는 그의 유한한 시야를 사로잡으며, 눈이 부시게 하며, 가리기도 하는 무한을 쳐다본다. 불쌍한 형제, 그는 장막을 통해 희미하게 본다. 그리고 그가 숭배하는 이 유일한 존재를 발견하기 위해서 여전히 찾으며 손을 내민다. 이 존재는 창조하고, 생산하고, 영양분을 주고, 성장시키고, 기르고, 완성하고, 익게 하고, 열매를 맺고, 그리고 모든 사물을 책임진다. 그의 마음이 도와 일치하기 때문에, 노자는 법이 필요 없다. 왜냐하면, 그 이름 없는 위대한 존재가 천년 후 성육신한 입술로 명확히 언급한 황금률[33]을 그에게 가르쳤기 때문이다. 때때로 그의 유한한 지성이 자연과 자연의 신 사이에서 혼란스러웠지만, 한순간도 그의 마음을 돌려서 저급한 신이

---

32 중국인들 사이에 유대인들에게서 받았든지 혹은 유대인들과 같은 원천으로부터 전수된 것처럼 보이는 전통과 신화가 많이 있다는 사실은 언급할 만한 가치가 있다.

33 **[역자주]** 예수는 "무엇이든지 남에게 대접받고자 하는 대로 너희도 남을 대접하라"(마태복음 7장)고 말씀하고, 이것이 전체 성경말씀의 의미라고 말씀한다. 그래서 기독교에서는 이것을 황금률이라고 부른다. "원망을 덕으로 갚아라"는 노자의 말씀이 이 황금률과 통한다고 본 것이다.

나 미신에서 철없는 만족을 찾지 않았다. 우리는 도를 감싸고 있는 흰 구름을 응시하며 무릎을 꿇고 있는 그를 본다. 망설이는 듯 더듬거리는 음성으로 그가 어렴풋이 본 것을 묘사하려고 노력하지만, 언어로는 실패한다. - 누가 영원을 이해할 수 있는가? - 그러나 우리는 안다. 거기에는 웅대하고, 헤아릴 수 없고, 두렵고 또한 어머니처럼 온화한, 성스러움을 일으키는 무언가가 있다. 우리도 또한 엎드려 절한다. 왜냐하면 그것은 그의 어린 자녀에게 그가 견딜 만큼의 빛을 드러내고 있는 여호와라고 믿기 때문이다.

이제, 오늘날 중국에 존재하는 도교 종교로 들어가서 살펴보자.

도교 종교

노자와 공자 시대에 중국인들은 그들이 가지고 있는 원초적인 신앙의 순수성을 잃어버리기 시작하였다. 신격들은 처음에는 단순히 상제의 신하로 존재하는 것으로 인정되었는데, 후에 그들은 자기 영역에서 독립적으로 간주되고 사람들에 의해서 숭배를 받았다. 더욱 후대에 강력한 충효사상이 제[帝]의 반열에 오른 군주들을 신격화하기에 이르렀다. 영웅과 호걸들이 용기와 기술을 가지고 지배 권력자들에게 자신을 드러내고 사후에는 신의 반열에 올라서 계속 그 숫자가 증가하는 중국의 만신전에 이름을 올리기 시작하였다. 이상한 모양의 자연물들 - 특이하게 자란 나무, 기이한 바위, 바다에 있는 위험한 암초, 땅의 높은 지점 - 등이 상당한 범위의 능력을 가지고 활동하는 신격들의 거처로 믿어졌으며, 그들의 환심을 사야만 했다. 해일이나 태풍, 그리고 강의 범람 같은 비일상적이며 무서운 자연현상들은 그 노여움을 달래야만 하는 초자연적 존재들의 현현으로 인식되었다. 각 지방은 그 지역 신격들의 특별한 보호 아래 있다고 여겼는데, 시간이 지남에 따라 그 수의 증가 과정이 빠르게 진행되어 오늘날 그 신들의 수효는 셀 수 없을 정도이다.

노자는 영혼의 불멸성을 분명히 가르쳤다고 어떤 사람들은 주장한다; 적어도 그는 이 가능성을 암시했다. 장수를 위한 보신이나 자기 절제에 관한 그의 가르침은 그를 쉽게 따르는 제자들로 하여금 대담하게 육체의 불멸성을 주장하게 하였고, 이러한 이론을 지지하게 하였다; 노자 자신이 죽지 않았다는 사실을 증명하려고 노력한 우둔한 사람은 없었다. 이러한 주장은 곧 생명의 영약을 구할 수 있다고 강하게 주장하는 종파[34] 혹은 무리를 일으켰다. 그리고 이후에 전개된 도교와 유교의 부침 이야기는 대부분 유교와 도교의 사제들 간의 투쟁으로 점철되었는데, 도교가 불사를 제안하면서 끊임없이 중국의 군왕을 움직이려고 시도했다.[35]

---

34 "군왕으로부터 백성에 이르기까지 모든 사람들이 죽음과 가난으로부터 벗어날 수 있는 방법을 찾으려고 그들의 삶을 바쳤다. 모든 산업은 소홀해 졌고, 들판은 황폐해지고, 시장은 버려졌다. 오직 도교를 가르치는 도사들만 이득을 보았는데, 그들은 찾아오는 사람들로 문전성시를 이루었고 따르는 사람들의 재물로 살쪄갔다." - 더글라스, "도교", p.240

35 "이때까지 도교는 어느 면에서도 종교가 아니었으며, 그 신봉자들에게 아무런 통제도 하지 않았다. 우임금의 궁정은 자주 현저한 부도덕이 저질러지는 장소였는데, 도교 저술가들은 임금과 그의 요정 방문자인 서왕모와의 전설적인 정사를 아무런 부끄럼 없이 이야기하고 있다. 도교 사제들의 유일한 목적은 부

도교는 나중에 증명되는 바와 같이 불교의 유입에 많은 영향을 받았다. 그리고 중국에 현존하는 도교 사원과 그 조직은 작은 부분에 이르기까지 불교의 영향을 받지 않은 부분이 없다. 앞으로 살펴보게 되겠지만, 중국에 현존하는 불교도 역시 도교에 의해서 많은 영향을 받았다. 한 저명한 저자는 불교는 도교의 최선을 취했고, 도교는 불교의 최악을 취하고 그것을 자신에게 동화시켰다고 주장했다. 이 두 종교는 서로 비슷하게 발전해 왔기 때문에 어느 한 사원에 들어가면 그곳이 불교사원인지 도교사원인지 분간하기가 늘 쉽지만은 않다.

일반적인 사제계급은 제사장을 정점으로 구성되었다. 비록 이 종교가 중국 정권으로부터 여러 차례 불법적으로 규정되기는 했지만, 그럼에도 불구하고 조직 지배관계의 모든 부분을 통제하려는 강한 열망을 가진 중국의 정권은 언제나 영향력 있는 사제계급의 지배에서 큰 지분을 유지하려고 노력했다. 도교의 사제나 여사제는 점술이나 마술의 전문가이기도 하였다. 오늘날 도교는 이세상이 사람들에게 해를 끼치려 하고 질병을 여러 사람에게 퍼지게 하는 무수한 악한 영으로 가득 차 있다고 가르친다. 인간들이 빠지는 육체의 질병은 주로 하나 또는 그 이상의 이러한 악한 영이나 귀신이 가져오는 것이며, 구원을 받으려면 그들을 쫓아내야만 한다.[36]

와 장수에 대한 일반적인 욕망을 가지고 장사를 하는 것이며, 최고의 권력을 휘두르는 자가 최고의 보상을 얻었다." - 더글라스, "도교", p.241

36 "노 철학자가 밝힌 형이상학적 사상을 그 배경에 찾아 넣고, 그의 가르침의 단편들로부터 실생활에 적용할 수 있는 이론 체계를 구축하는데 이삼년이면 충분했다. 이 새로운 학파가 어떻게 형성되었는지, 그리고 그 제자들이 누구인지 우리가 알 수 있는 방법은 없지만, 시황제가 모든 서적을 파괴하라고 명

귀신을 쫓아내는 능력은 도교 사제나 여사제의 특별한 권한이며, 일상적이지는 않지만 귀신들림이 있을 경우에는 그들에게 요청을 해야만 한다. 그러한 사제계급이 무지하고 미신적인 사람들에게 행사하는 영향력은 거의 평가하기가 어렵다. 천진의 학살사건이나 의화단 소요사건과 관련된 적지 않은 끔찍한 재앙들이 이러한 강력한 사제들의 선동에 의한 것이다.

불교로부터 차용된 다른 것들 외에 연옥과 지옥을 발견할 수 있는데, 저술가들은 비교적 상세하게 그곳에 내려지는 징벌과 연옥에서의 특별한 재판정을 묘사하고자 애쓴다.[37]

도교의 도덕적 가르침은 대부분 올바르다. 사실, 그 직접적인 가르침이 저속하고 공개적으로 부도덕한 종교체계는 공자의 땅에서 그러한 영향력을 갖기가 거의 힘들었을 것이다. 신성화된 매춘부를 평판이 나쁜 집의 수호자로, 그리고 도박장이나 아편흡연실을 축복하는 특별한 주재 신으로 인정하는 종교는 어떤 사람에게든지 천대를 받지 않을 수 없다.

여기에서 우리는 비기독교 지역에서 그 가르침이 직접적으로 도덕적인 윤리체계를 갖춘 예외적인 종교 사례를 보는데, 가장 방탕한 부도덕에 대한 강력한 수단을 제공하고 있다고 말할 수 있다.

령했을 때 도교 저서들은 예외로 했었다는 사실은 기원전 3세기에 그 추종자들은 크고 강력한 규모였다는 것을 암시하는지 모른다." - 더글라스, "도교", p.235

37 이 연옥에 대한 상세한 설명은 가일스 교수의 책, '중국학에서 나오는 이상한 이야기'의 부록에서 볼 수 있다. 그리고 더글라스의 번역 책, '보상과 징벌'을 읽는 것은 학생들에게 많은 흥미가 있을 것이다.

가장 무지하고 저속한 사람들 외에는 특이한 나무, 바위, 산의 지형, 혹은 새긴 돌이나 나무로 된 우상 등에서 보이는 신격의 물리적인 형상들을 신 자체라고 생각하지 않으며, 단지 신의 표상이나 그들의 거처라고 생각한다; 그러나 중국인들의 사고가 비도덕화한 도교의 물질주의적인 영향에 깊이 빠졌기 때문에, 상당한 범위의 사람들, 특히 무지한 사람들에게 이러한 것들은 바로 그 신 자체로 생각되었다. 나는 한국에서 여러 해를 보냈고, 모든 연구 사례에서, 숭배되는 그것은 우상에 주재하고 있거나 혹은 우상에 의해서 표상된 영이라는 사실을 확인했기 때문에, 최근에 중국에서 온 선교사들에게 이러한 사실을 말했다. 그들은 내게 적어도 중국 남쪽지방 사람들은 매우 물질주의적이라는 사실을 전하며, 매우 심한 기근이 들었을 때 중국인들이 필요한 비를 내려 주지 않았다는 이유로 그들의 신 우상을 거리로 끌고 나와서 공개적으로 매질하는 것을 보았다고 말하였다. 그러한 것들이 중국 도교의 물질주의적이고 타락하는 경향이다.

우리가 살펴 본 대로, 처음에는 순수한 일신론 - 유일신론이라고 말할 수는 없지만 - 에서 시작하여, 그 방향이 처음에는 자연숭배의 도입을 통하여, 그리고 한걸음 더 나아가 모든 비도덕적인 경향과 함께 순수한 다신론으로 하향하였다; 사람들은 점점 그들의 욕망을 추구하며 저급한 신을 만들어 냈고, 그리고 주된 신이라는 그들의 사상을 타락시켰으며, 신격이라는 기본 개념을 가지고 가장 퇴보하고 타락한 미신들을 무수하게 만들어 냈다.

마틴 박사가 말한 것처럼, 우리는 중국인들이 일신론 개념을 가부장적 시대로부터 얻었다고 믿게 되었다. 그들은 작은 빛을 가지고 있었으나, 이것을 덮어 버리고 그들의 죄악된 상상으로 그것을 감추어서 그 빛이 완전히 어둠이 되고 만 것 같다.

도교사원에 들어갔을 때 우리의 첫 관심을 끄는 것은 도교의 세 가지 신[38]의 모습인데, 그들은 그 체계의 주요한 세 신격이다; 현대적인 설명은 본래 자연에는 하나의 원리가 있었으며 이것이 둘을 낳고, 이 둘은 두 개의 능력이 되어 다시 하나를 낳았다고 한다. 여기에 부가하여 앞에서 본 바와 같이 다른 신들이 생겨났고 여전히 증가하고 있다.

우리가 특별히 언급할 것이 있다. 이러한 신들은 인간의 본성을 가지고 인간이 죄를 짓는 것처럼 그들도 죄를 지을 수 있으며, 가장 이상한 것은 도교의 고위 사제의 권한은 그들을 심판하고 죄를 부과할 수 있고, 그리고 벌을 집행할 수 있는데, 따라서 그들을 강등시키거나 권한이 있는 교단의 성직자들의 결정으로 등급을 올려 줄 수도 있다는 것이다.

이와 관련하여 그들은 노자를 신격화했다. 그를 창조주라고 선언하고 신들의 회합에서 그가 한 연설이라고 하는 다음과 같은 언급을 그에게 돌리고 있다: -

> "혼돈이전에 나는 모든 사물을 창조하였다; 나는 하늘과 땅을 낳았고, 음의 원리를 등에 지고 양의 원리를 양팔에 들었다. 양의 기운은 위로 올라가서 하늘을 낳고, 음의 기운은 아래로 내려와서 땅을 낳았다.

38 **[역자주]** 도교의 세 가지 최고신으로 삼청이라고 하며, 원시천존(옥황상제), 영보천존, 도덕천존(노자)을 일컫는다.

양의 기운의 나머지가 변하여 남자가 되었고, 음의 기운의 나머지가 변하여 여자가 되었다. 두 개의 기운이 그 능력에 따라 모든 사물로 변했다."[39]

노자는 절대로 중국인들에게 하나의 종교를 만들어 주려고 기대하지 않았다는 것은 명백해 보인다. 그러나 후대 사람들이 그의 철학을 배경으로 삼아서 그의 가르침과 거의 모든 점에서 모순이 되는 하나의 종교를 발전시켰다; 그 종교는 온 중국에 큰 폐해를 끼쳤는데, 오직 의로운 태양 자신만이 회복할 수 있는 폐해이다. 이것은 모든 인간이 타락하고 쇠퇴해가는 자연적인 경향을 나타내는 단지 또 하나의 불행한 증거이다. 우리의 빈약한 신앙체계들은 얼마 동안 머물다가 사라져 간다. 그들은 기껏해야 위대한 신적 영광의 하늘에 단절된 빛에 불과하고 곧 모두 어둠속으로 사라진다.

---

39 H. C. 디보스, "용, 우상 그리고 귀신," p.364

제 2 강

신도

지난 강의에서 우리는 중국에서 숭배되고 있는 도교에 관하여 그 철학과 관행을 살펴보았다. 이번에는 신도를 연구할 차례이다.

신도(神道)는 때때로 '신들의 길'로 번역되며, 일본의 국가 종교로 알려져 있다.[1] 신도를 연구함에 있어서 중국의 도교를 연구할 때와 같은 이점을 가질 수 없는데, 특히 일본에서는 원시 종교를 확인해 볼 수 없다는 점이 그렇다. 일본은 그들의 사상을 글로 표현할 수단이 없

---

1 녹스 박사는 신도에 대하여 다음과 같이 언급하고 있다(p.1): "그것은 토착적인 산물이며, 따라서 토착적인 정신을 표현하고 있다. 그것은 먼 고대에 발생했다; 우리가 역사시대라고 부를 수 있는 초기에 국가권력의 이론적 기초가 되었고, 천 년간의 쇠퇴기 후에 현대에 들어와서 국가 정신을 나타내는 형식이 되었다. 그러나 그럼에도 불구하고 신도에 대한 관심은 주로 고고학적인데, 왜냐하면 대다수의 국민들에게 그 가르침은 알려져 있지 않으며, 정부는 그 의식의 종교적 중요성을 부정하고 있고, 그리고 신도는 국가 의례의 형식일 뿐이라고 선언했다."

었을 뿐 아니라, 그들 자신의 뜻글자를 가지지 못하였기 때문에 언어학적 연구로부터 그들의 초기 신앙을 알아 볼 방법이 없다. 초기의 기록이 없고 후대에 정리된 자료들은 거의 구전 전통에 의존하고 있다. 글쓰기 기술은 서기 284년이 되어서야 한국으로부터 수입되었으며, 최초의 문서들은 8세기 초에 등장한다.

우리가 일본 최초의 역사와 신화 자료를 얻을 수 있는 두 권의 책이 있는데, 712년에 편찬된 고사기(古史記)[2]와 720년에 편찬된 일본서기(日本書記)[3]가 그것이다.

예상할 수 있는 것처럼 이 책들은 실수가 없지 않으며, 쳄벌린이 지적한 바와 같이 고사기는 왕인이 일본에 한자를 전할 때 '천자문'도 같이 들어왔다고 주장하고 있으나, 이것은 실수이고 사실 천자문은 그 주장하는 시대보다 두세기 늦게 쓰여 진 책이다. 이러한 실수들은 쉽게 삽입될 수 있지만 그것이 이 책들의 가치를 크게 훼손하지는 않는다. 우리가 해야 할 일은 그러한 시기를 주의 깊게 비교하고 그러한 결론을 받아들이기 전에 추론들을 잘 판단해야 하는 것이다. 더 이전의 자료가 없는 것은 매우 유감스러운 일이다. 그리피스 박사가 말한 것처럼, 일본 역사와 신화의 연구는 중국이나 한국의 고대 자료와 비교하면 현대의 연구에 가깝다.

그러나 비교적 초기의 일본에 관한 고대 신앙이나 믿음을 그 두 책에서 전해지는 시, 노래, 찬양, 그리고 의례 등에서 찾아 볼 수 있는

2 B. H. 쳄벌린이 영역하고 부록으로 편집하였다. '일본사회 보고서,' Vol. 10., 1882.

3 G. W. 에스톤 - 신도의 권위자 - 이 영역했다. '일본사회 보고서,' 1896.

가능성은 있다고 생각된다.

앞에서 언급한 바와 같이 중국의 문자와 학문이 일본에 소개된 시기와 거의 동시에 불교가 들어왔고, - 이점에 관해서 신도와 불교 부분에서 논의하게 될 것이다 - 이 불교는 곧 일본의 토착 종교를 뒤덮게 되며, 실제로 여러 세기 동안 소위 '종교적 사기'라고 부르는 현상에 의해서 신도를 침식하였기 때문에, 그동안에는 신도의 교리에 대한 공인된 해설자로 불릴 만한 사람이 없었다.

18세기 후반에 들어 와서야 비로소 이 종교를 개척하려는 시도가 이루어 졌다. 이 시기에 일본 학자인 모토리와 히라타가 국가에 순수한 신도를 건설하기 위해서 이 토착 신앙에 대한 관심을 불러일으키고 불교의 영향에서 벗어나려는 시도를 하였다. 물론 이러한 학자들은 어떤 의도를 가지고 있었으며, 그들이 구축하려는 이론에 대한 증거를 찾으려고 노력하였다는 점은 쉽게 짐작할 수 있다. 결과적으로 그들의 설명에 큰 비중을 둘 수는 없는데, 그들의 이론이 근거한 자료들은 우리가 언급한 고사기나 일본서기 이상을 넘어서지 못하였다는 점은 우리가 기억해야만 한다. 그러나 거기에는 그들이 일본인이라는 이점이 있다. 그들은 대체로 서구 기독교인의 해석에 스며들기 쉬운 '현대 서구 기독교사상의 무의식적인 수용'과 잘못된 이론들에 의해서 방해받지 않은 일본인 자신들의 견해에 서 있었다. 어떻든 우리는 인본인의 원시신앙을 알 수 없지만, 그러나 문자가 전해지던 시기에 이 땅에 존재하던 신도에 관한 어떤 결론에 도달할 수는 있다.

그리피스와 헌과 다른 사람들이 조상숭배를 일본종교의 기초로 생각한 반면에, 녹스나 에스톤과 같은 사람들은 이와 반대되는 의견을 제시했다.

녹스는 다음과 같이 말한다: “고사기에는 천황의 조상에 대한 기도나 숭배에 관한 언급이 없다. 일본서기에는 단지 후대에서만 나타난다. 따라서 조상이나 천황족에 대한 숭배는 일본의 원시 종교가 아니며, 그것은 자연숭배이다. 신도가 형성된 것은 중국의 영향을 통해서이며, 죽은 자의 영혼에 대한 숭배가 소개되었으나 이것은 매우 부수적이었다.”[4]

에스톤씨는 이 견해를 강하게 지지하며 다음과 같이 주장한다. “현대나 외국의 영향을 제외하고 조상숭배의 유일한 사례는 천황의 경우인데, 여기에서도 16세기 이전에 그 존재의 증거는 없다.”[5]

문자나 학문이 조상숭배의 나라인 중국에서 들어 왔기 때문에, 일본의 친 중국 인사나 관료들은 그들의 신앙을 중국적인 것으로 만들려는 시도를 했으며, 결과적으로 헌과 같은 사람들이 자신들의 견해를 많은 일본인이 지지한다고 생각했던 것이다. 그러나 기록물을 근거로 한 녹스나 에스톤의 주장에 대해서는 답변을 하지 못하였기 때문에, 우리는 신도를 순수한 자연숭배라고 생각하게 된다.

우리가 확인 할 수 있는 초기 시대에 관하여 언급하면서, 굴릭 박사는 다음과 같이 말한다: “일본인들은 분리된 제도로서 종교라는 개념을 가지고 있지 않았다. 죽은 천황의 조상이나 신에 대하여 경의를 표하는 것이나, 위대한 영웅에 대한 경의 표시를 하는 것은 살아 있는 천황에 대한 수동적인 복종이나 숭배와 같은 토양에서 나오는 것이다.

4 “일본 종교의 발달”, pp.66-67
5 “신도”, p.44

이들 외에 바람 신, 불의 신, 역병 신, 음식의 신, 그리고 냄비나 솥, 문, 부엌을 관할하는 신격에 바치는 기도도 있다. 죄를 씻는 정화의식도 있었다. 그러나 거기에는 도덕적 규범에 관한 희미한 사상조차 없으며, 보이지 않는 존재의 단순한 개념에 관한 어떤 체계화도 없다. 천국이나 지옥도 없고, 단지 중립적인 성격을 띤 명부만이 있다. 어떤 신은 선하고 어떤 신은 악하며, 인간과 신과의 명확한 경계도 없다."[6]

그러나 이것이 종교가 아니라면 무엇인가? 그들은 종교가 무엇인가에 대한 개념을 안 가지고 있을 수도 있고, 종교라는 용어를 규정할 수도 없으며, 특정한 종교를 가지고 있다고 말 할 수도 없을지 모르지만, 그러나 그들에게는 보호를 요청하거나 죄에 대한 정화를 위해서 다양한 신들에게 바치는 기도가 있다. 그들이 어떤 도덕적 규범이나 보이지 않는 존재에 대한 개념의 체계화를 가지고 있지 않다는 사실이 그들이 종교를 가지고 있지 않다는 것을 증명하지 못한다. '언어로 공식화된 천국이나 지옥'의 부재, 혹은 인간과 신과의 명확한 경계선의 부재가 종교 개념의 부재를 당연히 인정하지는 않으며, 이러한 것들이 우리가 확인하기를 바라는 것이다.

이제 우리가 배운 바로는 일본에는 신화도 없고 교리도 없으며 처음이나 과거나 혹은 미래에 대한 생각도 없다. 사람들은 그러한 개념들에 관심이 없다.

그러나 초기의 기록들은 일본인들이 원래 자연숭배자였으며 자연의 초인적인 요소들을 의인화하고, 그들에게 경의를 표하며 숭배했었

6 "일본인의 진화", p.305

다는 사실을 보여준다. 그들이 처음 숭배한 요소들이 어떤 것인지 우리가 확인할 자료는 없으며, 어느 시점에 그들이 다른 것들을 배제하고 하나 혹은 그 이상을 숭배했는지를 보여 줄 자료도 없다.

토착 연구가인 쿠미 교수는 원시 신도가 현대의 신도와 매우 다르다는 것을 밝히는 증거들을 찾아냈다. 그는 천황은 원래부터 신격이나 신성한 존재로 인정되지 않았으며, 신격화는 훨씬 후대에 그것도 사후에 이루어 진 것이라고 주장한다. 그는 또한 주장하기를, 태양 여신에게 바쳐진 사원은 원래는 하늘에 대한 사원이었으며 더 나아가서 적어도 일본 일부 지역에서의 원시 종교는 '유일신 숭배'였으며 '하위의 영들'에 대한 숭배가 부가되었다고 말한다.

구미 교수의 주장은 그의 자료들이 허용하는 범위보다 더 앞서나갔다는 것이 일반적인 평가인데, 저명한 학자들의 공통된 의견은 고사기나 일본서기 혹은 고대의 기록들에서는 유일신 숭배에 관한 어떤 흔적도 찾을 수 없다는 것이다.

물론, 우리는 일본의 초기 신앙에 대한 결론을 도출해 내는 근거가 되는 초기 자료들의 연대가 매우 늦다는 사실을 잊지 말아야 한다. 우리는 그 자료들을 거의 인정할 수 없다는 사실을 받아들여야 할지도 모른다. 우리가 가까이에서 접할 수 있는 근거로부터 추론해 볼 때, 중국의 경우나 현대와 비교해 보면 원시 일본에 대해서는 거의 할 말이 없다. 일본에 문자가 전해진 시기는 3세기이며, 우리가 가지고 있는 초기의 문헌은 8세기에 편찬되었고 그것도 일정한 의도를 가지고 기술되었다.

중국에는 공자와 노자가 기원전 6세기에 존재하였는데, 그것은 천

년이상 더 이른 시기이다.

공자나 노자 시대의 종교 상황을 살펴볼 때, 지난 강의에서 확인해 본 바와 같이 다신론이 고대의 순수한 유일신론을 대신하고 원래 존재를 매우 흐려놓았기 때문에 중국이나 중국인을 연구하는 초기의 연구가들이 그들을 정령숭배자나 영혼숭배자로 분류하였다는 점을 고려해 보면, 일본의 초기 신앙이 무엇인가를 결정하는 것이 거의 불가능하다는 것을 쉽게 알 수 있다.

쿠미 교수는 비록 우리가 그의 결론이 어떤 알려져 있는 기록으로부터 얻어진 것인지 알 수는 없지만 올바른 결론을 내렸을지도 모른다. 에스톤은 다음과 같이 말한다: "초기 신도와 같은 자연숭배는 본질적으로 불가피하게 다신론적이다. 태양과 같은 단일한 자연신의 숭배는 물론 가능하다. 그러나 실제로 하나의 대상이나 현상을 인격화하는 충동은 결코 지속되지 않는다…

"신도가 더 조잡하고 혼잡한 다신론을 대체하였다는 몇몇 증거가 있다. 타케미카추치 신과 후추누시 신이 니니기 신[7]의 등장을 예비했다는 견해가 있다. 이들 신들은 낮에는 벌처럼 윙윙거리고 밤에는 화로처럼 빛나는 원시적인 신격들을 일본에서 추방하였는데, 일본에서는 바위나 나무들, 물거품조차도 말하는 능력을 가지고 있다고 생각했다."[8]

에스톤 박사의 이러한 견해에 저명한 학자들이 동의하고 있기 때

---

7 **[역자주]** 일본 신화에 나오는 신들의 이름. 니니기 신은 태양여신 아마테라스의 손자로서 하늘에서 지상으로 내려와 덴노(天皇)의 조상이 된다.

8 "신도", p.66

문에, 우리는 일본의 역사 이전의 신앙이 다신론적 자연숭배였다는 이론에 갇히는 것처럼 보인다. 앞에서 언급한 바와 같이, 처음에는 자연의 초인간적 요소들이 숭배되었고, 나중에는 '태양, 달, 바람, 천둥' 등 더 현저한 능력만이 숭배되었다. 그렇게 된 이유에는 특별한 사상이 없다.

그 후에 일종의 영혼숭배가 생겨났는데, 이것은 쉽게 설명되지 않는다. 일본인들은 인간은 영혼을 가지고 있다거나 혹은 없다고 생각하지 않았다. 신과 인간 사이의 경계가 명확하지 않았다. 어떤 한 인간이 초인간적인 행위를 하면 그를 신으로 섬겼다. 그런데 그 사람이 죽어서 이 세상을 떠나면 의문이 일어난다. 그는 어디로 갔는가? 그리고 사람들은 죽은 사람의 영혼이나 귀신을 생각하기 시작했다. 이러한 것들이 처음에는 신격으로 인정되지 않았다.

초기의 이야기들을 기록한 문서들이 없기 때문에, 사람들은 그들이 목격하고 전해들은 사건들을 말하기 시작하였다. 그러한 행위를 하면서 그들은 보고 들은 것을 재해석하였기 때문에, 탁월하게 보이는 초인간적인 존재는 (일본말에 신을 의미하는 '카미[神]'라는 단어는 위에 있는 뛰어난 존재를 의미한다) 그들의 영역을 갖고 참여하게 되었고, 그래서 나중에 신화체계를 가능하게 하는 이야기들 속으로 들어왔다.

현대 신도에는 최고신이 없으며, 최고의 능력은 그들의 만신전에 있는 어떤 신에게도 속하지 않는다는 사실은 분명해 보인다. 따라서 우리는 이러한 상황은 초기의 사상에서도 마찬가지였고, 일본의 초기 종교는 단일신론에 관한 조그만 단서도 제공하지 않았으며, 단지 순수한 다신론적 자연숭배였다고 믿게 된다.

우리가 위에서 내린 추론을 가능케 한 책들에 나오는 신격들에는 다른 속성과 행위가 포함되어 있다. 그러나 이러한 기록들이 얼마나 더 기록될 당시에 첨가된 것인지 우리는 잘 알 수가 없다.

이러한 일본인들의 초기 믿음에 대한 대략적인 설명을 가지고, 다음에는 신도가 발전되어 온 역사를 살펴보자.

신도의 발달사

우리는 적어도 신도의 신화에 관한 매우 명확한 설명을 가지고 있으며, 이것으로부터 많은 신도의 교의를 배울 수 있다. 이 설명은 앞에서 언급한 두 권의 책인 고사기와 일본서기에서 주로 발견되는데, 두 권 모두 영어로 번역이 되어서 모든 내용이 영어를 사용하는 사람들에게 공개되어 있다. 이 책들은 구전으로부터 정리된 것으로 알려져 있다. 고사기는 이러한 사실을 언급하고 있다. 서기 681년에 천황은 역사책을 편찬하라고 명령을 내렸으나 그는 곧 죽고 오랜 시간이 지난 후에 놀라운 기억력을 가진 사람의 구술을 받아 적는 작업이 이루어 졌다. 이 모든 일은 결국 통치 가문의 지위를 공고히 하기 위한 것이었다. 모든 신화나 초기 신앙에 관한 이야기들은 이 한 가지 목적에 의해서 짜여졌으며, 이 사실은 우리가 연구하면서 늘 기억해야만 한다.

그리피스 박사는 다음과 같이 말한다: "여러 신화들 중에 선택기준이 되는 원칙은 천황에게 충성하는 지도자들의 조상은 하늘의 신들로부터 왔다는 것이다. 그리고 고사기의 해설과 전례문들이 이러한 사실을 명확하게 보여준다."[9]

지배 부족의 지위는 정복을 통하여 획득되었다. 정복당한 부족과 귀족들은 때때로 반란을 일으켰으며, 속박으로부터 벗어나려고 저항했다. 정복자의 요구사항은 광범위했다. 모든 토지와 개인의 재산, 그리고 그의 부하들이 거느리고 있는 사람들까지 그의 소유가 되었다. 오랫동안 평화가 없다가 안정된 시기가 찾아왔는데, 645년에 다시 혁명이 일어난 후 모든 것이 안정되었다. 이후에도 한차례 왕가를 위협하는 음모가 있었다. 그것은 곧 발각되어서 위험이 제거되었다. 그리고 그러한 반란이 반복되는 것을 막기 위하여 궁정 사가들에게 초기시대로부터 왕국의 역사를 기록하도록 지시를 내렸다. 이점에 관하여 녹스 박사의 조금 긴 글을 인용해 보겠다. "681년에 역사책을 준비하라고 명했던 천황이 말했다. '내가 듣기에 천황의 연대기는 다른 여러 가문의 족보와 마찬가지로 정확한 사실로부터 벗어나 있고 대부분 거짓으로 확대되어 있다.' 아마도 지금 이러한 결함이 수정되지 않는다면, 많은 시간이 지나기 전에 국가의 기초, 왕조의 근거가 무너질 것이다." 그리고 그는 '세심한 취사선택'을 했다고 말한다. 그리하여 소위 '일본인의 성경'이라고 불리는 이 책에서 우리는 명확한 목적과 잘못된 주장의 교정과 왕권의 수립을 위한 작품을 보게 된다. 그리고 이차적으로 우주 자체의 기원에 관한 이야기를 얻을 수 있다.[10] 여기에는

9 "일본의 종교들", p.45

10 간단히 설명하면 그 이야기는 다음과 같다: '하늘의 통치자' 혹은 천왕인 텐무

종교적 동기가 없고, 도덕규범을 만들 의도도 없으며, 다만 중국의 전례를 따라서 일본도 우주론, 국가역사, 그리고 천황가의 왕권획득 과정에 대한 정당성을 갖추려는 것이었다. 이러한 명백한 '경향'이 '그 책과 신도의 의미를 이해'하는 단서가 된다.[11]

이들 책에서 우리는 모든 사물의 기원을 설명하는 다양한 신화를 발견한다. 그들 대부분의 신화는 우리나라의 동화와 같이 미숙한 수준이다. 몇몇은 사랑스럽고 아름답다고 할 수 있지만, 그러나 대부분은 저속하고 외설스럽다.

고사기의 번역자인 쳄벌린 교수는 다음과 같이 말한다: -

> "고사기의 기록들이 증언하고 있는 행위나 작업들의 충격적인 음란성은 침묵으로 지나쳐 버릴 수 없는 또 하나의 추한 모습이다. 우리가 이해하는 바와 같이, 예의범절이란 매우 현대의 산물이며, 원시적인 단계에서는 어느 사회에서도 준수되지 않은 것이 사실이다. 동시에 문학작

(673-686)는 주요한 가문들이 가지고 있는 기록들이 '대부분 근거 없는 거짓'으로 확대되어 있는 것을 한탄하고, 왕국의 큰 기초가 무너질 것을 두려워하여 진실을 보존하기로 결심하였다. 그리하여 그는 기록들을 자세히 검토하고 비교하고 그리고 잘못을 제거하였다. 다행히도 그의 집안에 히에다 아레라는 기억력이 뛰어난 인물이 있었는데, 그는 한번 본 자료나 들은 것을 실수 없이 반복할 수 있었다. 이 사람에게 진실한 전통과 이전 시대의 언어를 적절히 가르쳐서 그것들을 완전히 암기할 때까지 반복하게 하였다. 이것을 기록으로 남기게 하는 임무가 끝나기 전에 천왕이 죽고 이후 25년 동안 아레의 기억 속에 남아 있다가 '고사기'라는 제목으로 기록되게 된다.- 그리피스, "일본의 종교들", p.61

11 "일본 종교의 발달", p.56

품의 전 영역을, 다음 4강과 관련되는 음란한 문장과 대비해서 혹은 영웅 야마토 타케와 그의 부인 미야추가 시적인 재능의 주제로 등장하는 특별한 이야기 거리와 대비해서, 자세히 검토할 수 있다. 아마도 한 문장만 보아도 우리는 가장 음란한 범죄가 평범하게 저질러졌다는 사실을 짐작할 수 있다."

그래서 우리는 이러한 신화를 많이 인용하지 않을 것이다. 그러나 우리가 인용하는 것들은 지난 도교 강의에서 인용했던 내용들과 차이점을 잘 예시하게 될 것이다; 그리고 다시 언급하지만, 일본의 인용문들은 후대의 것이며, 비록 일본의 해설자들이 중국의 문장가들만큼의 문학적 자질이나 영감이 부족하기는 했지만, 같은 시대의 중국의 신화나 전설과 비교해 보면 결코 더 유치하지는 않다.

우리는 신도 체계를 완벽하게 설명해 낼 수는 없지만, 간략한 윤곽은 흥미도 있고 우리가 일본의 신론에 대한 어떤 개념을 얻는데 도움이 될 것이다. 고사기나 일본서기에 따르면, 처음에 혼돈이 있었고, 거기서 부터 어떤 설명할 수 없는 방법으로 하늘과 땅이 갈라져서 여러 신격이 생겨났다, - 그들 중 대부분은 거의 동시에 망각 속으로 사라졌다. 고사기는 다음과 같이 기술하고 있다: "옛날에 하늘과 땅은 아직 분리되지 않았다, 그리고 달과 해도 분리되지 않았다. 그들은 달걀과 같은 혼돈의 덩어리를 이루었는데, 경계가 모호했고 싹을 포함하고 있었다. 더 순수하고 맑은 부분은 확산되어서 하늘이 되고, 무겁고 탁한 부분은 아래로 내려와서 땅이 되었다. 맑은 요소들은 통합된 몸체를 이루었으나, 무겁고 탁한 요소들은 어렵게 이루어 졌다. 그래서 하늘이 먼저 만들어 지고 땅이 나중에 만들어 졌다. 그리고 신성한 존재들이 그 사이에서 생겨났다."[12]

그 후 여러 세대에 걸쳐서 신들[13]이 등장하는데, 그들은 신화적 계보[14]에서 단지 한번만 언급되고 이후로 다시 등장하지 않는다. 신들도 인간과 마찬가지로 죽으며 더 이상 그 이름을 들을 수 없게 된다는 사실을 명확히 밝히지 못하면, 왜 그들이 생겨났으며 무슨 목적으로 그들의 이름이 삽입되었는지 우리는 판단하기 어렵다.

일본의 전체 신화는 현저하게 신인동형적이며, 신 자신뿐 아니라 그들의 습관, 서로의 관계, 그리고 인간과의 관계에 있어서 그러하다.

---

12 고사기와 일본서기의 번역은 에스톤의 "신도"에서 인용하였다.

13 "고사기 책의 처음 두 부분에서는 신화의 창작자들의 마음속에 있는 진흙이나 물로 된 원형질의 신격에 불과한 신을 다루고 있다. 신성한 일곱 세대가 태어났는데, 그들이 한 일은 단지 이자나기 신과 이자나미 신에게 보석 창을 준 것 뿐이다. 이 한 쌍의 신으로 인해서 성의 구분이 생겨났다. 성에 대한 인식이 출현하면서 움직임, 행동, 창조가 시작되었고, 보이는 사물들의 진척이 잇따라 일어났다. 상세한 내용을 영어로 설명할 수는 없지만, 그 한 쌍의 결합과 대화를 언급하는 것 외에, 출생을 의미하는 용어는 생명체뿐만 아니라 무생명체에도 해당한다는 사실을 언급하는 것으로 충분할 것이다. 그 용어는 단순한 사물이나 장소를 의미하는 다양한 신에게 뿐만 아니라 일본 열도를 구성하는 섬들에게도 사용된다." - 그리피스, "일본의 종교들", p.52

14 이들 신격들의 기원에 관하여 녹스 박사는 다음과 같이 말한다, p.22: "사람과 동물이 그들의 자손을 보는 것처럼, 섬들과 신격들도 자손을 본다. 창조의 방법은 피조물의 종류나 등급에 영향을 미치지 않는다. 그와 같이 그 나라의 섬들은 그들의 신성한 부모에 의해서 태어난다. 그러나 가장 강력한 하늘의 주인인 태양 여신과 왕족의 여시조와 나라의 창설자는 이자나기가 명부로부터 도망할 때 오른 쪽 눈에 담겨졌던 부정으로부터 씻김을 받았다. 그처럼 달도 왼쪽 눈에서 태어났고, 악한 신격인 타케-하야-수사-노-오-미코토는 코에서 태어났다."

이와 관련된 고사기에 관하여 에스톤은 다음과 같이 말하고 있다: "이 잡다하게 긴 이야기를 번역하기는 불가능하다. 이들 중 어떤 신격들은 개인적인 저자의 상상 밖에서는 존재하지 않는 것도 있다; 그들은 틀림없이 이자나기 신과 이자나미 신의 계보를 제공하기 위해서 만들어지거나 수집된 것이다."[15] 일본 신화가 실제로 시작된 것은 이 두 신으로부터 이다. "그들은 일본의 섬들뿐 아니라 해와 달을 포함한 이후 세대의 신을 만들었으며, 이들로부터 왕과 일본 사람들이 생겨났다."

일본서기에 다음과 같이 기술되어 있다: -

"이자나기와 이자나미는 하늘의 떠있는 난간에 서서 서로 의견을 나누며 말했다. '저 아래에는 나라가 하나도 없을까? 그러자 곧 그들은 하늘의 보석 창(아메 노 타마 - 보코)을 아래를 향해서 찌르며 더듬어 찾다가 바다를 발견하였다. 그 창끝에 맺힌 바닷물이 굳어져서 섬이 되고 오노고로 - 짐마 혹은 스스로 굳은 섬이라는 이름을 얻었다. 그런 후에 두 신은 하강하여 그곳에 거주하였다. 그리고 그들은 남편과 아내로 결합하

15 "이자나기와 이자나미는 틀림없이 태양 여신과 다른 구체적인 신격들 이후에 창조되었는데, 그 두 신은 이들의 존재를 설명하기 위한 것이다. 나는 그들이 중국의 음과 양, 혹은 여성과 남성의 원리를 의미한다는 생각에 별 의심이 없다. 사실 일본서기에는 이러한 용어가 그들에게 적용된 구절이 나온다. 모토리가 말한 것처럼 음과 양은 외래 사상이며 순수한 일본 신화에 스며든 것이다. 그러나 우리는 일본 신화는 우리가 본 바와 같이 중국의 학문이 들어온 지 3세기 후에 기록되었으며, 그 이전에도 수백 년 동안 중국과 교류가 있었다는 사실을 잊어서는 안 된다. 그러므로 고사기나 일본서기가 씌어 지기 전에 중국철학이나 과학의 기본적인 원리에 관한 지식이 일본에 알려져 있다는 것은 이상한 일이 아니다." - 에스톤, "신도", p.169

고 나라를 만들기를 원했다. 그리하여 그들은 그 땅의 중앙이 되는 오노고로 - 짐마를 세웠다."

그들의 구애와 행위에 대하여는 언어로 표현하기에 적절하지 못해서 인용하지 않겠다; 다만 그들이 섬들과 많은 신격들, 그리고 불의 신을 만들었으며 이자나미가 죽었다는 언급으로 충분하다. 이자나기는 화가 나서 불의 신을 토막으로 잘랐는데, 그 조각들이 각각 신격이 되고 그의 눈물은 다른 신격들이 되었다. 그는 그의 아내를 찾아 죽은 자들의 거주지인 요미의 땅으로 내려갔다. 다음은 그의 방문에 대한 설명이다: -

그 후 이자나기는 이자나미를 찾으러 요미의 땅으로 들어갔다. 그는 그녀를 만나서 함께 이야기했다. 이자나미가 말했다: '내 주인이며 남편이시여, 왜 이렇게 늦게 오셨습니까? 나는 이미 요미의 요리화덕을 먹었습니다. 그래서 나는 이제 누워서 쉬려고 합니다. 나를 지켜보지 마세요' 이자나기는 그녀의 말에 귀를 기울이지 않고 몰래 그녀의 참빗을 집어서 끝에 있는 살을 부러뜨려 횃불을 만들어서 그녀를 쳐다보았다. 그녀의 몸은 이미 썩은 냄새가 나고 구더기가 우글거렸다. 그리고 여덟 개의 번개신이 그녀의 여러 부분에서 생겨나왔다. 이자나기는 큰 충격을 받고 외쳤다. '내가 모르고 추악하고 더러운 땅에 왔구나!' 그리고 그는 급히 달아났다. 이자나미는 화가 나서 말했다: '왜 당신은 내가 부탁한 것을 지키지 않았습니까? 이제 나는 창피를 당했습니다.' 그래서 그녀는 요미의 추한 여자들을 따라 보내서 그를 살해하려고 했다. 이자나기가 날아가면서 그의 살이 많은 빗을 던지자, 곧 대나무 화살로 변했다. 그 추한 여자들은 그것들을 잡아서 먹어버렸다. 그것들을 다 먹어버리자 그들은 다시 추격했다. 그러자 그는 그의 머리수건을 집어 던졌는데, 그것은 포도로 변해서 다시 추적자를 지체시켰다. 요미의 산길 아래에 도착해서, 그가 그곳에 자라는 복숭아 세 개를 모아서 추적자들을 치자 그들은 모두 물러갔다. 그리고 그는 복숭아에게 말했다, '너희가 나를 도왔으니 그와 같이 너희는 갈대평야 중앙땅에 사는 사람들이 곤경에 빠지면 도와주어라.' 그리고 그는 그들에게 오코 - 카무 - 추 - 미 노 미코토(그들의 당당하고 위대하고 신성한 과일)이란 이름을 붙여 주었다. 이것이 악한 귀신을 쫒아 낼 때 복숭아를 사용하는 유래이다.

"요미의 산길에서 이자나기는 이자나미의 추격을 받았다. 그는 큰 바위를 집어서 그것으로 길을 막으며, 동시에 이혼의 서약을 선언했다; 즉, '우리의 관계는 끝났다.' 그는 가까이 오지 말라고 말하고, 그의 지팡이를 던지자, 후나도 노 카미(통행금지 신격) 혹은 쿠나도 노 카미(접근금지 신격)라고 불렀다. 그는 또 허리띠를 던지고, 나가치하 노 카미라고 불렀다. 다시 그의 바지를 던졌는데, 아키 - 구히 노 카미라고 불렀다. 다시 신발을 던지자, 치 - 시키 노 카미라고 불렀다."

돌아오자마자 그는 곧 자신을 정화하기 위해서 목욕하러 나아갔는데, 많은 신격들이 여기에서 생겨났다. 주목할 만한 신으로 태양 여신(아마테라스)이 그의 오른 쪽 눈을 씻은 물에서 나왔고, 왼쪽 눈에서 달의 여신이 나왔다.

이들 존재의 투쟁과 승리의 이야기는 흥미롭지만 더 이야기할 시간은 없다. 태양 여신의 손자인 니니기 신은 준비를 마친 후에 세상을 다스리려고 내려 왔다.(이것이 신이 만든 일본의 섬 이야기를 포함하는지 우리는 말 할 수 없다; 아마 그렇지 않을 지도 모르고, 그리고 그들에게 알려진 세상을 의미할 수도 있다.)

물론 그의 하강은 대단히 화려한 의식이 따라왔다. 다른 신들의 방해로 역경도 있었지만 극복하고 지위가 낮은 신격들의 시중을 받으며 잘 도착하여 그의 직무를 시작했다. 그의 손자가 일본 최초의 인간 통치자인 진무 천황의 아버지이다. 알려진 바와 같이 신화와 역사를 구분해서 전자의 끝이 어디이고 후자의 시작이 어디인지 말하기는 어렵다. 그러한 이름을 가진 왕이, 본토에서 왔는지 혹은 남쪽에서 중앙섬으로 왔는지, 일본에 와서 마침내 전체를 정복하는데 성공했다는 사실은 확실해 보인다. 물론 초기 해설자가 말한 많은 사실들은 입에서 입으로 전해진 것이므로 신화적이고 불가사의한 이야기로 가득 차 있지만, 그러나 이때부터 역사가 시작된다.

천황은 태양 여신의 직계 후손이 되고, 그의 귀족들과 왕자들은 급이 낮은 신격으로부터 왔으며, 사실 평민들 자신도 신성한 자손이라고 주장한다. 그리하여 사람들의 자긍심을 세워주고 통치 군주에게 충성하도록 계산된 체계가 세워졌다. 일본은 그 자신들이 신의 후손이라고 믿는 특별한 나라이기 때문에, 우리는 그들이 얼마나 이러한 사실을 굳게 믿으며 다른 나라를 깔보고, 그리고 모든 다른 민족들은 기꺼이 이 신성한 천황에게 충성을 바쳐야 한다고 확신하고 있는지를 쉽게 알 수 있다.

물론 이 신화에서 우리는 비논리적인 구절들을 찾아 볼 수 있는데,

초기 신성한 계보의 시대에 이미 태양이 존재하고 있다는 사실을 확실하게 암시하고 있으면서, 또한 후대에 와서 여신인 태양이 생겨났다고 한다. 그러한 비논리적인 설명이 우리에게 놀라운 일은 아니지만, 일본인들 자신들이 아무런 어려움이나 의심 없이 그것을 지나쳐 버리는 것은 약간 이상하다.

이미 말한 바와 같이 이 신도의 만신전에는 최고의 능력이나 지혜를 가진 신이 하나도 없다. 태양 여신[16]은 확실히 가장 중요한 신이기는 하지만, 그러나 그녀의 영향력조차도 제한적이다; 그녀는 바다나 지하세계를 통제하지 못한다. 그리고 그의 형제인 비의 신 수사노요가 그녀에게 대항하여 반란을 일으켰을 때, 그녀는 동굴로 도망치지 않을 수 없었는데, 이러한 사실은 최고 능력이라는 사상을 제거하는 것이다. 신들의 총 숫자는 8천개에 이른다고 하지만, 이들 중 많은 수가

16 "그(사제장)는 말한다: 모든 사람은 들으라, 신의 신하들과 제물을 정화하는 자들, 위대한 의식, 하늘의 빛나는 위대한 신 앞에 거행되는 하늘의 예식, 그 신에 대한 칭송은 위대한 집에 견고한 기둥을 세우고 와타라이 우찌의 이수즈강 근원에 있는 높은 하늘의 평원에 가로 기둥을 높임으로 이루어진다.
"그는 말한다: 이것은 주권자의 위대한 말씀이다. 모든 사람은 들어라, 신의 신하들과 제물을 정화하는 자들, 아침 해가 영광스럽게 떠오를 때 금년 6월 17일에 오호-나카토미에 대한 찬양을 거행하라, 그는 세 개의 부에서 그리고 여러 나라와 지방에서 그녀에게 속한 신들의 집에 사는 사람들이 쓰도록 조공으로 바쳐진 의복과 정화된 물과 음식을 산처럼 쌓아놓는다. 그러면 그녀는 천황의 생명이 길고 그의 나이가 다하도록 바위처럼 영원하고 변함이 없도록 축복해 준다; 그에게서 나오는 자녀들을 축복하소서, 그리고 백가지 기능을 가진 사람들과 하늘아래 있는 사방의 농부들이 오래도록 경작하고 먹을 수 있는 오곡이 풍성하도록 축복하시고, 그들을 지켜주시고 이롭게 하여주시고 그들을 축복하여 주소서 - 위대한 봉헌 지팡이에 의해 감춰진다." - 그리피스, :"일본의 종교", p.48

'효력 없는 신'의 목록에 들어가야 하며, 신화 목록 이외에서는 거의 알려지지 않는다는 사실을 기억해야만 한다.

이들 신격들은 몇 개의 등급으로 나뉠 수 있는데, 첫째는 태양 여신의 이세진구(伊勢神宮)에서 국가적 숭배[17]를 받는 존재들, 둘째는 여러 지방을 관장하며 주요한 신사에서 숭배를 받는 신격들, 셋째는 다양한 기술인 조합을 보호하는 신격들, 넷째는 가문의 신 혹은 '우지가미(氏神)', 다섯째는 각 가정에 제단을 갖고 있는 가정의 신격들이다.

많은 사람이 네 번째 등급의 신이 조상숭배의 표시라는 주장을 했지만, 이러한 주장을 믿는 사람은 주로 중국 고전에 심취한 토착인이거나 또는 모든 종교의 기원을 조상숭배로 보는 선입관을 가지고 여기에서 그 증거를 찾았다고 생각하는 외국인들이다. 그들 우지가미는 실제로 출생지 신격들이고, 그리고 그와 같이 숭배되었다.

이러한 신들의 속성은 힘과 능력이다. 그리피스는 어떠한 도덕적 성격도 그들에게 부합되지 않는다고 명확하게 말한다. 한편 에스톤은 태양신의 용기와 인내에서, 그녀의 인간에 대한 사랑에서, 곡식과 채소의 씨앗을 보전하는 데에서 도덕적인 요소를 발견한다; 또한 원시 신도에서 발전되고 초기에 나라의 정권을 위해 준비된 법규들 속에서 그는 윤리의 발전을 보았다. 그러나 이러한 법규를 자세히 살펴보면, 그것들은 신이나 통치자의 명예를 위해서 혹은 사회적 이익을 위해서

---

17 "히마치(해맞이)라는 현대 관습이 있는데, 10월 5일 밤에 떠오르는 태양을 숭배하기 위하여 잠을 자지 않는 것이다. 종교적인 정화의례는 전날부터 지킨다. 많은 사람들이 타카나하, 우헤노, 아타고, 그리고 토키오의 다른 열린 장소에 모여서 새해의 첫날 떠오르는 태양을 숭배한다. 이것은 하추노 히노데(첫 해돋이)라고 불린다." - 에스톤, "신도", p.128

공표된 것이라는 사실을 알 수 있다. 부과되는 형벌[18]은 훼손된 위엄을 지지하거나 잘못을 바로잡기 위함이며, 죄악에 대한 비난이나 징계가 결코 아니었다.

신들은 그 본성에 있어서 인간과 같았다.[19] 거기에는 모든 종류의 신들이 있었다. "하얀 영혼과 검은 영혼; 푸른 영혼과 회색 영혼" - 원칙과 실천의 모든 영역에서 좋은 영과 나쁜 영. 중국에서처럼 여기에서도 도둑이나 매춘부가 찾아가서 그들에게 도움이나 행운을 비는 신들도 있었다.

우리가 지나면서 한 가지 지적할 만한 이상한 점은 일본 신들의 개성의 결핍이다. 사실, 어떤 곳에서는 신사에 모셔져 있는 신의 정체성이 사라져 버리고, 단지 강력한 신이 숭배되고 있다는 사실만 알려져 있는데, 오늘날의 학자들조차도 어느 한 신사의 신에 대한 정체성에 관하여 달리 설명하기도 한다.

이것이 좋게 표현해서 우리가 신도의 철학이라고 부를 수 있는 것의 대략적 윤곽이다. 그러나 이 철학은 우리가 살펴 본 바와 같이 한국으로부터 중국의 학문과 문자가 전해진 후에 어떤 목적을 가지고 공식화 된 것이다. 동시에 여기에 불교의 유풍과 서적이 들어 왔는데, 그 가르침에 대하여 일본인은 초기부터 매우 우호적이었다. 그러나 불교가 성행한 것은 위에 언급된 역사책이 편찬되고서 한 세기가 지난 다음이었다. 다음 강의에서 자세히 살펴볼 불교는 기존의 환경에 자신을 습관처럼 적응시키고, 그의 신앙을 대상이 되는 나라에 광범위하게

---

18 제2강의 부록 1번 참조

19 제2강의 부록 2번 참조

동화시키며, 마치 팔이 많은 문어처럼, 감싸고 껴안으며 결국에는 다 흡수해 버리고 모든 것을 멸절시킨다.

불교가 일본에 들어 왔을 때, 일본인들은 지방의 많은 신들에게 충성을 바치며 외부에서 들어 온 사상에는 관심을 두지 않았다. 한 세기가 지난 후에도 여전히 불교는 사방에서 토착 신사와 신들에 둘러 싸여 있었다. 이 무렵에 중국에 유학하고 돌아온 일본의 불교 승려가 이새의 유명한 신도 신궁에서 태양 여신으로부터 특별한 계시를 받았다고 선언했는데, 그녀와 다른 모든 신도의 신들은 단지 붓다의 실현 혹은 화신이라는 것이다. 그는 신도와 불교를 화해시키는 계획을 추진했고, 신도의 모든 신들을 불교에 소개하고 또한 신도의 모든 축제를 불교와 합치하려고 하였다. 이러한 계획이 일본 전역에서 채택되자, 신도 신사는 대부분 불교 승려의 손에 넘어가게 되었다; 거의 모든 장소에 불상이 세워졌다; 원시 신도 신사의 형태는 크게 바뀌었다; 색칠이나 금도금에 불교식 장식이 쓰이고, 사실을 말하자면, 신도는 완전히 묻혀 버린 것이다. 신화나 전설은 아직 존재했으나 종교로서는 정지된 상태였다.

이러한 상태가 거의 천년 동안 지속되어, 18세기 말엽과 19세기 초에 모오리와 히라타같은 학자들이 순수한 신도의 부활을 위하여 진지한 활동을 시작할 때까지 지속되었다. 그들의 의도는 모든 개연성에서 종교적이기보다는 정치적이었다. 그리고 이런 노력은 신도를 국가적 신앙으로 재수립함으로써 절정에 이르렀다. 이때에 불상들은 거의 제거되었고 고대 신도의 단순함으로 돌아가려는 노력이 있었지만, 많은 불교 장식이나 부속들이 여전히 존재했다. 이후에 신도는 더 이상 종교로 분류되거나 인식되지 않고, 다만 민족의 조상에 대한 기억과 신사를 보존하기 위한 사회집단으로 인정받는 권리를 국가로부터 부여받았다.

우리가 고사기나 일본서기를 가지고 있는 것은 매우 다행스러운 일이다. 일본서기는 중국의 영향과 신학문의 영향을 많이 받기는 했다. 그러나 18세기 후반까지 신도에 관한 저술가가 없었다는 사실은 유감스럽다. 신화와 신화체계는 거의 변함이 없다고 말할 수 있지만, 순수한 신도를 부활하려는 시도는 거의 성공하지 못했으며, 그리고 오늘날 신도인들의 사상, 신조와 관행들은 불교 정복의 영향을 상당히 받았다. 어디에서 신도가 끝나고 어디서부터 불교가 시작되는지 말하기가 쉽지 않다.

이제 오늘날 신도 숭배에 관하여 고찰해 보자.

현대의 신도숭배

일본 전역에 있는 신사의 수는 정말로 셀 수 없이 많다. 기록에 의하면 일급의 신사가 220개소이고, 이급 신사가 2,648개소, 그리고 모든 급의 신사를 포함하면 기록된 숫자만 20만개소가 넘고, 이들 신사에는 종종 하나 이상의 신이 숭배를 받는다.

이들 신도 사원에는 신격의 물질적인 인물형상체인 '신 타이(身體)' 혹은 신의 몸체를 모시고 있는데, 그 형태가 매우 다양하다; 거울인 경우가 많으며, 이름을 새겨 넣은 위패가 있고, 나무 가지, 칼, 염주, 나무 등이 있다.

신도에는 약간의 예외가 있기는 하지만, 일반적으로 신상이 없다고 말할 수 있다. 남근 숭배의 신은 남근상에 의해 표현되며, 인간의 형상도 있고, 어떤 곳에서는 신도 사원에 석상이 발견되기도 한다. 그러나 원칙적으로 신도 사원의 특징은 모든 신상의 부재이며, 앞에 언급한 예를 제외하고는, 신사의 정면에 있는 도리 혹은 특별한 문이 결정적이다.

이 도리 혹은 도리위는 고사기나 일본서기에 전혀 언급이 없으며, 에스톤에 의하면 현대에 생긴 것이다. 그것은 틀림없이 대륙에서 소개된 것이며 한국의 홍살문(붉은 화살 문)에 상응하는 것으로, 이것은 공자 사당, 왕릉, 그리고 조상의 위패를 모신 사당 입구 등에 설치된 것이다. 에스톤이 말한 바와 같이 이것은 분명히 숭배의 장소를 나타내기 위한 공경의 문이며, 일본에서는 신도에만 제한된 것이다.

이와 관련하여 이러한 신상의 부재가 일반적으로 이교도들이 그들의 예배에서 신상을 신 자체가 아니라 신이 거주하는 곳 혹은 신의 표상이라고 여겼다는 것을 보여주고 있다는 사실은 흥미롭다.

앞에서 언급했던 남근 숭배[20]는 자세히 설명할 필요는 없다; 그러나 그것이 신도 숭배에서 작지 않은 요소였다는 사실은 각 지방에서

20 "이 음란한 남근 형상의 대중의식에의 등장, 축제의 열광 속에 존경할 만한 시민들의 열광적인 행동, 신사 옆에 서 있는 남근상 등에 관한 상세한 내용을 여기서 언급할 수는 없다. 다만 우리는 그들의 존재와 외래 종교에서 살아남은 사상과 사회 조직에 지대한 영향을 미친 신성한 그들의 토착 사상이 무엇인가에 대하여 언급할 뿐이다. 계몽된 불교인나 유교인, 그리고 현대의 신도인들 조차 남근 숭배를 이교적이고 야만적이라고 생각한다. 그러나 그들은 여전히 그들의 의식과 신앙을 실행한다." - 그리피스, "일본의 종교들", p.29

남근상이 유행했고(최근까지 정부에 의해서 금지되었다) 고사기나 일본서기에 이런 의식을 언급한 것을 보면 명백해 보인다.[21] 남근신이 숭배되는 사원에서는 반항하는 기질을 가진 박카스 신의 주연과 같은 장면이 연출되고, 어떤 특별한 축제에서는 가장 저급한 부도덕성이 숭배의 일부분인 것처럼 보인다.

일본 종교에 관한 모든 저자들이 이것을 언급하지만, 매우 조심스러워한다. 이러한 총체적인 부도덕한 장면은 이 사원들뿐만 아니라 모든 사원에서 보인다. 우리는 이것을 언급하는데 망설여지기는 하지만, 그러나 일본에서 행해지는 사건에 대한 진실한 설명은 거의 모든 유명한 신사를 둘러싼 부도덕성에 대한 최소한의 언급을 요구하고 있다. 이세에 있는 유명한 사원에서 조차 부도덕한 접촉이 성행하고, 수천수만 명의 순례자들이 찾는 신사의 주변에서는 크게 번성할 뿐 아니라, 고급 호텔에서는 오늘날까지 공공연하게 그것을 사주하고 있다.

이 남근 숭배에 관한 더 자세한 논의는 일본의 관습을 깊이 있게 다룬 책들에서 찾아 볼 수 있다.

신도에 대한 가장 강한 비판 중에 하나는 이 종교가 그러한 관습에 대하여 공개적으로 전쟁을 선포하지 않고, 오히려 지지자들의 입장에서서 이러한 행위를 지지하고 응원한다는 것이다. 이러한 사실은 만약 이 종교의 신학적 사상이 더 높았다면 숭배와 비도덕성 사이의 그러한 관계가 성립할 수 없었다는 것을 증명하고 있다.

21 그들의 신화를 담고 있는 이 책들은 문명국가에서 출판되기가 어려울 것이다. 출판이 아니라도, 라틴어나 모호한 영어로 쓰지 않는다면 우편 검열을 통과하기 어려울 것이다.

일본인들이 일반적으로 비종교적인 민족이며 불손하기도 하다는 인상을 준다면, 그것은 대부분 그들의 낙천적인 성격과 방임적인 자유 때문이라고 말할 수 있다. 일본을 방문해서 축제나 혹은 다른 날에 신사에 모여드는 사람들을 보거나, 해돋이에 모두 돌아서서 박수를 치고 팔월의 여왕에게 충성을 바치는 모습을 본다면, 그들이 종교적인 민족이라는 것을 인정하지 않을 수 없을 것이다. 사실 일본인들은 그들의 종교로부터 즐거움을 얻으며, 삶과 죽음의 현실은 그들에게 큰 비중이 없는 것 같으나 여전히 그들은 매우 종교적이다. 온 나라가 신사로 덮여 있고, 높은 언덕과 해안가에 있는 사원, 모든 상점에 있는 잘 꾸며진 제단, 신선하게 보존된 꽃들, 그리고 거의 모든 가정에 있는 가정 제단의 깨끗한 린넨 천, - 이 모든 것이 그들의 타고난 강한 종교적 본능을 증명하고 있다.

우리는 또한 신사나 그 밖에서 행하는 의례나 기념행사에서 그들의 신을 향한 태도를 배울 수 있다. 어떤 상황과 어떤 예식을 위해서 그들은 신이 강림하는 의식을 갖는다. 사제나 여사제가 어떤 주문을 낭독하면 신이 내려와서 자리를 잡으며, 어떤 표상이나 제물위에 내려오고 채색된 옷감인 고헤이(御幣) 띠에도 내려오는데, 가끔 이것을 집으로 가져가서 신의 제단에 놓기도 한다.

모든 신상의 부재와 그러한 상징이나 의식의 사용은 일본인들의 예배에서 영적인 성격을 잘 보여주는데, 이것은 그들이 말하는 신의 몸인 '신 타이'의 존재에 대한 필요성을 고집한다고 해서 훼손되지는 않는다.

물론 그들의 예배에서 중요한 요소인 기도 형식은 도움을 주며, 사업의 성공을 열렬히 갈망하면서 사업을 위하여 효험이 있다고 알려진 신에게 기원한다. 정화를 위한 의식은 다른 것에 비해서 더 정교하며, 그 종류와 오염의 정도, 그리고 찾아오는 신의 등급도 다양하다. 매우 정성스러운 의례가 한해의 마지막에 불행을 가져온 신뿐 아니라 귀신이나 악한 신들을 쫒아 내기 위하여 치러지도록 준비되어 왔다. 때때로 매우 정교한 연행에 빠져들며, 심취된 사람이거나 혹은 그 일을 위해 고용된 사람들이 쫓겨 날 신을 연기하여, 정교한 의례가 끝난 후에 힘든 모습을 보이며 집밖으로 쫓겨난다.

물론 온갖 종류의 제물을 신들에게 바친다. 그러나 이것들은 주로 받은 이익에 대한 감사의 예물이고, 가끔 앞으로 받을 이익을 위해서 소원을 비는 예물을 바치기도 한다. 매일 드리는 예배가 신앙심이 깊은 사람들을 위하여 준비되는데, 비록 급한 일이 있는 사람들에게는 짧은 예식이 준비되기도 하지만 사실은 매우 정성스러운 예식을 고집한다. 히라타가 소개하는 다음에 나오는 기도는 가정에 있는 신의 제단에 매일 바치는 기도이다.

> "최고의 장소인 이세의 두 궁전에 있는 위대한 신에게 경건하게 예배드립니다, - 하늘에 속한 팔백의 신께, - 땅에 속한 팔백의 신께, - 여덟 섬의 위대한 땅과 모든 지방과 섬들에 계신 천오백의 신께, - 천오백의 작은 궁전과 작은 사원의 신께, - 내가 초대하여 그 제단을 만들고 매일 찬양을 드리는 소호도노 카미께, - 나는 두려운 마음으로 기도드리오니, 신들이 보고 들은 내가 모르는 사이에 저질렀던 잘못들을 고쳐주시고, 신들이 가지고 있는 능력으로 나를 축복하고 호의를 베풀어 주시고, 나

로 하여금 신성한 예를 따라 길에서 선한 일을 행하게 하소서."

우리가 이 의식의 주제에서 지나가기 전에, 비록 몇몇 언급은 있었지만, 인간 희생이 신도의 관행에서는 아무런 역할을 하지 않았다는 점을 지적하는 것은 흥미롭다. 비록 고대이기는 하지만 기록에 보면, 왕이나 왕자가 죽으면 무덤 주위에 많은 시종들을 산채로 머리만 남기고 땅에 묻어서 '히토가키' 혹은 인간 울타리를 형성했다; 이 관습은 이후에 646년 특별 칙령으로 금지되었고[22], 인간 울타리 대신에 진흙 형상으로 대체되었다.

그들의 의례와 의식으로부터 우리는 이러한 신들이 능력이 있으며 기꺼이 사람들을 돕는다고 믿게 된다. 그러나 가끔 의식을 불결하게 하는 어떤 부정을 타게 되면 접근할 수 없다.

윤리적이고 영적인 축복은 어디서도 보이지 않는다. 몇몇 경우에 마음을 정화[23]하는 기도가 발견되기도 하지만, 이것들은 순수한 신도로 생각되지 않고 불교의 영향을 나타낸다. 영혼의 부도덕성에 대한 언급은 없다. 사실 아무 곳에서도 이런 것을 가르치지 않았고, '죽은 자들을 위한 기도나 혹은 미래의 행복을 위한 기도가 없다'는 사실에 관심을 두었다.[24]

22 제2강의 3번 부록 참조

23 "후대에 와서 하라히의 오용과 악용이 많이 나타났는데, 주로 불교의 영향 때문이었다. 공식제문은 많이 변형되었고, 다양한 번역판이 발견된다. 이들 중 어떤 것은 완전히 불교적이며, 잘 알려진 '로콘 쇼조'(육감이 순수하기를)는 오늘날 순례자들의 입에 늘 붙어 다닌다. 다른 것들도 정화를 위한 기도를 포함하지만, 고대 신도에는 매우 생소한 사상이다." - 에스톤, "신도", p.304

확실히 요미의 땅 혹은 죽은 자의 땅이라고 간단하게 말하지만, 그러나 이것을 단순히 무덤일 뿐이라고 말하는 사람도 없다; 그리고 고대 일본 책에는 그러한 생각을 채색하는 구절들이 많이 있고, 고사기나 일본서기의 불명확성이 그 결정을 거의 불가능하게 한다.

일본서기에 나오는 다음 문장은 죽음 후의 지식이나 능력에 대한 믿음을 확실히 보여주고 있다: -

> "예미시 사람들이 반란을 일으켰다. 그들을 공격하려고 타미치가 갔다. 그는 예미시 사람에게 패배를 당하고 이시미 항구에서 살해되었다. 그의 부하 중 한명이 타미치의 무기를 가지고 그의 아내에게 주었다. 그녀는 무기를 껴안고 자결했다. 그 말을 들은 사람들은 눈물을 흘렸다. 이후에 예미시는 다시 침입하여 타미치의 무덤을 파헤쳤는데, 무덤위에서 큰 뱀이 이글거리는 눈을 가지고 무덤 밖으로 나왔다. 그것이 예미시 사람들을 물자, 모든 사람이 독에 감염되어 대부분 죽고 한 두 사람만 살아서 도망쳤다. 그래서 그 당시 사람들이 말했다, '비록 죽었지만, 타미치가 마침내 그의 복수를 하였다. 어찌 죽은 자는 지식이 없다고 말할 수 있는가'"[25]

---

24 녹스 박사는 말한다, p.20: 그러나 장례의식은 적어도 어떤 사람들에게는 죽음 후의 계속적인 존재에 대한 믿음을 나타내내며, 제물은 지상에서와 같이 필요한 것을 공급하는 의도를 보인다. 분명히 죽은 자는 어느 정도 산자에 의존한다는 희미한 믿음이 있었으며, 만일 죽은 자를 무시하면 그들의 복수로 인하여 산 자가 고통을 받는다고 생각했다.

25 에스톤, "신도", p.55

우리는 신도 종교에는 전혀 윤리 규범이 없다는 것을 살펴보았다. 그리고 신도 학자나 열렬한 신자들은 이것이 일본인들이 중국인이나 다른 민족보다 더 우수하다는 증거라고 주장하며, 윤리규범이나 법규는 악한 사람에게 필요한 것이지 마음이 순수한 일본인에게는 불필요한 것이라고 주장한다. "신을 숭배하라, 마음을 순수하게 가져라, 그리고 그의 지시를 따르라"는 것은, 만약 그 기준이 높고 고상하며 순수한 마음을 잘 실현한다면, 틀림없이 올바른 계율이다; 그러나 그들의 높은 이상과 소위 신도의 바이블이라는 성스러운 책에서 나오는 그들의 신들을 우리가 살펴본 바와 같은 낮은 수준에서 실천한다면, 틀림없이 그들이 생각하는 마음의 순수함은 도덕적으로 깨어있는 사람들에게는 그렇게 평가받지 못할 것이다. 이와 같은 신들이 공경을 받는 한, 그 행위는 올바르지 못할 것이다. 그리피스 박사는 다음과 같이 말한다:

> "사람이 어떻게 대하고 행동하든지 신들은 지독하게 비속하며 말과 행동이 상스럽고 불쾌하며, 하는 행동에서 오늘날 교양 있는 일본인들의 고상함이나 혹은 염치의 기준에 완전히 반대된다는 사실을 고사기는 보여주고 있다."[26]

어떤 부류의 신들과 사원 주변에 관한 이전의 언급에서 윤리 규범의 총체적인 결함[27]이 가져오는 결과와 토착적 숭배의 비도덕적이고

26 "일본의 종교들", p.73

27 "무엇보다도 신도의 초보적인 성격을 잘 드러내는 것은 이타적인 도덕성에 대

품위를 떨어뜨리는 효과에 대한 힌트를 얻을 수 있다.

신도의 신앙과 관습에 대한 고찰을 결론지으면서, 다시 그리피스 박사의 말을 인용하겠다: -

"고사기에 보이는 차이가 나고 불일치하는 많은 자료들로부터 신학이나 윤리학 혹은 인간학의 체계를 세우는 작업은 예민하고 유능한 신도 신자의 임무일 것이다. 그러나 아무도 그런 작업을 하지 않았다. 소위 프랑스나 다른 나라의 학자들은 진실을 밝히기 보다는 서구인들의 구미에 맞는 해석을 했는데, 그들의 부정확하고, 왜곡되고, 그리고 거의 전체적으로 인위적인 해석들도 요구되는 정보를 이끌어 내지 못하였다. 마치 새로 친 거미줄 가닥의 끝처럼, 가장 중요한 지점에 있는 정보의 가닥은 여전히 '공중에' 있다."[28]

한 지나치게 우발적이고 불완전한 구속이다. 그것은 윤리 규범적 성격을 거의 가지고 있지 않다. 그래도 제우스는 테미스와 결혼을 하지는 않았다. 그 신성한 책에는 직접적인 도덕적 가르침이 없다. 이 년에 한번 거행되는 대정화 의식을 통해서 사면해 주는 신에 대한 범죄 목록에는 십계명에 해당하는 죄가 하나도 없다. 근친상간, 수간, 상해, 마술, 그리고 어떤 농사에 대한 방해 행위 등이 열거된 도덕적인 법에 위배되는 범죄가 될 뿐이다. 고사기에는 관련된 행위자의 정화 의례에 따른 살인의 사례를 이야기하고 있다. 그러나 살인이 정당한 것으로 표현되고, 따라서 그 범죄도 도덕적이기 보다는 의례적이다. 현대 일본인은 이러한 모습이 그들 종교의 장점이라고 대담하게 말한다. 모토리는 도덕규범은 중국인에게 유용하다고 생각했는데, 그들의 열등한 본성은 그러한 인위적인 규제를 필요로 한다고 보았다. 그의 제자인 히라타는 도덕체계는 그것을 만든 나라의 수치라고 말했다. 최근에 일본인 저자가 영어로 발간한 '일본'이라는 책에 보면, '신도는 어떤 도덕규범도 제공하지 않는다. 단지 윤리적 교시를 위한 양심의 고양에 의지한다'라고 적고 있다." - 에스톤, "신도", p.242

이 주제에 관하여 전반적으로 언급하면서, 최근에 한 연구자가 잘 설명하고 있다: -

"신도는 일본의 원시종교로서 그 당시의 요구에 잘 부응했다. 그 시대에는 강한 공동체의 개발이 긴급한 문제이고 필요한 일이었다. 신도는 신을 숭배하는 관습과 왕과 조상을 숭배하는 사회적 질서를 종교적으로 승인하는 역할을 했다. 그것은 최고 통치자를 신격화하는 국가적 사회질서를 최고 수준으로 정당화시켰다. 신도는 그 성격상 완전히 공동체 중심적이었기 때문에 종교의 개인적 양상은 완전히 무시되었다. 신도는 특별한 도덕적 규범도 없고, 내세론적, 구원론적 체계도 없으며, 자연이나 신에 관한 전체적인 견해도 발전시키지 않았다. 그러나 이러한 결함이 그 의미상 신도가 종교가 아니라는 증거는 되지 못한다. 실질적인 문제는 신도가 사회적 관계에 있는 개인의 행동과 사회 질서의 정당성에 대한 초세속적이고, 초법적이며, 초공동체적인 인정을 하고 있느냐 하는 점이다. 이 문제에 대하여 의문은 없다. 신도에 대하여 종교라는 이름을 부정하는 사람은 종교를 매우 발전된 개인적인 형식에 따라 정의하기 때문이다.[29]

---

28 "일본의 종교들", p.71

29 "그러나 신도는 예식 규범 이상의 것이다. 왜냐하면 진정한 의미에서 그것은 사람들의 종교를 구현하기 때문이다. 신에 관한 신도의 이야기는 동화수준에 지나지 않는다; 신도의 결점 없는 진실성이나 해석, 변증론, 그리고 일치를 유지하려고 애쓰는 뛰어난 학자들의 작품들은 고고학자의 책꽂이를 짐스럽게 차지할 뿐이다; 그러나 그럼에도 불구하고 더욱 신도는 사람들의 마음에 큰 공간을 차지하고 있다. 전설이나 우주론, 그리고 유사 역사는 종교가 아니다, 그

"신도의 구속력의 원천은 우주의 개념에 대한 성격에 놓여 있다. 비록 신도는 전체적으로 우주에 대한 해석을 시도하지 않지만, 그것은 일본이라는 나라와 사람에 관한 기원을 상상하고 있는데, 신들의 직접적인 창조 에너지에 의한 것이라고 본다."[30]

일반적으로 이 종교를 말할 때, 우리는 몇 가지 결함을 언급하게 된다.

첫째로 모든 다신교에서처럼 신들의 개념이 매우 불완전하다. 이미 언급한 바와 같이, 신도의 기록들은 특별한 의도에 의하여 준비되었으며, 그 이야기들은 종교적이 아니라 정치적이다. 윤리나 도덕적 효과는 그 계획에 포함되지 않았다. 만일 포함이 되었더라도, 저자들이 그것을 고려할 만한 가치가 있다고 생각했을지 의문스럽다.

신도 신학체계에서 두 번째로 큰 결점은 신도는 그들 자신만의 세계 - 일본 만을 생각하였다는 사실로부터 나온다. 그의 나라와 사람들만 신성하며, 다른 나라와 사람들은 울타리 밖에 있다는 것이다. 이러한 것이 국가의 민족성 - 애국심과 충성심 - 을 발전시키는데 확실한 효과가 있었던 반면에, 그것은 결정적으로 작아지는 효과, 즉 국가의 고립을 가져왔다. 이러한 결점이 많은 사람들로 하여금 기독교로 들어오게 만드는 원인이 되었다. 기독교로 개종한 많은 사람들은 처음에는 이러한 모습이었다. 그들은 기독교만이 정확한 과학의 요구에 부응할

리고 그 힘은 교리나 예배의 형식에 있지 않다. 그것은 정신이다, 오래된 일본의 정신, '야마토 다마시(大和魂)'이다." - 녹스, "일본의 종교", p.77

30 굴릭, "일본인의 진화", p.404

수 있고, 그리고 나중에는 일원론에 대한 강한 경향이 기독교의 유일신론에서 발견될 수 있다는 사실을 깨달았다.

세 번째 두드러진 부족한 점은 첫째 결함에서 나온다. 신에 대한 저급한 이해는 인간에 대한 낮은 수준의 이해를 가져왔고, 그래서 죄의 본질에 대한 인식이 부족했다. 일본어에는 '죄'에 해당하는 적합한 어휘가 없다고 한다.

넷째. 신에 대한 저급한 사상과 내세론에 대한 명확한 이해가 거의 없기 때문에, 이생의 행위에 따른 징벌이나 보상이라는 개념이 없고, 사람들을 더 높은 이상으로 이끌만한 적절한 동기가 없다.

물론, 이상에 결함이 있으면, 그것을 달성하기 위한 어떠한 동기를 기대할 수 없다고 말할 수 있다. 그리고 언급된 바와 같이, 신도와 관련된 책에서 기록하고 있는 사회적 권위에 의해서 부과되는 벌은 징벌적이거나 교정적인 것으로 보이지 않는다.

그러나 이 독특한 민족 종교에서 우리의 관심을 끄는 어떤 모습이 있다.

첫째는, 마음에 품고 머릿속에 각인된 강한 충성심과 애국심이다. 이 지나친 애국심은 이기주의로 변한다는 사실을 우리는 늘 기억해야 한다. 지난 전쟁에서 일본이 승리를 한 것은 그들이 신성한 나라라는 신념에서 나오는 강한 충성심에 기인하는데, 그들은 신의 대리자가 아닌 신 자신이라고 하는 군주를 위하여 싸웠다.

두 번째는, 그들의 나라가 특별한 방식으로 창조되었다는 생각이 강한 조국애를 키웠고, 이 조국애가 그들의 섬나라에 대한 숭배의 성격을 띠게 했다.

세 번째는, 이것은 내 생각에는 신도의 가장 중요한 점인데, 그들 자신이 신성한 성격을 갖춘 신의 아들과 딸이라는 생각이다. 그리고 이런 생각은, 만일 그들이 더 고상한 신 개념을 가지고 있었더라면, 참으로 전 세계에 놀라운 영향력을 행사했을 것이다. 신성한 성격을 가지고 있는 인간이라는 개념은 실제로 그들의 생각이었다. 그러나 그들의 신 개념은 관능성과 물질주의로 가려져서, 고양되고 영감을 불러일으키기 보다는 저급하고 타락하는 모습이었다.

국내외에서 많은 사람이 신도는 종교가 아니라는 주장을 했다. 그리고 위에서 언급했던 신도 학자들의 행동은 우리로 하여금 그들의 주장이 옳다고 믿게 만들었다. 그러나 신도의 기원과 역사, 철학, 그리고 관습을 주의 깊게 관찰하면, 그것은 종교일 뿐만 아니라 그와 같이 사람들의 생활과 습관에 상당한 영향을 미쳤음을 알 수 있다. 고대에 일어났던 종교가 외국 신앙에 흡수되어 거의 천년 동안 휴면상태에 있다가, 다시 일어나서 큰 생명력을 보여주고 있는 것이다.

명목상으로 신도를 더 이상 종교로 인정하지 않는 것은 사실이다. 그리고 지도자들의 요구를 수용하는 천황의 칙령은 이러한 사실을 명령할 수도 있으나, 그러나 내가 믿기에 이러한 명령은 신도가 그 나라에 미치고 있는 영향력에 아무런 효과도 발휘하지 못한다. 그의 신봉자들은 여전히 사원에 몰려들고, 그들이 사원에서 신에게 자신을 고하기 위해서 잡아당기는 줄에 의해서 울리는 종소리는 계속 들릴 것이며, 그리고 신도를 종교라고 부르든지 혹은 그렇지 않든지 간에, 그것은 계속 사람들의 마음속에 종교로 자리를 잡을 것이다.

우리가 일본의 이 민족종교를 연구하면서 그 사람과 역사를 연구해 보면, 그것이 가르치고 있는 신론에 대한 한 가지 결론에 도달할 수 있다. 그들은 그들의 나라 이외에 다른 최고신을 알지 못한다. 그의 땅, 물, 사람, 정부, 영광, 천황은 그들의 주요한 숭배의 대상이며, 그 밖의 다른 것은 모두 희생되어야 한다. 기독교의 전파자들은 그들을 연구하면서 그들이 비이기적으로, 전심으로, 지속적으로, 다른 것을 포기하며, 공경심을 가지고, 무한한 봉헌과 헌신으로 무엇인가를 사랑하고 숭배하는 능력을 가지고 있다는 사실을 기뻐할 수도 있다. 자신들이 신의 후손이라는 확신이 그들에게 씨를 뿌릴 수 있는 확실한 토양을 마련해 준다. 일본인들이 왕국의 영광과 탁월한 중요성을 이해하는 것은 쉬운 일이다. 그들은 일본 왕국을 위해서 자신의 목숨을 아무 것도 아닌 것처럼 여기며, 그들이 만일 일본이 단지 물질적으로 보여주었던 것보다 더 영광스럽고 더 높은 영적인 왕국이 있다는 것을 알게 되면, 그들이 지속적으로 쏟아 부었던 경외심을 이곳으로 돌리게 될 것이다. 그들이 신에 대한 숭고한 이상을 알게 되면, 그의 자녀가 되고 그를 닮은 형상이라는 생각이 부푼 자부심과 야망을 가지고 하느님 아버지의 사랑을 향한 열정을 결코 식지 않게 할 것이다. 이들 고상한 민족이 잘못된 전통과 저급한 이상 때문에 멀리 방황을 했다. 그러나 거룩하지 못하고 오염된 다신론 속에서도, 보석과 같은 공경심과 온 영혼을 다 바친 헌신, 그리고 열정적인 경배가 구세주의 오심만을 기다리게 한다.

이 장을 끝내면서 이와 관련된 유일신론에 대한 에스톤 씨의 말을 인용하겠다: -

"유일신론은 고대 일본에서는 불가능한 일이었다. 그러나 우리는 이러한 상황에서도 흥미로운 어떤 방향성을 추적할 수 있다. 한 민족이 다신론에서 유일신론으로 바뀌는 과정은 세 가지 방식이 있을 수 있다: 첫째는, 하나의 신으로 단일화해서 그 신이 나머지 신에 대한 숭배와 역할을 흡수하는 것이다; 둘째는, 우주에 대한 넓은 개념을 새롭게 신격화하는 것이다; 그리고 셋째는, 외국에서 유일신을 받아들이고 토착신들을 권좌에서 내려오게 하는 것이다. 다신론의 운명은 대게 세 번째인데, 이것이 일본의 옛 신들을 위협한다. 불교에 의한 침식과 중국의 회의주의적인 철학의 압도하는 영향으로 약화되어서, 그들은 이미 느끼기 시작한다 - '베들레햄의 빛줄기가 그들의 어스레한 눈을 가린다'"[31]

31 "신도", p.68

■제2강 부록

부록 1, p.54

에스톤은 그의 "신도" p.246에서 다음과 같이 말한다: "고대 일본과 같은 조직화된 사회에서는 일반 여론이 인정하는 불법행위가 있게 마련이다. 간음이나 부정직은 처벌되어야 한다고 우리는 알고 있다. 그러나 신도는 그것들에 주목하지 않는다. 종교적으로 비난할 수 있는 유일한 일반인들의 잘못은 농사와 관련되어 있다. 고대의 당국자들은 수사노우[32]의 잘못된 행위를 나열하고 있는데, '논의 경계를 허무는 일', '관개수로를 메우는 일', '씨를 중복해서 뿌리는 일', 이와 비슷한 한두 가지의 죄 등이며, 그리고 오호하라히(祓除)[33]는 그것들을 면죄가 요구되는 죄의 목록에 포함하고 있다. 그러나 틀림없이 재산권 (우리는 하등동물에서 그 기원을 인식할 수 있다)은 종교보다 오래 앞서는 것이며, 재산권에 반하는 범죄는 그들이 신에 대한 죄이기 이전에 사람에 대한 범죄로 인식된다.

"더욱이, 오호하라히는 형법의 제일 중요한 점을 결여하고 있다. 그것은 확정된 형벌적 제제를 제공하지 않는다. 죄인은 어떤 경우에는 그 의식에 필요한 제물을 그의 비용으로 제공해야 하며, 이것은 실질

32 **[역자주]** 일본 신화에 나오는 신 이름

33 **[역자주]** 신에게 기원해서 죄, 부정 따위를 없애고 몸을 깨끗이 하는 일, 또는 그때 읽는 축문

적으로 벌금에 해당한다는 사실은 맞다. 그러나 원래의 의도는 범법자를 벌하는 것이 아니고, 신의 분노를 돌리는 것이다. 그리고 개인적인 정화의 사례는 예외적이라는 것을 기억해야만 한다. 일반적으로 나라의 범죄에 대하여, 그것은 오호하라히가 면제하려는 주된 대상인데, 아무런 징계가 행해지지 않으며, 사실은 꿈일 뿐이다."

부록 2번, p.54

그리피스는 그의 저서 "일본의 종교들" p.70에서 다음과 같이 말한다: "신들은 단지 용기와 명망이 있는 사람일 뿐이다. 카미(神)란 무엇인가 훌륭한 것이다, - 신 혹은 인간, 바위 혹은 강물, 새 혹은 뱀 등과 같이 어린아이의 세상처럼 무엇이든지 놀랍고, 획기적이고, 눈에 확 띄는 것이다. 오늘날 평범한 교육받지 않은 일본인에게는 신과 인간, 자연과 초자연을 구분 짓는 명확한 경계가 없다. 카미 혹은 신들은 모든 종류의 특징을 가지고 있다; 어떤 것은 거만하고 무례하며, 다수는 짐승 같고 음탕하다. 한편 다른 것들은 고상하고 이롭기도 하다. 도덕적 순수성이나 지혜나 거룩함은 처음의 기록처럼 그들에게 해당이 없다; 그러나 그들은 강하고 힘을 가지고 있다. 그들이 힘을 가지고 있는 한, 그들이 천상의 존재이든지 지상의 존재이든지 그들은 카미 혹은 신이라고 불렀다. 모든 것을 포괄하는 카미 안에는 천체, 산, 강, 나무, 바위, 그리고 동물이 포함된다. 이것들은 힘이나, 적어도 선과 악에 대한 어떤 영향력을 가지고 있다. 복숭아조차도, 우리가 본 바와 같이, 바위로 변하면 신이 된다."

경외심과 공경심과 두려움을 가지고 예배를 드렸으며, 카미를 달래고 예배자를 정화하는 두 가지 목적을 가진 축제와 희생제가 있었다는 사실은 공훈서와 전례문에서 볼 수 있는데, 이것들은 매우 아름답다. 그것에는 신의 감정이 종종 나타난다. 가끔 신들의 성격이 묘사되기도 한다. 그러나 공고문, 시, 혹은 전례문에서 신에 관한 명확한 어떤 것이나 혹은 교리가 될 만한 도덕률이나 원칙을 찾기는 어렵다. 최초의 신은 그들을 구성하는 물질의 진화가 이루어진 후에 생겨났다. 이후의 신들은 종종 그들의 선조가 누구인지 말할 수 있으나 그렇지 않은 때도 있다. 그들도 살며 다투고, 먹고 마시며, 그들의 기호와 성격을 표출하고, 그리고 그들도 죽는다; 그러나 그들이 죽은 후에 어떻게 되는지 기록은 말하지 않는다.

부록 3번, p.61

다음의 일본서기 인용문은 인간 희생제가 어떻게 철폐되었는지를 보여준다(에스톤, "신도", p.56): -

"10월 5일: 야마토 히코, 왕의 외가쪽 어린 동생이 죽었다.

"11월 2일. 야마토 히코가 무사에 있는 츄키자카에 묻혔다. 거기에 그의 시종들이 산체로 무덤주위에 세워서 묻혔다. 7일 동안 그들은 죽지 않고 밤 낮으로 울부짖었다. 마침내 그들은 죽고 썩어갔다. 개와 까마귀가 와서 그것을 먹었다.

"왕이 그들의 울부짖는 소리를 듣고 마음이 슬펐다. 그래서 그의 신하에게 말했다. '사람이 생전에 사랑했던 사람을 그를 따라서 죽게 하는 것은 고통스러운 일이다. 비록 그것이 고대의 관습이기는 하지만 그것이 나쁘다면 왜 따라야 하는가? 지금 후로는 죽은 자를 따라 가는 것을 중지하도록 논의하라.'

"7월 6일. 왕비 히바수히메 노 미코토가 죽었다. 장사하기 얼마 전에 왕이 신하에게 명했다. '우리는 이미 죽은 자를 따라 가는 것이 좋지 않다는 것을 알았다. 이번 장사를 어떻게 할 것인가?' 그때 노미 노 수쿠네가 앞으로 나와 대답했다: '왕자의 옛무덤에 산 사람을 세워서 묻는 것은 좋지 않습니다. 어찌 그런 관습을 후대에 전하겠습니까? 제가 한 가지 방편을 건의하겠습니다.' 그래서 그는 전령을 보내어 이추모 지방에서 진흙을 만드는 사람 백 명을 소환했다. 그는 자신이 그들을 지휘하여 진흙으로 사람, 말, 그리고 여러 가지 형상을 만들게 해서 왕에게 바치며 말했다. '지금부터는 진흙으로 만든 것을 살아있는 사람을 대신하도록 하여 무덤에 세우는 법을 만드소서.' 그러자 왕은 기뻐하며 노미 노 수쿠네에게 명하였다: '그대의 방편이 우리 마음을 매우 기쁘게 하였다.' 그래서 진흙으로 만든 것을 최초로 히바수히메 노 미코토의 무덤에 설치했다. 그리고 그것들에 이름을 붙여서, '하니와' 혹은 '진흙 테두리'라고 불렀다.

"그리고 다음과 같은 포고문이 발표되었다. '이제부터 이 진흙 모형을 무덤에 설치해야 한다; 인간을 상하게 하지 말라.' 왕은 이 일로 노미 노 수쿠노를 후하게 상주고, 그에게 진흙작업장을 하사하고 진흙공을 담당하는 관리로 임명하였다. 그리하여 그의 원래 이름이 변하여 그는 하시 노 오미라고 불렀다. 이것이 하시 노 무라찌가 왕의 매장을 감독하게 된 경위이다."

우리는 또한 강물의 범람을 막기 위하여 강의 신에게 인간 희생제를 바쳤던 증거를 발견할 수 있다. 같은 책에서 인용한 다음 문장이 좋은 사례이다(p.29): -

"A.D. 379. 가비 지방의 중앙에 있는 카하시마 강의 지류에 사람을 괴롭히는 해룡이 살았다. 여행자들이 여행을 하면서 그 곳을 지날 때, 그의 독으로 공격을 받아 많은 사람이 죽었다. 이때에 성질이 사납고 힘이 센 오미 카사의 조상인 아가타모리라는 사람이 강에 나아가서 호리병박 세 개를 물속에 던지며 말했다. '그대는 계속 독을 내뿜어서 여행자들을 괴롭혔다. 만약 그대가 이 호리병박을 가라앉힐 수 있다면 나는 돌아가겠지만, 그렇게 하지 못한다면 나는 그대의 몸을 조각낼 것이다.' 그러자 용은 자신을 사슴으로 바꾸고 호리병박을 가라앉히려고 애썼다. 그러나 그 호리병박은 가라앉지 않았다. 그러자 그가 칼을 치켜들고 물속으로 들어가 해룡을 살해했다. 그는 더 나아가 용의 동료들을 찾았다. 그 해룡의 무리들은 물 속 바닥에 있는 동굴 속에 들어 있었다. 그가 그 용들을 다 죽이자 강물이 피로 변했다. 그래서 그 강이 아가타모리의 웅덩이라고 불렸다...

"A.D. 323. 북쪽 강의 범람을 막기 위하여 무마타 둑을 쌓았다. 이 곳에 무너져서 막을 수 없는 두 지점이 있었다. 그때 왕이 꿈을 꾸었는데, 신이 나타나서 충고하였다. '코하-쿠비라는 무사시 사람과 마무타의 무리찌인 카하치 사람 코로모 노 코가 있는데, 이 두 사람을 강의 신에게 바치면 그대는 그 강의 뚫린 곳을 막을 수 있다.' 그래서 왕은 이 두 사람을 찾아내서 강의 신에게 바쳤다. 그때 코하 - 쿠비는 울면서 강에 뛰어 들어 죽었다. 그리하여 강둑은 완성되었다. 그러나 코로모 노 코는 호리병박 두 개를 들고 둑을 쌓지 못한 강 쪽에 서서 강 중간에 그 호리병박을 던지면서 기도하며 말했다. '오, 강의 신이시여, 당신이 저주를 보내어 나는 희생 제물로 이곳에 왔습니다. 당신이 나를 가져가기를 계속 원한다면, 이 호리병박을 가라앉혀서 다시 떠오르지 못하게 하소서. 그러면 나는 당신이 진정한 신인 줄로 알고 스스로 물속에 들어가겠습니다. 그러나 만일 당신이 이 호리병박을 가라앉히지 못하면, 나는 당신을 거짓 신으로 알게 될 텐데, 어찌 나의 목숨을 헛되게 하겠습니까? 그러자 갑자기 회오리바람이 일어나 호리병박을 끌어당겨서 가라앉히려고 했다. 그러나 호리병박은 물결에 따라 흔들리며 가라앉지 않고 큰 물결에 따라 멀리 떠나가 버렸다. 이와 같이 하여 코로모 노 코는 죽지 않았지만, 그 둑은 완성되었다. 코로모 노 코의 영리함이 그의 목숨을 건졌다. 그때부터 사람들은 그곳을 '코하 - 쿠비의 틈', 그리고 '코로모 노 코의 틈'이라고 불렀다."

제 3 강

한국의 샤머니즘

우리는 중국의 도교와 일본의 신도를 배웠다. 이제 세 가지 민족종교 중에 마지막 것을 살펴보자. '샤만'이라는 단어는 페르시아 어휘로 '우상숭배자'를 의미한다. 그러나 그 의미는 특수한 사람들에게 제한되는데, 주물이나 마술, 그리고 귀신이나 영에게 영향력을 미치는 다른 방법들을 통해서 병을 고치거나 재앙을 피할 수 있다고 주장하는 사람을 말한다. 그들은 종종 악령 치료사로 불리며, '샤머니즘'[1]이라는 말은 이러한 관행에 한정된 그 체계를 의미한다.

우리가 곧 보게 되겠지만 한국의 자연숭배는 토착적인 것으로 보이는데, 어떤 이유로 오늘날까지 거의 발전되지 않은 상태로 유지되어

1 **[역자주]** 18세기에 시베리아 원주민들의 토착종교의례가 서구인들에게 소개되고 이를 샤머니즘으로 명명하면서 북아메리카를 비롯한 세계 각지의 비슷한 종교현상을 통칭하는 명칭이 되었다. 샤만의 종교라는 의미이며 샤만은 시베리아 지역의 무당을 지칭한다. 샤머니즘을 우리나라에서는 무속(巫俗), 무교(巫敎)라고 부르다.

왔고, 어떤 경로를 따라서 외부에서 전해진 두 외래종교에 의해 크게 대체되었기 때문에, 낯선 사람들에게 한국의 진정한 '샤만'인 판수(점쟁이)와 무당(마술사)은 눈에 띄는 특이한 존재이다. 그들이 행하는 점술이나 축귀는 일상적이어서, 샤머니즘이라는 용어는 이 토착신앙에 가장 일반적으로 적용할 수 있는 것이다.

중국에서와 같이 여기 한국에서도 토착민들은 이 땅에는 세 가지 종교가 있다고 말 할 것이다. 불교와 유교에 더하여 이것을 말하는데, 그들이 '신교' 혹은 신이나 영에 관한 교리라고 부르는 것이다. '신'이라는 글자는 신도에서 쓰이는 것과 동일하고, '교'는 가르침이다. 그리고 그들은 가끔 '신도'라고 부르기도 한다. 유교에 대해서는 공이라고 하고, 불교는 '불'이라고 하며, 신교에 대하여는 신이라고 말한다. 우리가 보게 되겠지만, 한국의 신도에는 샤머니즘적인 것 외에 다른 요소가 있다. 한국인에게 이 세상에서 겪는 일상의 악들은 매우 퍼져있고 그들로부터 벗어나려는 노력은 분명하기 때문에, 우리는 이점에 대하여 일반적인 판단에 의지하여 이 자연숭배가 샤머니즘이라고 불리는 것을 허용하는데, 부분적으로 그 성격을 나타내지만 실질적으로는 풍자적인 묘사이다.

그러나 여기서는 잠시 멈추고, 세 나라에서의 자연숭배의 발달을 비교하려고 한다.

우리가 살펴본 바와 같이 중국은 그들의 원시 신앙으로부터 방황하여 자연숭배를 발전시켰으며, 그 방종으로 인하여 공자와 노자의 저항을 받았다. 그러나 완전한 종교로 발전된 불교가 들어오면서 자연숭배도 체계화할 준비를 갖추게 되었고, 일종의 표절을 통해서 도교인들은 불교의 형식을 따라 사제조직과 체계화된 종교를 세웠다. 그리고 그 두 종교는 나란히 병존하게 된다.

그러나 일본에서는 다른 양상을 발견하게 되는데, 주로 신도가 인도의 종교와 접촉한 발달과정이 다르다는 점에 기인한다. 일본의 자연숭배는 불교가 전해지기 전에 많이 발전해 있었다. 그리고 이 불교의 전파는 우리가 본 바와 같이 정복자와 통치 가문의 필요와 동시에 일어났다.

이들 정복자는 이때까지 의도적으로 토착민 일본인이었기 때문에 (아마도 원래는 바다 건너에서 왔을 것이다), 이것은 외래종교를 통하여 이루어 질 수 없었으며, 그래서 토착적인 신화나 이야기들은 하나로 짜여 지게 되고 토착종교가 체계화되었다. 사실 여전히 그 정체성을 유지하고 있기는 하지만, 그 토착종교는 외국에서 들어온 외래종교에 의해서 변형되고, 우리가 본 바와 같이 거의 흡수되었다. 결과적으로 우리는 비록 많은 부분 불교의 교리나 규범, 그리고 관행에 영향을 받긴 했지만 그 자신의 독자적인 노선을 발전시킨 한 종교를 발견한다.

불교는 일찍이 한국에 들어왔으며, 불교 승려들은 적어도 A.D. 372년에는 도착했을 것이다. 이때에 자연숭배는 아직 발달되지 않았고, 잘 조직되고 체계화된 불교를 받아들인 토착민들은 그들의 신도를 발전시키지 못했으며, 우리는 한국의 샤머니즘에서 억제된 발달 사례를 보게 된다. 여기에는 사제 계급이나 조직이 없다 - 사실, 우리는 극단적으로 독립적인 일종의 조합교회를 본다. 한국에는 왕에게 집중되어 있는 일본 신도의 공동체적인 발전과 현저하게 대비되는 개인주의적인 발전이 있었다.

이제 오늘날의 상황을 더 잘 이해하기 위하여, 더 나아가기 전에 한국의 원시 신앙을 확인해 보도록 하자.

여기에서 우리는 일본보다는 더 많은 기회를 가지고 있으며, 그래서 더 많은 결과를 기대할 수 있다. 글자와 문명이 중국에서 들어왔을 뿐만 아니라, 우리가 역사에서 보면 모든 한국인들이 그들의 문명의 기초자라고 인정하는 기자가 B.C. 1122년(중국과 한국의 기록이 함께 인정하는 시기이다)에 조선에 들어 왔을 때, 그는 이미 일종의 문명을 발견하였다. 그래서 그는 사람들의 언어를 기록하게 했다는 사실이 확인된다. 우리는 이 기록물이 무엇인지 현존하는 자료가 없어서 말할 수 없으며, 그가 그의 나라인 중국의 표의문자를 소개하고 그것을 사람들의 요구에 적용하였는지도 확실하지 않다. 이것은 토착민들이 읽고 쓰는데 편리했다는 언급과 부합하지 않지만, 나는 그것이 더 개연성이 있으며, 그리고 후대의 저술가들이 한국인의 자질을 다소 과장했다고 생각한다.

결과적으로 우리는 매우 오래된 자료를 많이 가지고 있는데, 이것들은 도서관에 초기에 수집되고 잘 보존되어 있다. 불행한 한국은 아시아의 많은 분쟁의 전쟁터가 되었기 때문에 그러한 도서관은 아마도 파괴되었을 것이라고 말 할 수 있을 것이다; 그러나 정복에 나섰던 나라들은 문화의 창조자는 아닐지라도, 적어도 그것들을 존중하고 조심하였기 때문에 이들 도서관을 파괴하지 않은 채 남겨두었다.

프랑스의 석학인 모리스 꾸랑 씨는 일본과 한국의 프랑스 영사관에 십여 년 전에 근무하면서 훌륭한 작업을 수행했다. 그는 '한국 서지'를 발행했는데, 그것은 중요한 사건에 대한 기술과 간단한 분석과 함께 1890년까지 한국에서 발행된 모든 저술에 관한 목록으로 알려져 있다. 이 책의 서문에서 그는 다음과 같이 말한다: “한국은 극동 지방의 문명에서 특별한 역할을 하면서 그 나라에 드리워졌던 정치적 어려움과는 다른 종류의 관심을 가질 만 한 나라이다.” 그는 또한 종이의 질과 인쇄기술에 관심을 보이며 주장하였다. “처음에는 중국을 모방하여 목판으로 인쇄를 했으나, 그들은 곧 이것을 발전시켜서 중국을 앞서게 될 뿐만 아니라 유럽조차 시간적으로 앞서게 되었다.” A.D. 1403년에 조선의 왕 태종은 책의 배포를 늘리기 위하여 많은 양의 구리활자를 주조할 것을 명하는 다음과 같은 내용의 포고령을 발표하였다. “이것은 계산할 수 없는 이익이 있다; 이 작업에 드는 비용은 백성들에게 부담지우면 안되고 그것은 나라의 재정으로 하여야 한다.”

매우 뛰어난 나무 섬유질로 된 종이의 질과 연관된 문화의 그러한 후원자들의 극진한 배려는 우리에게 계산하기 어려울 정도의 가치를 지닌 자료들을 남겨주었다. 그 자료 중에 적은 부분만 살펴보았지만, 우리는 천우신조로 조용한 세계의 이 귀퉁이에 잘 보존된 책들이 오랫동안 찾았던 중요한 고대 동양의 비밀을 밝혀 주리라고 기대할 수 있다.

그 기록물들의 연대에 관한 신뢰성은 대부분의 경우에 상응하는 중국 왕조의 연대에 의해서 실질적으로 뒷받침되고 있고, 또한 그 기간에 일어난 일식의 기록이나 과학적 기록들과도 일치한다. 이러한 기록의 초기에 일식에 대한 놀라움이나 미신적인 두려움이 없었다는 사실은 매우 흥미로우며, 우리로 하여금 적어도 교육을 받은 사람들은 그것을 이해하고 있었다는 것을 믿게 해 준다. 먹과 종이로 기록된 이러한 기록으로부터 많은 성과를 기대할 뿐만 아니라 우리는 이외에도 오래된 비석에 새겨 진 기록들을 가지고 있다.

우리 앞에 놓인 이러한 귀중한 자료들에 관해서 우리는 이미 번역을 하는 과정에서, 그리고 이러한 고대 전승들의 보고를 세계에 알림으로써, 이미 많은 일을 했음에 틀림없다. 우리는 한국이 나라를 개방한 이후 지난 20년 동안에 더 많은 작업이 이루어 졌다는 사실도 알고 있다. 그러나 한국은 새로운 나라임을 기억해야 하는데, 언어에 숙달되어 있는 사람들이 구약과 신약 성경의 번역에 대한 점증하는 요구에 부응하지 못했다. 언어는 주된 교본과 종교적인 문화의 준비에 도움이 된다.

적어도 발단은 몇몇 사람들에 의해서 시작되었는데, 지칠 줄 모르는 연구로 몇 가지 책을 준비한 H. B. 헐버트와 J. S. 게일, 그리고 꾸랑 등이 이들이다. 이러한 학자들은 오래된 문서들에 접근하기가 어려운 문제로 곤란을 겪었지만, 우리가 바라기는, 시간과 인내가 더 좋은 성과를 가져다 줄 것이라고 기대한다; 아주 적은 연구가 진행되었지만, 한국의 원시신앙에 관련된 결론을 도출할 수 있는 어떤 자료들이 있다.

정보의 일차적인 자료로서 여기에서 발견되는 조형물이 있는데, 세 가지 부류로 나누어 볼 수 있다.

첫째는, 높은 산에 있는 제단이다. 이것들은 한국의 곳곳에서 발견된다. 그들은 대게 북쪽을 향하고 있고, 현재에도 하늘을 숭배하기 위하여 보존되어 있으며, 그러한 목적으로 세워진 것이라고 일반적으로 알려져 있다. 그들 대부분은 아주 오래된 것으로 보이며, 특히 의주,

백두산, 서울, 그리고 다른 여러 지점에 있는 것이 그러한데, 가장 주목할 만 한 것은 강화도의 마니산에 있는 것이다. 최근에 그것을 본 한 학자는 다음과 같이 말한다: "이 나라에 전해오는 전 역사를 통해서, 우리는 약 한 세기의 간격을 두고 자금이 이 가장 오랜 유적의 보수에 책정되었다는 기록을 읽을 수 있다. 그 설립 시대는 의문으로 남아 있다. 그것은 30평방피트의 담으로 둘러쳐져 있고, 바위산 정상의 뾰족한 지점에 자리를 잡고 있다. 울타리 한쪽에는 제단이 설치되어 있으며, 약 16평방피트에 높이는 8피트이며 제단 위까지 돌계단이 놓여 있다. 기초석과 처음 몇 단계석은 매우 오랜 시기의 증거이다. 그들은 이끼가 끼어 있고 그 산의 바위와 같이 시간의 흐름으로 갈라진 틈이 생겼다. 상단부는 분명히 더 가까운 시기이지만, 그래도 우리 유럽의 고색창연한 구조물들과 비교하면 오래된 것이다. 단지 꼭대기 부분은 틀림없이 지난 5세기 동안에 복구된 것이다. 이 제단이 설치된 정상에 서면, 바다 바람이 산줄기 위로 구름을 날려 보낼 때, 우리는 아브라함의 시대로 돌아가는 상상을 하게 된다. 그때 단군은 이 하늘에 닿은 제단을 향해 서있고 불꽃이 희생제물 위로 높이 타올랐다. 사천년 간격의 의미를 이해하느라고 마음이 혼미해진다. 거석문화를 가진 중국도 고대의 확실한 추억을 보여주지 못한다."[2]

두 번째 부류의 조형물은 '고인돌'인데, 나라 전역에 흩어져서 발견된다. 학자들이 본 것은 대부분 평지에 위치해 있고, 세 개의 돌로 구성되어 있으며, 두개의 큰 돌이 세 번째 돌을 받치고 있다. 그 크기

2 헐버트, "한국 기행", p.288

는 다양하며 지지석은 3피트에서 5또는 6피트 넓이에, 두께는 1피트 정도이고, 바닥에서 5내지 6피트 높이이다.

단지 두 사례에서만 네 번째 돌이 한쪽을 막고 있었다. 특히 서해 지방의 은율에 가까운 긴 평원에서는 일렬로 된 고인돌이 같은 간격으로 길게 남북으로 놓여 있다. 이들 고인돌 밑이나 주위에서 뼈나 어떤 종류의 유물도 발견되지 않았다. 그럼에도 불구하고 헐버트 교수는 그것을 연구하고 그들은 아미도 무덤이며 시간이 그러한 유적을 쉽게 파괴하였다고 주장한다. 그러나 오래전 기록에서 매장은 산이나 산기슭에 했다는 사실을 발견하고, 우리는 이것이 한국의 자연숭배에 등장하는 땅의 신격들에게 예배를 드렸던 제단이 아닌가 하는 의심을 하게 된다. 특히 그러한 제단은 모두 평지에 있었으며 원주민들의 일치하는 증언도 그러한 사실을 인정한다.

세 번째 마지막 부류는 '미륵'인데, 그것은 거대하고 조각된 석상이며 높이가 40피트 이상이다. 그것은 하나만 서있는 경우와 쌍으로 서있는 경우가 있다. 전자는 분명히 부처인데, 어떤 것은 그와 같이 불이라고 불리는 반면에 다른 것은 그 표정이나 자세가 의문을 남긴다. 그러나 쌍으로 서있는 것은 대부분 매우 오래된 것처럼 보이고 늘 남자와 여자를 표현하는데, 이것은 일반적으로 중국의 우주론에서 언급되는 자연의 두 원리를 나타내며, 아마도 중국 도교에서 차용된 것이다.[3] 한편 우리는 이들 조형물에서 아무런 기록도 발견하지 못했다.

3 이 두 원리의 상징은 밝고 어두운 두 가지 색의 배 모양의 형상으로 양분된 원반이다. 이 상징은 한국의 모든 건물에 새겨진 문양이며, 오늘날 태극기의 중앙을 형성하고 있다. 그것은 중국에서도 발견되지만, 한국인에 의해서 국기의 상징으

그래서 그들은 별 가치가 없다는 주장도 있지만, 그러나 적어도 그들은 사람들의 숭배에 관한 매우 실질적인 증거이며, 비록 조각된 기록이 없다고 해도 그들은 여전히 언젠가는 우리가 사용할 수 있는 증거의 확실한 뒷받침이 될 것이다.

이외에도 불교적이거나 혹은 다른 종류의 조형물들이 있지만, 그것들은 단지 역사에 관한 것이거나 후대의 종교적 발달에 관련된 것이어서 지금은 언급할 필요가 없다.

원시신앙에 관한 두 번째 정보 원천은 전설이나 역사에 관한 기록물에서 발견된다.

초기 시대로 되돌아가 보면, 우리는 기원전 첫 세기에 남한지방 사람들에 관한 기록을 발견하는데, 거기에 보면 '여름에 영들에게 제사지냈다', '가을에 추수를 끝내고 그들은 다시 제사를 지내고 축제를 벌였다'고 하였고, 그리고 각 마을에는 공동체를 위한 제사를 담당하는 사제가 있었다는 것을 알 수 있다.

같은 시기에 이 나라의 다른 지방인 고구려에서는 사람들이 하늘에 제사지내고, 땅과 추수와 별들의 영, 그리고 보이지 않는 능력들에게 제사를 드렸다. 이것은 기독교 시대가 열릴 무렵이며, 그리고 비록 우리가 판단할 충분한 자료는 없지만 우리는 적어도 자연숭배의 발단에 관해서 알 수 있고, 처음에 언급한 하늘에 관해서는 그것을 일신론이라고 부를 수 있을 것이다.

여기에서 놀라운 것은 자연에서 초인간적인 요소들이 숭배되고 있

로 채용되었다.

다는 점인데, 상상력이 활짝 열려있는 것처럼 보인다. 이와 비슷한 시기에 일본이나 중국에서 일어난 진전을 살펴보는 것은 흥미로운 일이다. 그들의 영웅이나 왕의 탄생을 기적으로 묘사하는 현상은 다양한 이야기 속에 예시되어 있다.[4]

조금 더 과거로 돌아가서 고구려가 갈라져 나온 부여 사람들을 보면, 이 나라의 종교는 하늘 숭배였으며 *다른 영이나 저급한 신격들은 일체 언급되지 않았다*는 사실을 발견할 수 있다.

물론 그러한 언급이 없다는 것이 적극적으로 다른 신들이 인정되지 않았다는 주장은 아니지만, 그 당시 이 지역에서는 하늘이 유일하지는 않을 지라도 주요한 믿음의 대상이고 숭배의 대상이었다는 것은 틀림없어 보인다. 기자는 B.C. 1122년에 바로 이 지방, 고구려의 남쪽 평양부근으로 들어왔으며, 역사는 그가 흙점, 점술, 마술, 그리고 영에 대한 숭배를 소개했다고 전한다.

이러한 것들이 이전에는 이 지역에 없었다고 결론지을 수 있을까? 북쪽에 있던 고구려에는 우리가 본 바와 같이 그러한 숭배가 이 당시에는 언급되지 않았다. 그렇다면 평양 부근의 고조선에 영에 대한 숭배를 소개한 기자가 들어오기 전의 숭배는 무엇인가?

한국의 기록들을 더 거슬러 올라가면, 우리는 B.C. 2332년에 나라를 다스렸던 전설적인 왕 단군을 만나게 된다. 아마도 그 시기는 전설이고 책에 기록된 사실들도 역시 전설로 볼 수 있겠지만, 해설자가 쓴 이야기는 적어도 그 민족이 초기에 믿었던 사상이 무엇인지 우리에게

---

4 제3강의 부록 1번 참조

밝혀주고 있다. 동국통감이나 동사찬요에 인용된 아주 오래된 한국의 기록은 태고 적에 환인이라는 신성한 존재가 있었다고 전하는데, 그는 창조주인 '제석'이었다.[5] 그에게서 나온 환웅이란 또 다른 존재가 있었는데, 그는 환인의 허락을 얻어 이 세상으로 내려왔다. 그러나 영으로서 세상을 다스리기가 어려움을 발견하고 그는 인간이 되고자 하였다. 그는 신비로운 능력으로 동물에서 인간으로 변한 한 아름다운 여자를 만나서 그녀에게 숨을 불어넣어 주자 그녀는 임신을 하여 단군을 낳았고, 그는 한국에 최초의 왕이 되었다. 전설에 의하면 앞에서 언급한 마니산에 고대 제단을 쌓은 것이 바로 그였고, 그가 여기에서 창조주인 환인에게 제사를 지냈다고 한다. 여기에서 우리는 어떤 결론을 얻을 수 있을까? 우리는 더 많은 자료를 원하고 조만간 틀림없이 그렇게 되기를 기대하는데, 그러나 이 고대의 기념물과 이러한 역사적인 회상으로부터, 우리는 원시적인 순수한 유일신 사상의 가능성과 오늘날 이 나라의 숭배에서 추가적인 증거들을 발견할 수 있지 않을까?

중국에서는 우리가 살펴본 바와 같이, 하늘 혹은 상제에 대한 숭배는 황제에게 국한되어 있다. 반면에 한국에서는 비록 서울에 있는 공식적인 하늘 제단[6]은 왕이나 그 신하들에게 제한되어 있으나, 이것 이

---

5 **[역자주]** 재석은 인도의 신 인드라의 한역으로 33천을 통괄하는 하느님 성격을 갖는 신의 이름이다. 단군신화에 등장하는 환인은 한님, 하느님의 한자어로 추정되며, 불교의 영향으로 환인제석으로 불리기도 한다.

6 **[역자주]** 서울 소공동에 있던 환구단(또는 원구단)을 말한다. 환구단은 왕이 하늘에 제천의례를 지내던 곳으로 조선조 세조 3년(1457년)에 설치되고 세조 10년(1464년)에 중단되었다가 고종 34년(광무 원년 1897년)에 다시 설치되었다. 여기에서 고종황제의 즉위식이 거행되었다. 이후 환구단은 일제에 의해 1913년

외에 어떤 의례를 행하는 개인들도 북쪽을 향하여 절하며 하늘을 숭배하였을 뿐 아니라, 외국인이 들어 온 이래로 콜레라, 전염병, 가뭄, 기근과 같은 큰 재앙이 있을 때에 왕이 포고령을 발표하여 몸을 깨끗이 하고 높은 산이나 다른 장소에 가서 하늘에게 희생을 드리고 기도를 드리도록 명령했다.

그럴 때에는 높은 산에는 제단이 세워 졌고, 서울의 주요한 도로를 따라서, 특별히 임명된 사제의 지시에 의해 사람들이 모두 나와 재앙을 피하고 저주로부터 벗어나게 해달라고 하늘(위에 보이는 물리적인 하늘이 아니고 인격화된 섭리자)에 기도를 드렸다. 그러므로 이러한 사실은 우상숭배와 미신 속에서도 한국은 여전히 일종의 일신론을 가지고 있으며, 그들은 원래 유일신론자들 이었다는 주장에 상당한 비중을 두는 것이 아닐까?

이제 우리가 할 수 있는 범위에서 오늘날 한국 샤머니즘의 교리를 찾아보려고 한다.

현재 한국 샤머니즘의 교리

앞에서 언급한 바와 같이 샤머니즘에는 사제조직이 없다; 사원 혹은 당집은 상호 독립적이며, 따라서 한 점술가나 무당이 만든 교리나 신앙체계는 다른 사람이 만든 것과 실제로 매우 다를 수 있다. 한국

에 철거되고 그 자리에 조선호텔이 들어섰다. 현재 환구단의 터에는 3층 8각 건물로 상제의 위패를 모셔둔 환궁우 건물과 석고 3개만이 남아있다.

샤머니즘이나 혹은 신도라는 표제 아래 전체를 아우르는 교리나 신앙을 확정하는 것이 얼마나 어려운 일인지 쉽게 알 수 있다. 그러나 대체적으로 관련되는 일반적인 신앙이 있으며, 중국 철학이 여기에 많은 영향을 미쳤다. 레그 박사는 한국에 관한 로스 박사의 책을 언급하면서 다음과 같이 기록하고 있다: -

> "로스 박사는 말하기를, '도교는 중국인들의 관심을 불교와 나누고 있으며, 한국에는 거의 알려지지 않았다'고 하고, 그리고 같은 장에서 종교에 관한 토착민의 글을 인용하면서 말하기를 '그들은 이성적인 종교를 가지고 있고, 그 가르침은 두 단어 '정(靜)'과 '공(空)'으로 요약된다.'고 하였다. 로스 박사는 이 도가 불교와 관련된다고 생각한다; 그러나 한국의 도교는 단순히 도덕경의 도이며, 도교 종교는 다행스럽게도 알려지지 않았다."[7]

개인적으로 도덕경과 한국의 신도에 관한 나의 연구로 볼 때, 나는 한국의 도교가 도덕경의 도교인지 의심스럽다. 한국인들은 자연의 두 가지 원리[8]와 '팔자'[9]의 효능에 대한 일반적인 믿음을 가지고 있으며, 그 둘은 분명히 중국으로부터 들어온 것이다. 도덕경이 얼마나 큰 영

---

7 "중국의 종교들", p.230

8 **[역자주]** 음양설로서 만물의 생성 변화의 원리로서 기를 뜻한다. 만물을 역(易)의 두 원리인 음과 양의 조화로 설명하는 동양철학의 기반이다. 오행설과 결합하여 음양오행설로 발전한다.

9 **[역자주]** 사주팔자를 말한다. 태어난 년, 월, 일, 시의 사주(四柱)에 간지(干支)가 되는 여덟 글자로 타고난 운수를 풀이하는 점이다.

향을 미치고 있는지 명확히 말할 수는 없지만, 신도나 샤머니즘 사제들이 다른 중국 서적과 함께 도덕경을 많이 읽는다는 사실은 알고 있다.

아래 내용은 일반적인 신앙의 몇 가지 두드러진 점이다: -

첫째, 그들은 세상을 다스리는 하늘 신을 믿는다; 그리고 또 한편으로 다른 신격들을 믿으며, 하나님(위대한 하늘 혹은 하늘의 주인으로 번역됨)이 다른 모든 신들을 통솔한다고 강하게 주장한다.

어떤 사람들은 물리적인 하늘을 바라보면 하나님을 볼 수 있다고 생각한다. 그러나 대다수의 사람들은 위에 있는 푸른 하늘은 단지 그의 거처라고 생각한다. 그들은 마니산에 있는 제단은 하나님께 제사를 드리기 위한 것이며, 항상 그러한 목적으로 사용되었고, 그리고 그들의 옛날 역사가 인정하는 바와 같이 단군이 이 제단을 세웠고 여기에서 '그의 아버지', '환인', '제석' 혹은 창조주에게 제사를 드렸다고 주장하기는 하지만, 그들은 일반적으로 하나님을 창조주라고 부르지는 않는다.

이 하늘에 의한 창조라는 사상은 지금은 일반 신앙에서 사라졌다. 이러한 것을 탐구하는 사람은 거의 없으며, 그리고 이미 본 바와 같이, 하늘과 땅을 포함하여 모든 사물이 근거하는 두 가지 원리에 관한 중국 사상이 모든 사람의 마음에 확고하게 자리 잡고 있는 것처럼 보인다. 그러나 그들은 하나님에게 최고의 능력을 부여하며, 그가 모든 사물을 통제할 수 있다고 인정하고, 그를 모든 것의 아버지라고 인정하면서 그에게 일종의 '가부장적 권위'를 부여한다. 한국 사람들은 이것을 논리적인 귀결로 보지는 않는다. 그러나 그러한 사상이 있고, 그래서 도출될 수 있는 것이다. 나는 이러한 숭배에 사용된 하늘을 나타내는 우상이나 어떤 상징에 관해서 들어 보지 못했다. 그리고 이러한 사실은 다른 종교적 관행에서 나타나는 의인화 사례에 비추어 볼 때 참으로 이상한 일이다.

하나님의 최고성은 명백하게 유교인이든 불교인이든 혹은 신도인이든 모든 사람이 인정한다. 몇 년 전에 불교 사찰의 고승의 요청으로 나는 그와 그의 승려들과 함께 기독교에 관해서 대화를 나눈 적이 있다. 그때 그들에게 10계명을 암송해 주었는데, 그들이 말하기를 그 가르침은 그들의 가르침과 일치한다고 말하면서 그 계명들을 인정하는 것을 보고 매우 놀란 적이 있다. 나는 제1계명에 대한 주의를 환기시키면서, 어떻게 그가 그 계명을 우상으로 상징되는 부처의 숭배와 양립시킬 수 있는지 물었다. 그는 곧 대답하기를, '아, 하나님은 최고이며, 주된 신이고, 부처는 하급 신들 중에 하나일 뿐이다'라고 하였다. 이것이 불교의 신조는 아닐 것이다. 그러나 하나님에 대한 한국 사람들의 태도를 잘 보여주고 있다.

이 숭배에 관하여 헐버트 교수는 다음과 같이 말한다: -

"이상하게 들리지만, 오늘날 한국 사람이 가지고 있는 가장 순수한 종교적 개념은 하나님에 대한 신앙인데, 그것은 외래종교나 유치한 자연숭배와 전혀 관련이 없다. 이 하나님이란 단어는 '하늘'이라는 단어와 '님'라는 단어가 합성된 것이며, 중국의 '하늘의 주인'이라는 단어와 대칭되는 말이다. 한국 사람은 모두 이 존재를 우주의 최고 통치자로 생각한다. 그는 자연 속에 만연해 있는 각종 영이나 귀신들의 무리와 완전히 구분되어 있다. 이러한 관점에서 보면, 한국인들은 엄격한 유일신론자[10]

이며 이 존재가 가지고 있는 속성이나 능력은 여호와의 그것과 매우 일치하기 때문에, 개신교 선교사들이 기독교를 가르치는데 거의 일반적으로 이 어휘를 받아들였다."[11]

둘째, 그들은 '삼신', '세 개의 신들'의 효험을 강하게 믿는다. 이것은 틀림없이 도교의 삼신이며, 중국에서 차용된 것이다. 이 신들에게 사당에서 특별한 기도를 드리는데, 특히 자식을 낳기를 바라는 부모들의 요구를 들어준다. 그러나 그들의 능력은 여기에 한정되지는 않는다. 삼신은 하나로 숭배되는 것이 관례이며, 기원을 할 때에도 하나처럼 한다; 그들은 결코 서로 분리되지 않고 각각 따로 숭배되지도 않는다. 그래서 그들은 종종 삼위일체에 비유된다.

셋째, 우리는 전국에 걸쳐서 지역 신에 대한 매우 일반적인 믿음을 발견하는데, 그 주된 신은 '오방장군'으로 그는 동, 서, 남, 북과 중앙 지방을 주관한다. 원래 오방장군은 하나이지만, 오늘날 관습은 각 지방마다 각각 다른 신이 있다고 하여 그 오방장군으로 불리는 신이 서로 다른 지역을 수호한다. 사람들은 땅에 속해 있는 많은 잡신들로부터 보호를 받기 위하여 그들에게 기원해야 한다. 마을이나 도시의 끝에는 이상하게 조각된 기둥이 서있는데, 그것은 이 장군들을 나타내며 악한 영을 쫓아 내고 그 지역을 보호하기 위하여 거기에 놓아둔다.

그래서 이 '오방장군 신' 아래에 어느 정도 자기의 영역 안에서 독립적인 수호신과 수호여신이 마을, 도시, 계곡, 그리고 산을 지킨다.

---

10 헐버트가 '일신론' 대신에 '유일신론'이라는 단어를 사용하고 있음을 주목하라.
11 "한국 기행", p.404

각 마을에는 특별한 신이 있고, 그 사당이 마을의 높은 곳이나 작은 숲속에 위치하고 있다. 이 모든 신들이 그 지역을 수호한다; 그들의 영역 안에 있는 지방의 번영은 주민들이 그 신들에게 바치는 충성과 공경하는 방식에 크게 달려있다.

이 샤머니즘이란 제목 하에서, 우리는 한국 사람들이 나무나 산이나 계곡 등의 모습을 사람이나 동물의 외양에 비추어서 자연을 의인화하고, 그러한 신격[12]을 숭배하기 위한 사당을 세우는 관습을 언급해야만 한다.

넷째, 우리는 많은 다른 잡신들에 대한 믿음이 만연해 있다는 점을 언급할 수 있다. 자연숭배로부터 나오는 다신론이 여기에 모두 모여 있다. 모든 자연현상이 특별한 신격을 갖추고 있다. 그리고 그 땅에 알려진 거의 모든 질병은 어떤 신에 의한 것이며, 이들은 달래주어야만 한다.

헐버트 교수는 다음과 같이 기록하고 있다: "가끔 여행자들은 길옆에 있는 작은 돌무더기나 왜소한 나무에 헝겊조각, 머리타래, 긴 천조각, 돈, 그리고 여러 가지 잡동사니를 걸어놓은 것을 목격하게 된다. 그런 곳은 평지에서도 발견되지만 주로 두 계곡 사이의 높은 길 가까이에서 발견된다. 이 신성한 장소는 어느 특정한 신에게 바쳐진 것이 아니고, 모든 지방 신에게 바쳐진 것이다. 여행자는 돌을 하나 집어서 그 무더기 위에 던진다. 이것은 그의 여행에 대한 성공을 기원하는 것이다. 만약에 그에게 징조가 좋지 않은 이유가 있다면, 그는 그 돌무더

12 제3강의 부록 2번 참조

기에 침을 뱉는다. 이웃에 있는 장터로 물건을 팔러가는 사람은 그 나뭇가지에 행운을 비는 뜻으로 돈을 걸어 놓는다."

이러한 영들의 이름이 다수이기 때문에, 그들이 숭배되는 각기 다른 사당의 이름들이 긴 목록을 이룬다. 많은 이름을 열거한 후에 그는 계속하여 기록하고 있다: "그것이 많은 영들의 목록인데, 그들은 한국 사람에게 떼를 지어 붙어 다니면서 사람들을 감시하고 어느 순간에 화를 내며 사람에게 내려온다. 만일 그 사람이 산으로 가면 그 영이 거기에 있고, 집안으로 들어가면 그 영도 거기에 있으며, 세상에서 가장 멀리 여행을 하면 거기에도 따라온다. 그러므로 그에게는 실제와 같은 이러한 공상의 산물과 좋은 관계를 유지하는 방법을 찾는 일만 남는다."[13]

다섯째, 그러나 한국의 정령숭배는 이것으로 끝나지 않는다. 죽은 사람의 귀신을 언급해야 한다. 이들은 신 혹은 영인데, 사람이 이 세상에서 성공하려면 이 모두를 고려해야 한다. 이것과 비슷하며 거의 같은 셀 수 없이 많은 귀신들이 존재한다고 믿는다. 한국 사람에게는 하늘에 속한 '신'과 땅에 속한 '신'이 있다; 전자의 미움은 잘 달래야 하고, 후자의 호의는 얻어 내야만 한다.

간단히 말하면 이것들이 한국 신도의 만신전에 속해 있는 신들이다. 그리고 우리는 한국인들이 그들의 오랜 유일신 숭배나, 어느 범위에서는 후대의 일신 숭배로부터 멀어져 있는지 볼 수 있다. 사실 당신이 한국 사람과 하나님에 대하여 이야기를 나눠 보면 그는, 우리가 본

---

13 "한국 기행". p.408

것처럼, 그의 최고성과 권위를 인정한다. 그러나 그의 시야가 스스로 만들어 놓은 잡신들의 무리에 의해서 가려져 있어서 그는 더 이상 위에 있는 순수한 하늘을 올려다보지 않으며, 그의 시간을 언제 나올지 모를 귀신으로부터 벗어나려는 생각과 노력으로 다 보내기 때문에, 그들을 모두 통치하는 위대한 신을 위한 시간이 전혀 남아 있지 않다.

"하나님은 멀리 떨어져 있고 우주에서 그가 하는 일은 갖가지이기 때문에, 우리는 불쌍한 사람의 외침을 지체할 수 없다"고 그들은 말한다. 그리고 만일 그들이 많은 잡신의 주의와 관심을 끌지 못한다면, 어떻게 감히 하나님으로부터 작은 관심이나마 얻을 수 있겠는가?

이제 숭배의 방식으로 들어가서 한국인의 신에 대한 사상에서 우리가 배울 수 있는 것이 무엇인지 알아보자.

숭배의 방식

하늘에 대한 숭배로부터 시작해 보자. 서울의 북서쪽에 아름다운 숲이 있고 거기에 하늘에 대한 제단이 있는데, 가끔 사계절에 대한 제단이라고 부르기도 한다.[14] 2년에 한번 왕이 직접, 혹은 그렇지 않을 경우에는 특별히 임명한 대리인을 통해서 제단을 수리하고 이 제단위에 나라 전체를 대표하는 사제로서 하늘에 희생을 바친다. 이것에 더

---

14 **[역자주]** 경복궁 서편에 있는 사직단을 지칭하는 듯하다. 사직단은 나라를 이루는 토지의 신(社)과 생명을 보존해 주는 곡식의 신(稷)을 모신 제단이지만, 하늘에 대한 제사도 이곳에서 드렸다.

하여, 법령에 현저하고 급격한 변화가 있거나 왕조가 바뀔 때에는, 가능한 빨리 이 제단에서 합당한 예식을 치르고 신에게 변화를 고하며, 그리고 여기에서 왕이 직무 서약을 행한다고 한다.[15]

또한 하늘에 대한 사원이 다른 곳에도 있는데, 정해진 기간에 혹은 왕의 명령에 의하여 희생을 바친다. 이들 중 어떤 것은 성 밖에 있으며, 가뭄이 있거나 봄과 가을에 규칙적으로 관리를 보내어 왕을 대신하여 재앙을 피하고 나라의 번영을 위하여 기도하게 한다.

지금 이 제단들에 대한 상세한 설명을 하기는 불가능하다. 그러나 현재까지 조사한 바로는 사원에는 출입문이 없으며 홍살문(붉은 화살문)이 있어서 출입을 막고 있는데, 우리가 본 바와 같이 일본 신도 사원의 도리에 상응하는 것이다. 제단은 비교적 낮으며 흙과 돌로 만들어 졌고, 하나 혹은 두 겹의 낮은 벽으로 둘러져 있으며, 점차 위로 올라가는 누대가 하늘로 열려있다. 최고신이 숭배되었던 이 제단의 경내를 둘러보면, 우리는 그것이 신성한 목적에 완전히 합당하다고 느끼게 된다. 여기에는 웅장한 대리석 더미나 커다란 아치, 채색유리, 벽화나 조각상도 없다. 이러한 것들은 그들이 헌신하고자 하는 위대한 대상으로부터 예배하는 자들의 마음을 빼앗고 감정에 개입하게 된다. 여기에는 그 신성함에 비하여 빈약한 인위적인 작업이나 작품의 오만함이 없다. 푸른 하늘이 이 사원의 유일한 덮개이며, 높이 뻗은 속삭이는 듯한 소나무가 기둥이 되고, 별들이 조명이며, 새들이 찬양대이고, 그리고 꽃이 핀 잔디가 그 길이 된다.

---

15 제3강의 부록 3번 참조

"그는 높이 비치는 조명을 원치 않으며,
슬픔에 가득 찬 찬송이나 오르간 음악도 원치 않고,
회중석에 뿌옇게 피어오르는 향도 원치 않는다."

여기에서 인간은 어린아이와 같은 신앙과 단순함으로 그의 아버지인 창조주를 향한 가장 가까운 길을 본능적으로 찾아가는 것처럼 보인다.

그리고 큰 가뭄이나 기근이 들면, 왕은 백성들에게 자신을 정화하고 제단에 모여서 하늘의 도움을 청하는 기도를 드리게 했다. 그러한 기간에는 정식적인 제단이 사용되었을 뿐만 아니라 다른 곳에 특별한 제단이 설치되기도 하였다. 흥미로운 것은 이러한 행사에 무당이나 판수는 참여하지 않았으며, 나라에서 이 의식을 위해 선발된 사람들이 식을 집행하였다는 것이다. 정화에 대해서는 매우 조심하였다; 목욕재계를 여러 번 조심스럽게 행하였고, 가장 순수한 물이 사용되었다. 희생제의에서 정화는 필수적이었으나, 특히 하늘에 드리는 제사에서는 특별한 주의를 기울였다.

앞으로 설명할 몇몇 예외가 있지만, 동물을 제물로 바친 것은 오직 하늘에 대한 제사뿐이다. 다른 의례에서는 밥, 과일, 떡 등과 가장 좋은 술을 바쳤지만, 그러나 살아있는 동물, 양, 염소, 그리고 때로는 황소, 말, 그리고 돼지를 하늘에 바쳤다. 사실 양을 바치는 경우는 이것이 유일하며, 이 목적으로 나라에서 양을 관리했다. 이러한 사실은 양을 특별히 제물로 바치기에 신성하게 여겼다는 것을 보여 준다.

이러한 하늘에 드리는 공동체적인 숭배 외에, 특별하게 개인적으로 드리는 하늘에 대한 숭배가 우리의 관심을 끈다. 그것은 일반적이라고 말할 수는 없다. 그러나 나라 곳곳에서 하늘 숭배자를 발견할 수 있다. 내가 확인한 바로는 그들은 제물을 사용하지 않으며, 제사를 드릴 때 사용하는 의례 형식도 찾아 볼 수 없었다. 절대적인 정화가 필수적인 것으로 생각된다. 집밖에 자리를 펴고 남북으로 엎드리며 정화수 사발을 북쪽 끝에 놓는데, 이 물을 구하기 위하여 숭배자는 종종 멀리 있는 우물을 찾아 간다. 이러한 준비가 이루어지면, 하늘을 비추는 정화수를 향하여 절을 하고 엎드려서 모든 것의 주재자에게 그의 소원을 빈다.

그래서 우리는 이 나라의 여기저기에서 여전히 최고의 주재자를 찾는 사람들을 발견하는데, 이것은 오늘날의 자연숭배에 남아있는 하늘을 대상으로 하는 고대의 일신 숭배의 잔재이다.

여기서 다시 언급할 것은 *무당과 판수는 하늘에 대한 제사의례에 참여하지 못했다*는 사실이다. 점쟁이인 판수는 재단을 세우기에 가장 좋은 장소를 물색하도록 요청받을 수 있기는 하지만 대부분의 옛 제단의 경우에는 그러한 일이 거의 없다. 무당의 역할은 결코 요구되지 않는다.

다음은 도시나 마을을 수호하는 지역신의 숭배이다[16]. 여기에서 우리는 큰 다양성을 발견한다. 어떤 경우는 무당의 도움이 필요하기는 하지만 불가피한 것은 아니며, 그리고 일반적으로 말하면, 단지 더 가

16 **[역자주]** 지역신을 위한 숭배에는 동제와 별신굿이 있다. 동제는 유교적인 제사의 형식을 취하고, 별신굿은 무당에 의한 굿의 형식을 취한다. 동제의 주관자는 제관이며, 별신굿은 무당이 주관한다.

난한 마을의 경우에서 무지한 주민들이 무당을 찾는다. 대체적으로는 학식이 있거나 그러한 일에 숙련된 사람들이 그 의례를 지도하고 감독한다. 많은 종류의 음식과 술이 준비되고 적절한 의례를 통해서 신에게 바쳐진다. 이후에 음식과 헌주로 쓰이고 남은 술은 마을사람들이 먹는다. 의례는 하루 종일 계속되고 밤에 횃불을 밝힌 후에 끝난다.

바다나 강 근처의 마을에서는 음식과 술 일부를 물속에 던진다. 어떤 큰 섬에서 우리는 성대하고 공식적인 숭배의식을 발견한다. 그 섬에 있는 모든 도시와 마을은 연합하여 비용을 기부하고, 의식은 섬 수령(나라가 임명)이 주관하는데, 그가 그를 대신하여 사제역할을 할 사람을 임명한다. 동물 희생과 관련하여 앞에서 언급한 예외가 이들 큰 섬에서 행해진다. 어떤 섬에서는 일 년에 두 번, 그러나 대게는 한 번씩 살아있는 동물을 바치는데, 양을 주로하고 이를 구할 수 없는 경우에는 황소나 돼지를 바친다. 내가 확인해 본 한에서 이러한 관습이 만연해 있는 섬에는 높은 언덕에 위치한 오래된 제단이 있으며, 일반적으로 북쪽을 향해있어서 우리는 그 제단들이 원래는 하늘에 대한 제사를 위하여 세워진 것이라고 결론지을 수 있다고 생각한다. 그리고 비록 이러한 원래의 용도가 지금 세대에서는 잊혀 졌지만 더욱 명백하고 실제적인 숭배형식이 오늘날까지 유지되고 있다. 제단의 설치, 높은 산위의 위치, 북쪽을 향함, 그리고 동물의 희생, - 이 모든 것들이 고대에 행했던 *하나님*에 대한 숭배를 가리킨다.

해안가나 강가에 있는 마을에서 행하였던 숭배 양상은 한국의 용신앙으로부터 나온다. 용은 거의 전 세계적으로 물과 관련되고, 그래서 물의 신으로 여겨진다. 마을이나 도시의 번영이 이 용에게 달려있다. 용은 무서운 전염병을 가져 오고 수십 수백의 사람이 죽는다; 그는 성이 나면 홍수를 보내서 농작물과 집을 떠내려 보내고 많은 사람의 목숨을 요구한다. 해안가 마을에서는 그 용을 잘 달래지 않으면 돌풍과 해일을 일으켜서 배와 사람과 때로는 마을 전체를 요구하기도 한다.

다양한 용의 숭배에서 보통 무당[17]의 역할이 요청된다. 때때로 그들은 그 숭배의식을 어떻게 치러야 될지를 자문해 주고, 용 자신이 되어 해야 할 것들을 말해준다. 그들이 다루는 능력은 신중하게 판단해야 한다.[18]

---

17 제3강의 부록 4번 참조

18 코리아 리뷰는 다음과 같은 사례를 제공한다: -
"조선 왕조가 시작된 이래 충청도 보령 바닷가에서는 처녀를 바다에 바치는 관습이 최근까지 있었다고 전해진다. 무당은 매년 굿을 벌여서 바다용을 달래고 적절한 비와 농부들에게는 풍작과, 뱃사람에게는 안전한 항해를 기원했다. 그 관습은 다음과 같은 과정으로 중지되었다. 새로운 지방장관이 임명되어 부임하자 그 다음날 그러한 희생제의가 있다는 말을 들었다. 그는 그 예식을 참관하겠다고 말했다. 정한 시간에 그는 해안가로 내려가서 그 무서운 광경을 보려고 자리에 앉았다. 세 무당이 희생으로 바칠 처녀를 데려왔다. 그들이 그녀를 물에 던지려고 물가로 가까이 다가서자 그녀는 비명을 지르고 울며 발버둥을 쳤다. 그 지방관은 잠간 멈추라고 명했다. '사람을 그 영에게 바치는 것이 필요한가? 그들이 대답하기를, 예 그래야만 그를 달랠 수 있습니다. 그러면 그가 우리에게 와서 풍작과 안전한 항해를 예언해 줍니다.' '그러면 왜 결혼한 여자를 처녀대신 쓰지 않느냐' '오, 그것은 효험이 전혀 없습니다. 그렇게 하면 그 영을 기쁘게 할 수 없습니다.'
'그러면 너희는 그의 좋은 친구가 아니냐?'
'그렇습니다, 우리는 그를 잘 알고 그의 호의를 받고 있습니다.' '그렇다면 내 생각으로 너희 중 한명이 희생이 된다면 이 처녀보다 더 그를 기쁘게 할 것이다.' 그 지방관은 부하에게 지시를 하여 대표무당을 잡아 그녀를 결박하고 바다로 던졌다. 그리고 그는 다른 무당에게 말했다: '틀림없이 그는 만족하지 못

이것은 외국인에 가장 분명하게 숭배의 형식을 보여주고 있다. 왕이나 일반 사람들이 드리는 하늘에 대한 숭배는 일 년에 한번 혹은 두 번 일정한 기간을 두고 행해진다. 마을이나 도시의 수호신에 대한 숭배도 역시 가끔 불규칙적으로 행해진다. 그러나 사람에게 매일 혹은 순간마다 닥치는 질병이 있는 경우에는 이것들을 항시적으로 거행하며, 그 병은 어떻게 해서든지 피하거나 완화시켜야 한다. 무당이나 판수가 여기에 등장한다. 이들은 한국의 샤만이라고 부를 수 있는데, 그들의 기능은 다양하고 한국의 일상생활과 종교생활에서 중요한 역할을 담당하고 있기 때문에 그들의 이야기는 두꺼운 책으로 쓸 만하다.

'판수'라는 말은 두 음절로 되어 있는데, '판'은 결정하다는 말이고 '수'는 운명이며, 그래서 결과적으로 '운명 결정자' 혹은 '점쟁이'를 의미한다. 이 직업은 눈 먼 남자에게 제한된다. 일반적으로 물리적인 시력을 잃은 사람은 내적인 시야를 얻는다고 믿어진다. 그들은 어느 면에서 공간이나 사물을 무력화 시킬 수 있는 천리안을 가지고 있으며, 당신에게 먼 곳에서 일어날 일을 말해주고, 잃어버린 물건을 찾게 해주기도 하지만, 그러나 그들은 더 높은 점술을 가지고 있는데, 미래를 예언하고, 어떤 행위의 결과를 보여주며, 신의 생각이나 의도와 방법을 분간할 수 있고, 그들은 때때로 이 뛰어난 신 자신을 조종할 수 있

했을 것이다. 외냐하면 너희가 말한 대로 그가 너희에게 내리지 않았으니까.' 그래서 다른 무당을 파도 속에 던졌다. 세 번째 무당은 거의 정신을 잃었고 그녀에게 신은 내리지 않았다. 그녀도 역시 그 이론을 증명하기 위해 바다로 던져졌다. 그것이 세 무당의 결말이 되었다. 그 지방관은 이 일을 왕에게 건의하고 그 이후로 무당은 사회의 천한 곳으로 쫓겨났다." - 코리아 리뷰, 1903, p.303

다. 그들은 특별한 재능을 부여받았으며, 그들이 귀신을 쫓아내는 능력을 얻은 것은 이 훌륭한 내적 시야에 의한 것이다. 축귀를 행하는 것은 기도에 의할 뿐만 아니라 직접적인 명령이나 위협, 그리고 반복적인 능력을 가진 주문에 의한다.

무당은 언제나 여성이며, 일반적으로 낮은 계급에서 나오고 평판도 좋지 않다. 그녀는 영적인 매개자로 인정되며, 자신을 귀신과 일치시키고 의도적으로 접신을 하는 능력을 가지고 있다. 그러나 일반적으로 그러한 접신은 마술이나 의례, 그리고 일종의 자기최면이 선행하는데, 그런 상태에서 무당은 자신의 연행을 통해서 일종의 트렌스(무아경) 상태에 빠짐으로써(가장이든지 혹은 실제이든지), 신의 대언자가 된다. 그녀는 신에게 명령하지 않는다. 그러나 신과의 밀접한 관계를 이용하여 그들의 의지를 확인하고, 그리고 고통을 받고 있는 희생자를 구원하기 위하여 그들이 동의하는 속전을 정할 수 있다.

판수가 무당보다 더 존경을 받는다는 사실은 금방 알 수 있다. 그들은 더 많이 자문을 받으며, 더 교육을 받고 깨우친 자들은 그들의 판단에 의지하고 도움을 청하게 된다.

무당은 일반적으로 교육을 받고 깨우친 사람들은 찾지 않는다. 그러나 자신이 수준이 높은 척하는 그러한 사람들도 여전히 오래된 미신으로부터 벗어나지 못하며, 집안의 여자들이 무당을 찾아가서 축귀 의식을 하는데 드는 비용을 기꺼이 제공하려고 한다. 학식이 있는 사람들은 그것이 어리석은 일이며 여자나 아이들에게는 유효하다고 말하고, 그리고 그들은 그것을 믿지 않는다고 인정하면서도, 특히 천연두 같은 질병이 마을에 퍼지거나 농부들의 농작물에 피해가 오거나 상인들의 배에 재난이 닥치면, 그들은 지체하지 않고, 비록 종종 간접적이기는 하지만, 이들 중에 하나 혹은 둘을 찾아가서 의례를 치른다.

판수는 가끔 사업에 조언을 해주기 위하여 고용되어 장사가 잘 되는 비결을 알려주기도 하고, 종종 그가 가지고 있는 축귀의 능력을 사용하지 않고 무당의 도움을 추천하기도 한다. 그래서 무당과 판수는 서로 직업을 공유하는 경우도 있다.

판수가 행하는 축귀의 방법은 *코리아 리뷰*지의 기고가에 의해서 잘 묘사되어 있다. 그는 다음과 같이 말한다: -

> "판수가 고통을 당하고 있는 남자 앞으로 나오고, 음식이 의식을 위해서 진열되어 있다. 판수가 집신, 부엌신, 문신 등 여러 신들을 불러서 대접을 한다. 그는 그들에게 가서 병을 일으키는 악령을 데려오라고 명령한다. 만약 그 영이 와서 주인령에게 요청하지 않으면, 그렇게 하도록 강요한다. 그가 도착하면, 판수는 그에게 음식을 먹고 떠나기를 권하고, 그 환자를 괴롭히지 말기를 요청한다. 만약에 그가 동의하면, 싸움은 끝난다; 그러나 그가 쉽게 동의하지 않으면, 그럴 경우에 판수는 책을 꺼내서 주문을 한두 절 외운다. 그 책의 신비로운 힘은 그 귀신을 마비시키고, 그를 붙잡아 돌로 만든 단지 속에 가두고 마개를 막는다. 어떤 경우에는 그 귀신이 단지를 빠져 나올 수 있는데, 그러면 그를 다시 불러서 대접하고 책으로 제압한다. 그리고 단지 속에 집어넣어 특별한 힘을 가진 복숭아나무로 만든 마개로 막고, 그 단지를 복숭아 나뭇가지로 때려서 귀신을 완전히 무력하게 만든다. 그리고 그 단지를 무당에게 가져가면, 무당은 귀신이 다시 돌아오지 못하도록 어떤 방향으로 가서 그 단지

를 땅에 묻는다. 이렇게 하여 치료가 완전히 끝난다."[19]

그러나 무당의 업무는 점술과 거의 관련이 없다. 이와 관련하여 같은 기고가는 다음과 같이 말한다:

"무당의 업무는 그러한 병을 막거나 고치는 일이며, 이것은 다양한 형식 중의 하나인 '굿'[20]이라는 의식을 통해서 이루어진다. 만일 한 병든 남자가 자기의 병이 귀신에 의한 것이라는 근거가 있으면, 그는 아내를 무당에게 보내어 그의 증상을 설명하고 가능하다면 어떤 귀신이 그러한 짓을 하는지 알아보게 한다. 그 무당은 그의 집에 가지 않고도 그 귀신의 이름을 말할 수도 있다. 또는 무당은 환자를 먼저 볼 수도 있는데, 그러나 그녀가 그 병을 귀신에 의한 것이 아닌 보통 병이라고 말할 가능성은 거의 없다. 왜냐하면 그렇게 말하는 것은 그녀의 역할을 축소시키고 자신의 특전을 잃는 것이 되기 때문이다. 그리고 병의 원인을 말한 후에 무당은 의뢰비용으로 오천, 만, 혹은 이만 냥[5$ 내지 20$]을 받고 의식을 치를 길한 날을 정하는데, 그 의식은 무당의 집이나 혹은 환자의 집에서 거행한다."[21]

---

19 코리아 리뷰, 1903, p.387

20 **[역자주]** 무당이 신에게 제물을 바치고 노래와 춤으로 길흉화복 등의 인간의 운명을 조절해 달라고 비는 무속제의이다. 굿의 종류는 신굿, 집굿, 마을굿으로 나눌 수 있고, 이것은 다시 내림굿 · 진적굿 · 물림굿, 재수굿 · 병굿 · 진오귀굿, 대동굿 · 별신굿 · 당산제로 나눌 수 있다.

21 코리아 리뷰, 1903, p.148

물론 이러한 의식은 그들이 모시는 신에 따라 매우 다르고 도움을 청하는 쪽의 재력에 따라 따르다. 이러한 숭배의 모든 형식을 자세히 살펴보는 것은 흥미롭지만 여기서는 시간이 없다.

그러나 천연두라는 질병이 있는데, 이것은 특별한 신격으로 인정을 받으며 한국에서 유일하게 '신'의 특별한 감독을 통하여 존중되는 치료법이다. 그의 이름은 언제나 존경을 나타내는 용어로 불린다. '귀한 손님이 내 누추한 집에 찾아와서 나를 높여준다'는 표현이 그가 온 것을 이웃에게 알리는 방식이다.

이 질병이 처음 나타났을 때 엄격하게 지켜야 할 많은 규칙이 있다. 그러나 어느 하나도 치료나 격리를 언급하고 있지 않다. 그 '손님'이 있는 동안에는 나무를 자르면 안 되며, 손톱을 깎아도 안 된다. 어떤 종류의 약을 써도 안 되고 가족 중에는 아무도 머리를 빗거나 새 옷을 입거나 방을 쓸어서도 안 된다. 그러나 이런 것은 그것을 어기면 재앙이 따르지만 소소한 것이다. 이때에는 그 집이나 터를 주관하는 신이나 죽은 조상의 귀신을 숭배해서도 안 된다. 왜냐하면 그렇게 하면 다른 신들을 불러 오게 되고, 그래서 그들에 대한 관심이 천연두 신에게 돌아가야 할 마땅한 존경을 빼앗아 가기 때문이다. 천연두 신은 이 때에는 다른 모든 신보다 더 존경을 받아야 하며, 그가 질투를 하게 되면 다른 방식으로 진노가 따른다.

적당한 시기에 무당이 등장하여 신을 즐겁게 하기 위한 음식을 차려 놓고 음악을 연주하며 춤을 추고 노래를 부르는데, 그녀가 무아지경에 빠질 때까지 그렇게 한다. 그리고 신의 입이 되어서 말하며 더 많은 규칙을 나열하며, 그 신이 환자에게 예비한 조건들을 이야기 한다. 무당의 말에 따라서 희생이 처방된 대로 바쳐지며, 이 희생은 말할 것도 없이 집주인의 재력에 따라서 종류나 비용이 다르다.

13일째 되는 날 그 신이 떠나간다. 대부분의 경우에 나무로 만든 말 형상에 쌀과 돈을 넣고 신이 사용하도록 빨간 우산을 지붕 위에 놓아둔다. 어떤 경우에는 실제 말을 준비하기도 한다; 한국의 어린 왕자가 신으로 여기는 천연두에 걸렸을 때, 무당을 통하여 말하기를, 그 신을 정중하게 화려한 예식을 갖추어 3백마일 떨어진 국경 지방인 의주까지 호위하고 값비싼 비단과 공단으로 치장한 말이 이끌게 하였다. 물론 영적인 매개자를 동반하게 하는데, 만약 그 신이 말을 할 경우에 그 명령을 잘 받들기 위한 것이다.

샤만 혹은 신도의 종교의례 중에 출생, 결혼, 그리고 장례에 관한 많은 사례를 들 수 있다. 그러나 이 강의는 한국 사람들의 신 관념을 알아보는 것으로 한정되고 또 시간도 없기 때문에 이와 같은 특별한 사례에 국한하고자 한다.

한국 사람들이 영혼의 불멸성을 믿었다는 것은 분명하다; 확실히 죽은 사람의 영혼에 대한 두려움이 이것을 증명한다. 이러한 사실은 그들의 장례식에도 나타나며, 그리고 죽음 이후에 따른 의례에도 나타난다. 이 죽은 자의 사망 사실을 공중에 있는 영들에게 공표하는 것은 그러한 사례이다; 대게 지붕 위에서 죽은 자의 직함을 공식적으로 부르는 것으로서, 무당의 도움이 요청되는 특별한 의식이며 죽은 자의 영혼이 어떤 상태인지 의문스럽고 가족 중에 산 자들은 이러한 상황을 개선시키기 위하여 무엇이든지 할 수 있는 것이다. 또한 빈번하게 굿이 열리는데, 영계에 있는 많은 신들(그중에 특별히 지하세계를 다스리는 염라대왕이 있다)을 초대하여 특별한 향연으로 대접하고, 이들에게 죽은 자를 위하여 좋은 판결을 내려주고 축복받은 자들의 세계로 들어가도록 허락해 줄 것을 부탁한다.

우리가 배운 바로는 천국과 지옥이라는 사상은 분명히 불교에서 온 것이다.

그리고 그러한 많은 신들은 한국의 만신전에 나오는 신들이다. 그러나 그 안에는 우리가 본 것처럼 여전히 한국인이 최고로 인식하는 하나의 신이 있다. 우리는 숭배의 기록이나 역사나 혹은 기념물에서 남근숭배나 매춘굴 혹은 도박장의 수호신을 찾아 볼 수 없으며, 사원의 주위에서 벌어지는 비도덕적 행위에 관한 규정도 찾아 볼 수 없다. 우리는 지금 한국의 신도사원에 존재하였던 순수함을 주장하고자 하는 것이 아니고, 다만 비도덕성은 항상 감추어져 있으며, 어떤 방식으로든지 비도덕성은 숭배와 관련되어 있지 않다는 점을 언급하려는 것이다.

그러므로 한국은 스스로 모든 가능성 속에서 본래부터 순수한 유일신론을 가지고 있었다는 사실을 알 수 있다; 그리고 그것은 이후에 다신론과 함께 자연숭배로 전개되었지만, 오늘날까지 일종의 일신론이 유지되고 있는데, 그것은 모든 다신숭배에 일반적으로 나타나는 타락으로부터 신에 대한 토착적인 개념을 대부분 보존해왔다. 불교의 영향에도 불구하고 우리가 이해하는 것처럼 우상은 일반적이지 않다. 불교사원 밖에서는 앞에서 언급한 미륵을 제외하고는 인간이나 동물의 형태를 한 형상은 거의 발견되지 않는다. 가장 유사한 것은 신도나 샤만의 사원에 보이는 그림이다. 중국의 도교나 일본의 신도에서 보이는 조잡한 의인화의 경향은 한국에서는 나타나지 않고, 그리고 인접한 나라들의 신화에서 보이는 퇴폐성도 한국의 신화에서는 거의 알려져 있지 않다.

한국의 잡신이라는 개념조차도 이것은 아시아의 다른 나라나 혹은 그리스나 로마의 개념보다 더 뛰어나다; 이러한 사실은 대부분 그들이 고대의 일신론을 지켜 왔고, 그들이 신에 대한 이상을 높은 수준으로 유지했기 때문이며, 그리고 이후에 다신론으로 퇴보할 때에도 다른 나라들처럼 최초의 순수한 공경심을 잃지 않았고, 신을 그 본래의 수준 이하로 타락시키지 않았기 때문이다. 사실, 한국의 하나님 사상에는 유대인의 여호와 사상에서 보다도 의인화의 경향이 더 적다. 그러나 우리가 본 바와 같이, 한국인은 일찍 자연숭배에 빠져들었고 점차적으로 그들의 만신전의 숫자는 늘어갔으며, 오늘날 한국은 무수히 많은 신들에 의해서 손발이 묶여 있음을 발견할 수 있다. 이 신들을 달래고 귀신들이 위협하는 재난으로부터 피하려는 그들의 노력은 다양하다.

앞에서 언급한 것처럼 사람들은 희생을 바치거나 신들을 기쁘게 하기 위한 잔치를 베풀 뿐 아니라, 큰 화재가 난 경우에 그것을 끌 시도를 하는 대신에 그들은 공중에 옷을 흔들며 불의 신을 존경하는 뜻으로 나팔을 분다. 질병이 집안에 들어왔을 경우에는 환자의 옷조각을 신령한 나무에 묶는다. 새해 벽두에는 짚으로 만든 인형을 구입해서 그 안에 돈을 집어넣고 그것을 멀리 던짐으로써 한해의 모든 질병을 제거하기를 바란다. 그리고 이 '희생양'을 발견하고 그 안에 있는 돈을 갖기 위하여 그것을 가져가는 사람은 원래 사람에게 닥칠 수 있었던 질병을 가져간다고 사람들은 믿는다. 시간만 있다면 다른 많은 미신들을 기술할 수 있을 것이다. 그러나 가장 언급할 만한 것은 어떤 지방에서 유행하는 신앙인데, 집안으로 들어오는 악한 영이나 귀신을 막기 위하여 문기둥에 피를 문질러 바르는 것이다; 그리고 이상하게 들리겠지만, 양쪽에 바르는 피자국의 형태가 중국 숫자 10(十)을 만들면, 그 효험이 더 크다는 점이다. 이 관습이 얼마나 오래 되었는지 알 수는 없으며, 그 기원에 대해서도 책에서는 어떤 기록도 발견할 수 없다. 이 피를 바르는 형태는 단순히 숫자 10의 효험에 대한 동양적인 사상 때문이며, 십자가와 유사한 것은 우연한 일치이다.

샤머니즘의 윤리에 관하여 언급할 때, 우리는 그 다신숭배나 도덕을 말한다. 하나님이라는 고귀한 이상은 그것이 아니었다면 더 심했을 다신숭배가 가져오는 타락을 막아주었다. 그러한 상황에서 기대했던 것보다는 그 수준이 더 높지는 않지만, 신의 섭리로 그들에게 보존되어 온 최고신 사상을 가지고 있는 한국인은 그들이 더 멀리 표류하지 않도록 해주는 닻을 가지고 있었으며, 그리고 한국인이 기독교를 준비가 되어 있는 듯이 받아들인 것은 상당부분 이 고대의 신앙이 최고신에 확고하게 의존해 있었기 때문이다.

이것이 한국의 샤머니즘적인(혹은 신도적인) 관행과 신앙에 대한 간략한 설명이다. 그리고 한국이 중국이나 일본의 영향과 유교와 불교의 압도적인 힘에도 불구하고, 그들의 고대 종교의 장점을 고수해 온 끈기를 언급하는 일은 흥미롭다. 비록 여기서 중국이나 일본에서와 같이 더 순수하고 고상한 신앙으로부터 점차로 확실히 타락하고 있는 미신이나 다신숭배의 증거들을 발견하지만, 그러나 아마도 더 오래고 완벽하게 고립된 덕분에 한국은 다른 나라보다 원시신앙의 많은 부분을 더 잘 보존해 왔다. 한국은 최고신에 대한 고상한 이상을 여전히 고수하고 있고, 물로 씻고 피를 뿌리는 정화의 필요성에 대한 인식을 유지하고 있다.

아마도 한국에서 감성적인 것과 이성적인 것의 완벽한 조화가, 헐버트 교수가 정의한 것처럼, 이상의 보존을 도왔다; 그러나 원인이 어떻든지 간에, 현실은 다음과 같다; 일본에서 신도가 항상 그 영향력을 유지하는 것처럼, 한국에서도 더 넓고 효과적으로 한국의 민족종교는 여전히 영향력을 발휘하고 있다.

■ 제3강 부록

부록 1, p.86

"반란군의 한 무리가 산기슭에서 빛나는 공을 발견했는데, 말이 그 위에 앉아 있었다. 그들이 다가가자 그 말은 곧바로 하늘로 올라가서 사라지고 그 자리에 빛을 발하는 알이 남아 있었다. 이 알이 금방 스스로 깨어서 잘생긴 남자 아이가 나왔다; 그리고 번쩍이는 빛이 비치고 천둥소리가 들렸다. 이 일이 있고서 얼마 지나지 않아 또 다른 놀라운 사건이 일어났다. 알영의 우물 옆에서 암탉이 날개를 펴자 그 겨드랑이에서 여자 아이가 나왔는데, 입이 새의 부리와 같았다. 그들이 그 아이를 우물에서 씻기자 부리가 떨어지고 다른 아이들처럼 되었다. 이러한 이유로 그 우물은 팔춤이라 불렸는데, 부리가 떨어졌다는 의미이다. 또 다른 전설에서는 그녀가 그 우물에 사는 용의 갈비뼈에서 나왔다고 한다. 통치한 지 5년째 되는 해에 그 소년 왕은 그 소녀와 혼인하였으며, 그 결혼은 모든 한국인에게 완전한 결혼의 전형이 되었다."[22]

또 다른 곳에 다음과 같은 내용이 있다: -

"해부루 왕은 북부여의 왕좌에 앉아 있었다. 그의 큰 근심은 하늘이 그에게 아들을 주지 않는 것이었다. 어느 날 그는 숲속에서 말을

---

22 **[역자주]** 신라 시조인 박혁거세의 설화

타다가 물살이 센 강둑에 다다랐는데, 거기에서 말에서 내리고 위대한 영에게 아들을 달라고 기원했다. 말에 다시 오르려고 돌아설 때, 그는 말 한 마리가 얼굴에 눈물을 흘리며 큰 바위에 머리를 숙이고 서있는 것을 발견했다. 그는 바위에 다가가서 그 밑에 금빛 나는 한 아이를 발견했는데, 그는 두꺼비의 형상을 하고 있었다. 그리하여 그의 기도가 응답되었다. 왕은 그 이상한 아이를 집으로 데려와서 그에게 금와 혹은 '금 두꺼비'라는 이름을 붙여 주었다. 그 이후에 곧 나라를 동부여로 옮겼으며, 그곳은 백두산으로 알려진 흰머리 산 근처에 있었다.

"성인의 나이에 이르자 금와는 배필을 찾아 나섰다. 우발수(강인지 바다인지 알 수 없다)의 해안가를 걷고 있을 때, 그는 한 처녀가 울고 있는 것을 발견하였다. 그녀의 이름은 여화, '버드나무 꽃'이었다. 그가 묻자 그녀가 대답하기를, 자기는 바다의 왕인 하백의 딸로서 해모수라는 영에게 유혹되어 겁탈을 당하고 집에서 쫓겨났다고 말했다. 금와는 그녀를 집으로 데려와서 아내로 삼았다. 그러나 그녀를 태양이 아주 작은 구멍으로만 비치는 방에 가두었다. 놀랍게도 빛 한줄기가 방안으로 들어와 그녀가 방안에서 움직이는 곳을 따라 다녔다. 그 빛에 의해서 그녀는 임신을 했고 때가 되자 다섯 치나 되는 알을 낳았다. 금와는 화가 나서 그 알을 돼지와 개들에게 던졌다. 그러나 그들은 그 알을 건드리지 않았다. 소와 말들은 그 알을 따듯하게 해주려고 입김을 불어넣었다. 황새가 하늘에서 내려와서 그 위에 자리를 잡고 날개 아래에 품어주었다. 금와는 후회를 하고 여화에게 그것을 궁궐로 가져 오도록 허락했고, 그녀는 비단과 면으로 그 알을 감쌌다. 마침내 알이 깨고 잘생긴 아이가 나왔다."[23] - 헐버트, "한국의 역사", 1권, pp.34-37

부록 2, p.93

서울 도시의 시적인 이름은 누에를 의미한다. 토착민 점술가들은 서울 지역의 지형학적 형세에서 유사한 모양(우리 외국인에게는 재미있는 상상이다)을 추적하고 한강에 접해있는 마을에서 그 머리 부분을 발견하였는데, 그곳은 가파른 절벽이 강에 맞닿아 있다. 물론 이 누에는 잘 보살펴야만 한다. 그렇지 않으면 그가 화를 내서 등에 주름을 잡으면 불행한 결과가 초래 된다; 그래서 정기적으로 그 도시에 희생을 바칠 뿐 아니라, 약 반마일 떨어진 강 건너 편에 나라에서 여러 세대 동안 뽕나무 숲을 심고 유지하고 있다. 실제로 그 잎사귀는 그 강 쪽에 사는 사람들에 의해서 실제 누에를 먹이기 위하여 사용되고 있으나, 그 숲을 가꾸고 매년 유지하는 이유는 거대한 누에를 달래고 먹이기 위한 것이다. 그리고 그 거대한 누에의 등에 해당하는 지역이 소나무로 덮인 서울의 남산이다.

이 나라의 어느 지방에 있는 골짜기가 황폐해졌다. 농작물은 점점 줄어들었고 매년 더 심해졌다. 지관과 점쟁이들이 그 원인을 알아보았다. 그 지역을 자세히 살핀 후에 그들은 쉽게 믿는 마을 사람들에게 말하기를, 그 형세가 얼굴을 드러내고 있는데 콧구멍에 해당하는 곳에 우물이 있다고 했다. 그러나 이 우물이 그 마을에서 가장 부유한 사람의 아들이 그 안에 빠져 죽었기 때문에 메워졌다는 것이다. 그 지관은 곧 그 콧구멍이 막히면서 그 골짜기의 영이 숨을 쉴 수 없게 되어 죽

23 **[역자주]** 고구려 시조인 주몽의 설화

어가고 있으며, 그 이유로 마을이 황폐해 졌다고 지적했다. 그래서 그 우물은 다시 열리고 적절한 의식을 베풀어서 신에게 사죄하며 용서를 구하고 더 좋은 날이 오기를 기대했다. 이 사건은 불과 몇 년 전에 일어났지만, 그러나 결국 그 골짜기의 농작물은 더 좋아지지 않았다고 알려졌다.

이러한 종류의 사례를 하나 더 들어 보겠다: - 서울 외곽에 고양이처럼 생겼다고 해서 고양이산이라고 불리는 산이 있다. 그 신은 동물로 표현된다. 콜레라는 보통 쥐병이라고 부르고, 근육의 마디는 피부 밑에 있는 쥐라고 말한다. 콜레라가 이 산에 찾아오지 않은 것은 이들 동물 사이의 반감 때문인데, 그 산의 신이 고양이이며, 그리고 그 질병의 이름이 제대로 붙여진 증거가 된다는 것이다. 그러나 그 산에 깨끗한 샘이 있어서 마을 사람들이 식수로 공급받고 있다는 사실은 고려되지 않았다.

물론 더 계몽된 사람들은 그러한 것을 믿지 않고 그 신앙의 부족함을 강하게 비판하지만, 그러나 내가 아는 한 고위 관리는 떳떳하지 못해 하면서도 콜레라가 퍼져 있는 동안에 쥐병을 쫓아 버리기 위하여 우물에 걸어놓은 고양이신의 그림을 내 시야로부터 감추려고 애썼다. 그와 이야기 하면서 그는 합리적인 주장을 하려고 했지만, 만약 당신이 그것에 대하여 물었다면 그는 아마도 그의 어리석은 부인이 그것을 걸어놓았다고 대답할 것이다. 그러나 사실은 '무슨 효과'를 바라지는 않았지만 그것은 그가 구입한 것이다.[24]

---

24 **[역자주]** 여기에 언급된 세 가지 사례는 아마도 언더우드가 직접 채집한 이야기인 것 같다. 구체적으로 서울 지명이 언급된 첫째 이야기는 서울의 잠실과

부록 3 p.96

1895년 1월 8일에 나는 한국 역사에서 광범위한 결과를 가져온 특별한 의식[25]을 목격하였다. 한국에 독립의 선물을 가져다 준 일본은 한국의 왕에게 공식적으로 중국의 종주권을 부인하도록 요구하였다. 그리고 부패한 관료들을 일소하기 위해서 신하들을 대동하고 한국의 신의 제단에 나가서 그 작업을 착수하고 그 조상들에게 나라의 독립을 천명하며 제시된 개혁을 서약하도록 강요하였다. 왕은 사소한 질병을 핑계로 그에게는 불쾌한 그러한 조치를 한동안 지체시켰다. 그리고 그 의식을 치르기 전날에는 꿈에 조상신이 나타나서 조상이 했던 방식에서 떠나지 말 것을 엄명하기도 하여 왕은 그러한 서약을 하기를 두려워하였다.

오랜 지체와 왕이 외국의 압력에 끝까지 저항할 것인가에 대한 추측이 있은 후에 궁궐문에서 행렬이 나타났다 - 세 갈레의 깃봉에 걸린 큰 깃발들, 높이 쳐든 자줏빛 다발들, 많은 의식으로 운송된 석대; 주홍색과 청색의 복장과 바보들처럼 보이는 모자를 쓴 무리들, 노란 복

관련된 것 같으나, 신빙성이 약하다. 서울에 잠실이 처음 설치된 곳은 광나루 건너편인 지금의 잠실이 아니고 뚝섬(광진구) 일대로 추정하고 있으며, 그리고 잠실의 설치는 양잠의 진흥을 위한 나라의 정책에 의해서 전국적으로 실시된 것이다.

25 **[역자주]** 갑오경장 시기인 1895년에 고종이 세자와 문무백관을 거느리고 대묘(종묘)에 나가 참배하고, 홍범 14조의 새로운 법령의 반포를 조종의 영에게 고하는 의식을 치렀는데, 비숍이 이 행사를 목격한 것이다. 그리고 종묘 제의는 왕실의 조상(조종)에게 드리는 것으로 하늘에 드리는 제의와는 다르다.

장과 대나무 모자를 쓴 왕의 시종들, 그리고 호위무사들. 곧 이어 붉은 비단 우산이 나오고 그 뒤로 40명이 이끄는 거대한 왕좌가 아닌 단지 4명의 가마꾼이 드는 평범한 유리창이 있는 나무의자에 창백하고 낙담한 듯이 왕이 앉아 있었다. 왕자도 비슷한 의자에 앉아 뒤를 따랐다. 대신들, 관료들, 그리고 군관들이 각각 앞뒤로 두 사람씩 시중을 받으며 마구를 갖춘 조랑말에 올라 있고, 그 앞에 눈에 띠는 서양식으로 장식된 어두운 색깔의 당나귀를 타고 있는 내무대신이 있었다. 그 행렬이 신성한 사원의 경내에 다다르자, 호위 무사들과 기사들은 담 밖에 남아 있고, 단지 왕과 고관들과 주요한 시종들만 재단 앞으로 나아갔다. 짙은 색깔의 소나무 아래에 모여 있는 주홍빛 복장을 한 무리들은 예술적 시각에서 매우 인상적이었으며, 정치적 관점에서 한국의 왕이 다음의 서약을 한 것은 최근의 복잡한 전쟁 과정에서 가장 인상적인 장면이었다. - 이사벨라 B. 비숍, "한국과 그 이웃들", 1898.

부록 4, p.100

한국에서 전개되는 이 주제에 관한 상세한 연구를 위하여 아직 어떤 책도 입수 할 수 없었다. 그러나 1903년판 코리아 리뷰에 나오는 헐버트 교수의 유용한 기사는 먼저 읽어봐야 할 것이다. 그는 다음과 같이 말한다: "한국 사회는 이러한 신비로운 능력을 다루는 두 재주꾼에 의해서 축복도 받고 저주도 받으며, 그 신비로운 능력은 사람들의 동양적 상상력을 채워준다. 이 두 재주꾼은 '무당'과 '판수'라고 하며, 영어로 이들 단어에 가장 근접한 단어는 '여자 마법사'나 '축귀사'일

것이다. 그러나 더 넓은 의미로 '마녀'와 '마법사'로 부를 수 있다. 무당이나 판수의 역할이 얼마나 마녀나 마법사와 비슷한지는 다음 논의에서 드러난다.

무당이라는 단어에서 '무'는 '속이다'는 뜻이고, '당'은 '기업'을 뜻한다. 때때로 이들은 '무녀' 혹은 '속이는 여인' 이라고 불린다. 무당은 '속이는 패거리'라고 할 수도 있다. 왜냐하면 그녀는 상스러운 말투로 '불길한 운명'이라고 칭할 수 있기 때문이다. '판수'라는 단어는 '속이다'는 뜻의 '판'과 '운명'이라는 뜻의 '수'로 이루어 졌다. 이 말은 대략 '점쟁이'를 의미한다. 그러나 점쟁이는 판수의 역할에서 일부분에 불과하다.

무당이 하는 역할은 열 가지 형태가 있다. 그 각각은 굿이나 무당마법에 의해서 수행된다. 무당의 영향력은 그녀의 의지대로 귀신을 부리는 능력보다는 귀신과의 교제에 달려있다.

그리고 나중에 헐버트 교수는 더 부언하고 있다: -

> "앞 페이지에서 우리는 한국의 무당 혹은 여자 마법사의 역할이나 지위에 관하여 최대한 알아보았다. 그녀는 귀신들과의 교제를 통하여 그들에게 영향력을 행사한다고 볼 수 있다. 다른 말로 하면 그녀는 영매의 일종이다. 그러나 판수의 역할에 대해서는 다른 양상을 발견할 수 있다. 판수는 맹인으로서 축귀사나 점쟁이의 작업을 수행한다. 그 단어는 점쟁이를 의미하는 중국말에서 왔다. 무당과는 달리 그는 귀신의 적이며 그들을 쫓아낼 수 있다. 반면에 무당은 그들에게 기원하고 그들을 달래서 내보낸다. 무당의 역할은 판수보다 더 오래되었다; 무당은 한국에서 수천 년이 되었지만, 판수는 지난 수세기에 생겨난 것이다."

제 4 강

유교

우리는 극동지역의 특별한 세 가지 민족종교를 다루었다. 이들 중 두 개의 종교에서 명확히 증명되지는 않지만 강한 개연성으로 그들이 거의 순수한 유일신앙에서 출발하여 이후에 자연숭배로 변하고 그 안에서도 처음에는 일신 숭배에서 점차 미신적이고 다신론적인 퇴락하는 경향으로 빠졌으며, 이들 중 적어도 하나에서는 대중들 사이에서는 최고신에 대한 숭배를 거의 지워버린 것을 발견할 수 있다. 세 번째 종교에 관해서는 우리는 그의 원시 신앙을 결정할 수 있는 자료를 가지고 있지 않다.

이제 우리가 검토할 두 가지 종교가 남았는데, 중국과 일본, 그리고 한국에서 다소 다른 양상을 보이고 있는 그 종교는 유교와 불교이다. 불교는 세 나라 모두에게 수입된 외래종교이다; 이번 강의에서 검토할 유교는 중국에서 기원한 종교이다.

레그 박사는 그의 훌륭한 논문 '중국의 종교들'에서 우리에게 중국의 원시종교의 가능성에 관한 매우 시사적이고 명확한 설명을 해주고 있다. 내 생각으로는 이후의 연구들에서 그의 주장들이 확인되고 강한 뒷받침을 받고 있는데, 우리가 본 바와 같이 중국에서 그 초기에는 일신론이나 일신숭배가 아닌 순수한 유일신앙이 있었다는 것이다. 그리고 그는 이것을 유교라고 불렀고, 이 점에 관해서 우리는 그와 토론을 해야 할 것이다.

공자는 고대의 역사를 기록했으며, 우리는 그가 역사서와 시가서 등을 '편집'[1]했다고 말할 수 있을 것이다. 이것들은 아주 오래된 기록인데, 역사를 구성하는 기록물들은 그 수효가 백편이었고 천육백 년의 기간에 걸친 것이라고 전한다.[2]

시가서에 관해서, 공자는 약 삼천 편의 시가를 수집하고 그중 삼백오 편을 취사선택하여 그 책을 만들었다고 한다. 여기에는 해설이 없으며 단순하게 수집해서 현재의 형태를 갖추었다.[3]

그리고 공자가 어떤 방식으로든지 앞의 이론들에 대한 자신의 주장을 개진하지 않았다면, 유교 개념들을 그에게 돌릴 권한이 우리에게 없을 것이다. 그리고 역사가 입장에서, 공자는 그가 편집한 기록에서 고대의 종교적 관행을 기술하고 있기 때문에, 우리가 그 종교를 예시

1 "공자는 원저자가 아니었다. 그 자신의 말을 빌리면 '그는 전달자이며, 저자가 아니었다.'" - 더글라스, "유교", p.9

2 **[역자주]** 〈서경〉 또는 〈상서〉라고 한다. 요, 순, 우, 탕, 문무 등 2제 3왕의 나라인 당, 우, 하, 상, 주 대의 역사를 공자가 다시 편집했다고 하며, 처음에는 100편이었으나 현재는 58편이 전하고 있다.

3 **[역자주]** 〈시경〉이라고 하며, 주나라 시대부터 춘추 초기시대까지의 민중과 궁정과 종묘에서 쓰이는 노래를 모은 책이다.

된 유교라고 부르는 것이 정당화되기 어렵다. 만약 공자가 그의 가르침에서 이 고대신앙에 집착하고 그것을 고수하였는지를 우리가 안다든지, 혹은 그의 글을 해석함에 있어서 현대의 제자들이나 혹은 어느 시대든지 그것으로 돌아가야 한다면, 그렇게 명명하는 타당한 이유가 될 것이다. 그러나 레그 박사는 이 현자의 생애에 관한 이야기와 현대 유교에 관한 이후의 논의에서 어떤 것도 보여 주고 있지 않다.

우리가 이것을 결정하기 전에 제기되는 두 가지 문제가 있다: 공자는 무엇을 가르쳤나? 그리고 현대 유교란 무엇인가?

한편, 가일스 박사는 첫째 문제만을 바라보며 유교를 고려함에 있어서 엄격하게 지키고 있는 현대의 신앙이나 관행은 무시하고 공자가 강조한 것만을 강조하면서, 그것은 종교가 아니라고 특별히 우리에게 말하고 있다. 그러므로 우리는 공자의 가르침을 주의 깊게 검토하고, 그리고 중국, 일본, 그리고 한국에서 발견되는 현재의 유교를 살펴보는 것이 필요하다. 먼저 공자의 가르침을 검토해 보자.

공자의 가르침

공자의 가르침을 검토하기 전에 이 성인의 생애를 간략하게 살펴보는 것이 좋겠다. 첫째 강의에서 본 바와 같이 그는 노자와 동시대인이다. 노자에 관해서는 자료가 매우 빈약하지만 공자에 관해서는 우리가 다룰 수 있는 자료가 풍부하다. 공자는 거의 이천 오백년 동안 인류의 약 1/3이 영웅으로 추앙해 왔으며, 그의 생애와 역사를 둘러싼 이야기는 방대하고 흥미롭다. 그러나 지금 우리의 목적에서는 이것 중에서 단지 약간의 부분만 필요하다.

B.C. 551년에 태어나 중국에서 살았고, 이때 중국인들은 이미 그들의 순수한 원시신앙에서 벗어나서 그들의 종교관행에서는 '정령숭배자'나 '영혼숭배자'가 되었다. 그는 좋은 집안에서 태어났으며 아버지는 무관으로 국가에 봉직하였고 무용이 뛰어난 사람이었다. 이 성인을 숭앙하고 그의 이름을 영광스럽게 만들려는 욕심에서 많은 전설적인 이야기가 그의 출생과 관련되어 있다.

소년시절에 그는 뛰어난 학생이었으며 매우 부지런하여 일찍이 관리로 나섰고 여러 가지 방식으로 나라에 봉사했다. 22세 때 그는 선생으로서 그의 일을 시작하였으며, 이 일은 그의 평생의 사업이 되었다. 여러 번 그는 나라에서 높은 자리에 있었다. 그러나 그의 윤리와 기준은 다른 동료 관리들 뿐 아니라 일반 백성에게도 매우 높고 엄격했다.

그의 윤리규범과 삶의 규칙들이 국가에 영원한 평화와 번영을 가져올 것이라고 믿었기 때문에 그는 자신의 체계가 채택되기를 추구하였지만, 그러나 실제로는 성공을 거두지 못했다. 공자가 제시하는 체계는 그 시대에 너무 엄격하였기 때문에, 그는 여러 나라를 떠돌게 되었다. 그러나 그의 가르침을 따르는 제자들이 수천에 이른다고 전해진다. 모든 반대에도 불구하고 그는 자신의 원칙과 관행을 고수하였으며, 그의 훈계가 종종 관심을 끌지 못했지만 그는 그 나라에서 지위가 가장 높은 사람이라고 할지라도 그 잘못을 비난하기를 망설이지 않았다.[4]

---

4 그러나 더글라스는 다음과 같이 말한다: "공자의 행동에 큰 변화가 있었다는 사실을 알지 못하고서 그의 행적에 나타나는 이러한 부분을 연구하기는 불가능

그가 죽었을 때 그는 주목받지 못했다. 그는 말했다: “현명한 군주가 없다; 나를 스승으로 삼을 군주가 이 나라 전체에 하나도 없다. 나의 시대는 끝날 때가 되었다.” 이에 대하여 레그 박사는 다음과 같이 말한다: “그의 마지막은 인상적이기는 하지만 우울했다. 그는 구름 뒤로 가라앉았다. 절망감이 그의 영혼을 비통하게 했다. 제국의 군주들은 그의 가르침을 받아들이지 않았다. 아내나 자식도 그의 곁에서 사랑을 주지 못했고, 그가 어두운 골짜기를 지날 때 또 다른 삶에 대한 희망도 그에게 없었다. 그는 기도를 하지 않았으며, 어떤 염려나 걱정을 드러내지 않았다. 그의 마음속에는 신의 뜻으로 그의 시대에 봉사하려는 생각이 깊이 자리 잡고 있었지만, 그러나 그는 어떤 표시도 하지 않았다.”[5]

그는 이미 말한 것처럼 노자와 같은 시대에 살았으며, 그때는 중국의 자연숭배가 순수한 정령숭배가 되었고 전반적으로 미신이 유행하고 있었다. 사람들은 사방에 신들로 둘러싸여 있어서 어떤 방식으로든 위험에 접해 있었다. 불사약과 모든 것을 금으로 만드는 철인의 돌을 구하는데 모든 관심을 두었기 때문에 실제 일상생활은 소홀히 했다.

하다. 그의 공적인 생애를 구분시켜 주는 진리와 덕에 대한 고상한 사랑은 더 이상 없었다. 고난은 그를 완고하게 하기 보다는 융통성이 있게 만들었다. 초기에는 자기가 벌지 않은 돈은 받기를 거절했던 그가 영공이 그에게 아첨에 가까운 조언을 요구하였을 때 그에 응하여 받는 보수를 기꺼이 받으려고 하였다; 그리고 반란에 대한 거듭된 비난을 가했던 그가 이제는 그의 수단을 통해서, 그가 다른 경우에서 ‘동이’를 말했던 것처럼, 정착할 수 있기를 바라면서 반란의 주역의 궁정에 기꺼이 나아갔다.” - “유교”, p.47

5 “공자의 생애와 가르침”, p.88

이러한 타락하는 경향을 가진 다신론에 대항해서 두 성인은 반기를 들었지만, 그러나 그들이 목적을 이루려는 방식은 극단적으로 달랐다.

노자는 사람들이 철학적인 사색을 통해서 도에 몰입하도록 노력하였기 때문에, 자연을 정당한 것으로 여겼으며 어떤 규율도 필요치 않았다. 한편 공자는 인간은 본래 완전하며 덕스럽다고 믿었으며, 일상생활에 관한 세심한 규율과 규정을 부과함으로써 소기의 목적을 달성할 수 있다고 믿었다. 노자는 바른 마음을, 공자는 도덕규범을 추천하였다.

우리는 중국의 고대 기록을 보존한 것에 대해서 공자에게 빚지고 있다. 일반적으로 다섯 가지 저서가 그의 저작으로 알려져 있다: '역경', '서경', '시경', '예기', '춘추'; 그러나 이들 중 상당 부분은 다른 사람들의 작품이다. 공자는 그가 말한 것처럼 단지 편집자이며, 그리고 우리는 이것으로부터 직접적인 가르침을 거의 배울 수 없다. 다른 저술가들은 나중에 이를 더 확대하고 그 성인의 가르침을 확장했다. 그러나 우리가 관심을 갖는 부분은 그들의 해설보다는 공자 자신의 실질적인 가르침이다.

이를 위해서 우리는 거의 '논어'에 제한되는데, 이 책은 공자가 그의 제자들과 나눈 대화로서 공자 자신의 말로 표현되어 있다. 우리는 이 강의 뒷부분에서 논어에 나오는 이야기들과 현재의 유교 교리를 확인하기 위해서 이후의 제자들이나 해설가들의 설명을 검토하겠지만, 지금은 그 스승 자신의 실질적인 가르침을 발견하는데 힘을 쓸 것이다.

'춘추'도 역시 그의 저작으로 알려져 있는데, 공자는 이 책이 그의 저작으로 특별히 기억되리라고 생각한 것 같다. 그러나 그 책은 단순한 연대기로서 노나라에서 기원전 722년에서 484년까지의 사건을 기록한 것이다. 이 책에 대한 다양한 해설자들이 각 문단과 절, 그리고 글자 한자까지 세밀하게 읽고서 매일 매일의 삶에 대한 교훈을 얻어낸다. 그러나 이러한 해설에서 우리는 공자 자신의 믿음이나 견해라고 할 수 있는 언급을 찾아볼 수 없다. 이후에 아마도 그의 사후 한 세기 내에 논어에 나오는 대화, 레그 박사의 표현으로는 '어록'이 편집되었는데, 우리는 상당한 확신을 가지고 이 어록이 모든 가능성에서 진정한 공자의 말이라고 할 수 있다. 물론 이 모든 것을 다 보여주는 것은 나의 의도가 아니며, 다만 신에 관한 그의 개념을 밝힐 수 있는 부분을 살펴보려고 한다.

첫째 강의에서 중국의 원시 신앙을 확인하면서 우리는 중국의 군주들의 상제에 대한 숭배에서 깊은 인상을 받았다. 그리고 기록물을 통해서 그가 어떻게 '제' 혹은 통치자, '상제', 최고 통치자, 그리고 때로는 '천', 하늘이라고 불렀는지를 보았다. '시경'에서 우리는 비슷한 언급을 발견하는데, 최고성을 분명하게 그에게 돌리고 있다. '제' 혹은 '상제'라는 용어는 하느님에 대한 인격적인 이름으로 우리에게 전달된다. 그러나 이 이름이 공자가 편찬한 책에서는 자주 언급되는 반면에, '어록'에 기록된 것을 보면 첫째로, 우리는 그 중요한 이름이 완전히 무시되고 있음을 볼 수 있다. 스승 자신의 말씀에서는 한 번도 언급하지 않고 책 전체에서 한번 언급되었는데, 제20권 1장 3절에서 상나라를 세운 탕 임금의 기도를 인용하면서 유일하게 언급하고 있다.

둘째로, 우리는 공자 자신이 이 책에서 하늘과 관련된 가르침을 무시하고 있는 것을 볼 수 있다; 실제로, 제9권 첫 장에서는 다음과 같이 언급하고 있다. "스승께서는 이익과 하늘의 명과 완전한 덕에 대하여 좀처럼 말씀하지 않으셨다."[6]

그의 제자 중 하나가 귀신 섬기는 일에 대해서 물었을 때, 그는 제11권 11장에 인용된 것처럼 다음과 같이 대답하였다. "네가 사람을 섬길 줄 모르면서 어떻게 귀신을 섬기겠느냐?" 그리고 죽음에 관한 질문을 받았을 때, 그는 이렇게 답하였다. "네가 사는 것을 모르면서 어떻게 죽음을 알겠느냐?" 그러므로 우리는 그의 직접적인 가르침은 상제에 대한 고대의 숭배를 무시하며, 하늘의 숭배를 어디에서도 가르치지 않았고, 그리고 초자연적인 것에 대한 인간의 무능을 명백하게 주장하며, 따라서 그러한 시도가 쓸모없는 일이라고 말하고 있는 것을 알 수 있다.

공자는 그의 추종자들에게 하나의 종교를 주려는 의도가 없었다는 사실을 잊지 말아야 한다. 그리고 또한 동시에 공자 당시의 종교적 관행은 극단적인 정령숭배나 영혼숭배로 나타났기 때문에 그 스승에게는 매우 비호감적이었다는 사실도 기억해야만 할 것이다. 그는 단지 정치적이고 윤리적인 체계를 주려고 의도하였다. 그러나 의례의 시대

---

6 더글라스는 다음과 같이 말한다: "공자의 가르침에는 영적인 것이 없다. 그는 초자연적인 것에 대한 언급을 피했다. 죽음에 대한 질문에 답하면서 그는 대답하기를, '너희가 사는 것을 모르면서 어떻게 죽음을 물을 수 있느냐?' 그러므로 삶이 그의 연구 대상이고 삶은 그가 존재하는 그대로의 삶이다. 인간이 어디에서 와서 어디로 가는가의 의문은 그에게 문제가 되지 않았다; 그는 단순히 사람을 사회의 구성원의 하나로 보며, 그리고 스스로 고대의 문헌들에 의지해서 어떻게 자신의 행복에 기여하며 크게는 세상의 행복에 기여할 수 있는지를 밝히려고 노력했다." - "유교", p.68

에 선생인 그가 실천적인 일상생활의 규례를 상세하세 규정하면서 종교의식을 위한 규율이나 그들의 필요성에 대한 언급을 하지 않았기 때문에, 우리가 내릴 수 있는 유일한 결론은 그 선생은 종교적 규례에 관한 언급이 필요치 않다고 생각했든지, 혹은 종교적인 것은 알 수가 없다고 생각했다는 것이다. 귀신에 대한 동떨어진 유일한 언급들은 우리로 하여금 그가 신학적으로 불가지론자였다고 결론짓게 만든다.

그러나 우리가 그의 생애에 관한 이야기나 그의 습관에 관한 제자들의 이야기를 들으면, 또 다른 결론에 이르게 되는데, 이론적으로는 불가지론자이지만 우리가 그렇게 결론짓지 않는다면, 그는 그의 조상이나 그 시대 사람들의 관습과 관행에서 벗어날 수 없을 것이다. 대화를 촉발하는 어떤 환경에서 우리는 부분적으로 그의 관행을 드러내는 밝은 측면의 빛을 얻을 수 있다. 논어 제20권 3장에서 우리는 다음과 같은 그의 말을 발견할 수 있다. "천명을 깨닫지 못하고서 군자가 되기는 불가능하다." 다른 때, 그가 자신과 자신의 가르침이 무시되는 것을 알았을 때, 아무도 그를 알아주지 않아서 홀로 침체되었을 때, 그는 다음과 같이 말했다. "나는 하늘을 원망하지 않는다, 나는 사람들에게 불평하지 않는다, 아래로 배우고 위로 통달하니 나를 알아주는 것은 하늘이다."[7] 여기에는 하늘의 정의에 대한 의식적인 만족이 있다.

어느 때에 적에게 위협을 받아 그의 생명이 위태로웠다. 사람들이 그에게 반기를 들고 그는 포로였는데, 그는 다음과 같이 담대하게 말한다: "만일 하늘이 이 대의를 폐하고자 한다면, 그렇다면 미래의 덕인

7 제14권, 37장.

내가 그 대의에 대한 계시를 받지 못했을 것이다. 하늘이 진리의 대의를 폐하려 하지 않는다면 광 땅의 사람들이 나를 어떻게 할 수 있겠느냐?"[8] 또 다른 때에 어떤 의식을 거행하려고 그와 그의 제자들이 자리를 잡고 있을 때, 그 제자들의 두려움을 잠재우며 그가 말하였다, "하늘이 내안에 있는 덕을 만들었다; 환퇴[그에게 불리한 음모를 꾸몄던 사람], 그가 나에게 무엇을 할 수 있겠느냐?"[9]

더욱이 그의 생활에서 명백하게 어떤 의식에서의 그의 실천을 언급하는 몇몇 문장을 발견하는데, 그것에 참여하고 역할을 담당하는 것을 결정적으로 보여주고 있다. 그리고 제3권 12장에서는 그 장면을 분명하게 설명하고 있다, "그는 죽은 자에게 그들이 마치 살아있는 것처럼 희생을 바쳤다; 그는 귀신이 임재하고 있는 것처럼 귀신들에게 희생을 바쳤다."

앞에서 인용한 내용으로부터 우리는 공자가 그의 가르침에서 틀림없이 초자연적인 것을 무시했다는 사실을 분명히 알 수 있다. 사실 초기 저술가의 인용에 따르면, 그는 다음과 같은 언급을 하였다, "귀신을 공경으로 대하라, 그러나 멀리 두어라."[10] 그러나 일상생활에서 그는

---

8 **[역자주]** ,〈논어〉 제9권 자한편에 나온다. 공자가 천하유세 중에 광땅에서 곤경에 처했을 때 한 말씀이다. 당시 양호라는 사람이 광땅에서 포악한 짓을 하였는데 공자가 그 양호로 오인을 받아 포위를 당한 적이 있었다. 공자는 이 위태로운 때에도 하늘이 자신을 보호해 주리라는 신념이 확고했음을 알 수 있는 대목이다.

9 제7권, 22장

10 **[역자주]** 〈논어〉 제6권 '옹야'편에 나오는 말이다. 번지가 지혜에 대하여 묻자 공자가 말하였다. 사람의 도리를 힘쓰고 귀신을 공경하되 멀리하면 지혜라고 할 수 있다.(樊遲問知 子曰 務民之義 敬鬼神而遠之 可謂知矣)

귀신의 존재와 능력을 인정하고 숭배해야 했음을 발견할 수 있다.

그의 생활과 가르침을 자세히 분석해 보면 다음과 같은 결론에 이르게 된다. 그의 본성이 거부했던 매우 유치한 미신의 시대에 살면서, 그는 자신이 존재와 창조의 대단한 신비를 절대적으로 측량할 수 없다는 것을 발견하였으며, 그래서 그것들과 관련해서 의심 없이 독단적으로 주장하기를 망설였으며, 자신의 가르침을 권위를 가지고 말할 수 있는 것들에 한정시켰다.

그의 마음은 너무 컸기 때문에, 자신이 장님을 인도하는 장님 지도자가 되는 것을 허락할 수 없었으며, 그가 직접적인 명확한 빛을 받지 못한 것을 가르칠 수 없었고, 그의 제자들에게 자신의 감정과 직관을 신조로 사용할 수가 없었다. 그래서 그의 입장에서 기존 종교의 장점을 인식하고 강조하지 못한 점이 오늘날 그의 이름이 낳은 종교체제에 해악이 되었다.

이제 중국 현대 유교의 신앙과 발전에 대하여 살펴보자.

중국의 현대유교

우리가 본 것처럼 공자는 어떤 종교 체계를 만들지 않았고, 그리고 얼마 동안 그의 실천과 가르침은 어느 정도 침체되었다. 그러나 그에게는 추종자가 없지 않았는데, 그중에 가장 뛰어난 사람은 맹자이다. 그는 이 성인의 가르침을 보존하고 발전시키는 일에 가장 큰 공헌을 했다. 맹자는 스승의 사후 약 백년 후에 살았으며, 사색적인 노자의 이론과의 투쟁을 이끌어 갔다.

많은 중국의 역사는 이 두 종교의 다양한 업적의 기록이다. 양측에 상당한 반감이 발생되었으며, 가장 현저한 사건은 한 군주의 통치아래 도교가 주도권을 잡고 공자에 관한 서적과 모든 흔적을 불로써 말살한 것이다.[11] 그러나 이러한 책의 복사본이 생명의 위험을 무릅쓰고 동굴이나 벽속이나 다른 은밀한 장소에 숨겨졌다가 유교가 다시 권력을 잡은 후에 빛을 보게 되었다. 그리고 수세기 동안 유교의 교리는 중국의 고전으로 인정되어 모든 교육의 처음과 마지막이 되었다.

유교대학이 북경에 설립되었고, 다른 부속기관들이 제국의 크고 중요한 도시들에 세워졌다.[12]

공자, 맹자, 그리고 다른 제자들의 저서로 구성된 고전에 대한 지식은 관리로 등용[13]되는 기준이 되었으며, 수도와 많은 지방도시에 승진을 위한 시험을 치르는 큰 시험장이 있었다. 여러 국면에서 일어난 유교의 발전을 연구하는 일은 흥미롭지만, 그러나 우리는 현대 유교인들의 생활이나 관행에서 결과적으로 드러나는 신에 대한 사상을 고려하려고 한다.

이전 강의에서 윤곽을 그린 계획을 따라서, 먼저 어떤 신들이 그들

---

11 **[역자주]** 진나라 시황제 34년(B.C. 213년)에 있었던 분서갱유 사건으로, 이사를 비롯한 법가 사상가들에 의한 유가의 탄압이었다. 법가는 도교와 관련이 없으며 오히려 유가 계통인 순자 계열과 관련이 있다.

12 "중국은 진정으로 공자의 나라이며, 다른 어느 곳도 그처럼 완벽하게 그 스승을 표현하지 못한다. 그의 가르침은 중국 문명의 본질을 이루었기 때문에 수천 년 동안 그는 최고의 자리에 있었다." - 녹스, "일본의 종교", p.140.

13 물론 중국의 국가생활에서 급속히 일어나고 있는 변화는 고려되지 않는다.

의 만신전에 존재하는지 살펴보자. 유교를 고전과 후대의 해석가들로부터 진화된 형이상학으로 연구하는 사람들은 오늘날 존재하는 유교는 범신론적이며 진정한 만신전이 없고, 따라서 인격적인 신도 없다고 생각하지만, 그러나 유교적으로 분류되는 사원을 방문해 보면 많은 신을 모시는 만신전이 있다는 확신을 갖게 된다고 나는 생각한다.[14]

마틴 박사는 다음과 같이 말한다: "원래는 최고 인격신의 존재를 인정했으나, 범신론의 혼돈에 빠져서 눈에 보이는 형태의 비인격적인 *영적 세계*를 숭배한다." 범신론은 그 철학에 명백하며, 그리고 실제에서는 다신론이 눈에 보이기 때문에, 그는 그것을 '범신론적 혼돈'이라고 불렀다. 그는 같은 맥락에서 다음과 같이 말한다: "유교는 이제 제국의 선도적인 종교로 자리 잡고 있으며, 그 숭배의 대상은 세 가지 부류이다: 자연의 힘, 조상, 그리고 영웅. 구체적인 우주 이외에 해, 달, 그리고 별, 산, 강, 그리고 호수 등에 각각 존경을 표시한다." 공자의 실제 가르침은 유교가 전혀 종교가 아니라고 한 가일스의 견해에 동의하게 하며, 주희를 비롯한 후대 제자들의 연구는 유교가 인격신론의 가능성이 전혀 없는 완전히 범신론적이라는 주장을 하게 하지만, 그러나 실제로 현대의 형태에서는 우리가 고려할 만한 만신전이 있다는 것을 발견할 수 있다.

---

14 녹스 박사는 다음과 같이 말한다: "확실히 유교가 비종교적이라는 말은 놀랍지 않다. 최고 통치자에 대한 언급만 있을 뿐 창조자가 없다; 천국이나 지옥이나 혹은 영혼불멸성에 관한 교리가 없다; 신에 대한 죄라는 개념이 없다; 의례, 의식, 성례전, 찬양, 기도, 그리고 사제도 없다; 우주론 혹은 신화론 또는 본체론도 없다. 그것은 종교적이라고 할 수 있는 내용이나 특징이 없다. 그러나 그럼에도 불구하고 유교는 하나의 종교이다." - "일본 종교의 발전", p.175

무엇보다도 먼저 이 신들 중에 하늘을 발견하는데, 이 신에 대한 숭배를 연구하면서 우리는 유교적 관행과 가르침은 그것을 황제 자신에게 제한시키고 있음을 알 수 있다. 이 신은 너무 높기 때문에 천자라고 불리는 황제만이 홀로 그를 숭배할 수 있다는 것이다.

첫째 강의에서 중국의 원시 신앙을 논의하면서 나는 이러한 의식이 사용된 사례를 언급하였다. 우리는 그 의식의 혼합된 단순성과 장엄함에 매혹되었으며, 또한 상고시대에는 그러한 제한이 존재하지 않았다고 믿게 되면서, 현재의 형태로 나타나는 유교의 발전이 그러한 제한을 만들었다는 사실을 유감스럽게 생각하지 않을 수 없다. 그러한 제한은 우리가 지난 강의에서 본 바와 같이 사람들이 다가갈 수 있고 교재할 수 있는 최고신의 높은 이상으로부터 흘러나오는 순수한 영향력으로부터 사람들을 격리시키게 되었다. 문제는 그 이상이 낮은 것이 아니고, 이상이 높았기 때문에 그들이 사람들로부터 하늘을 멀리하게 했다는 것이다. 그리고 사람들에게 그들의 종교적 본능을 발산할 수 있는 분출구를 주지 않고, 그것을 사람들의 악한 상상으로 만든 타락한 대상에서 찾도록 강요하였다는 점이다.

자연스러운 순서로 다음에는, 우리가 곧 보게 되겠지만, 별로 중요하지 않은 자연의 힘에 대한 숭배가 나타난다. 공자는 종교에 관해서 직접적으로 무엇을 가르치지는 않았지만, 우리가 본 것처럼, 사람들에게 신을 존중하지만 그러나 멀리하라고 가르쳤다; 그도 역시 신에게 희생을 바쳤으며, 그러한 일에 관해서 무언가를 가르치는 것을 무시하거나 거부한 반면에, 그는 묵시적으로 다신숭배를 허용했다. 그러나 그의 관행은 제자들과 함께 실제적으로 유교 만신전의 증가를 반대했다. 북경에는 네 개의 황제 제단이 있는데, 하나는 하늘에, 하나는 사계절 혹은 자연에, 또 하나는 다른 신들에게, 그리고 마지막은 황제의 조상에게 바치는 제단이다. 우리가 본 것처럼, 마틴 박사는 유교신의 세 부류로 자연의 힘, 조상, 그리고 영웅을 들었다. 방금 언급된 신들은 자연의 힘 아래 분류된 것이다.

세 번째로 우리는 그 성인 자신에게 바쳐진 숭배를 언급해야만 한다. 그는 사후에 일찍이 추존되었는데, 점점 높아져서 신격화되고 그 등급도 상승했다. 공자에게 바치는 연례적인 숭배에 황제가 바치는 기도문이 오늘날 그가 차지하고 있는 위치를 예증하고 있다:

> "위대하시고 완전하신 성인이시여! 당신의 덕이 가득합니다; 당신의 가르침은 완전합니다. 죽을 인생들 중에는 당신과 같은 사람이 없습니다. 모든 왕들이 당신을 공경합니다. 당신의 법이 영광스럽게 전해 내려왔습니다. 당신은 제국의 학교에 규범입니다. 공경스럽게 희생 제물을 바칩니다. 두려움으로 북과 종을 울립니다. 황제인 나는 고대의 스승이시며 완전한 성인이신 철인 공자께 희생을 바치며 말씀드립니다: '오, 스승이시여, 하늘같고 땅같은 이시여, 당신의 가르침은 과거와 현재에 걸쳐있습니다. 오랜 법을 공손하게 지키며, 제물과 비단과 영들, 그리고 과일을 당신에게 바치오니 이 희생을 즐겨 받으소서'"

제국대학에는 공자를 위한 특별한 사원이 있고, 나라의 여러 지방과 도시에 비슷한 사원이 세워져 있다. 이들 사원은 매우 크고, 많은 곳에는 공자와 여러 제자들의 상징물이 모셔져 있다. 어떤 사원에는

'오백 현인'의 그림이 있는데, 다른 곳에는 상징물이 그림이나 단순한 위패로 대체되기도 한다. 중국 전역에 천오백개 이상의 사원이 있으며, 어떤 곳에는 희생이 매우 엄청나다. 주요한 도시에서는 한 번의 제사에 소 한 마리, 양 이십 마리, 그리고 돼지 스물두 마리가 바쳐진다. 이러한 의식에 매년 육만 이천 마리의 동물이 사용된다고 한다. 이와 같은 의식에는 가끔 화려한 복장의 악대와 학자들이 깃발, 등불, 그리고 향을 들고 일제히 다음과 같은 합창을 한다: -

> "공자여, 공자여! 위대하신 공자여!
> 공자 이전에 공자 같은 이가 없었고;
> 공자 이후에 공자 같은 이가 없습니다.
> 공자여, 공자여! 위대하신 공자여!"

물론 이것은 숭배가 아니라고 말하는 사람도 있다. 그러나 이러한 제사를 목격한 사람은 대다수가 이것을 숭배로 부르게 된다. 레그 박사는 말한다: "나는 중국의 황제들이 공자에게 바쳤던 공경을 더 확대할 필요가 없다. 그것은 더 이상 완전할 수 없다. 그것은 숭배이지 공경이 아니다. 공자는 생존 시에는 이상할 정도로 무시를 당했다. 이제 그는 죽고 나서 이상할 정도로 존경을 받는다. 중국의 군주들이 그 성인에게 내렸던 평가는 하느님에게 죄를 짓게 만든 것이며, 이것은 제국의 불행이다."

제국의 각 지역에 있는 학교에서 매월 초하루와 보름에 어린 아이들이 성인의 위패에 절을 하는 의례나 어떤 학교에서 매일 관례처럼 행하는 성인에 대한 복종 의례를 본 사람들은 공자에 대한 진정한 숭배는 없다고 적극적으로 주장해 왔다. 그러나 이것은 중국의 실제적인 상황에 관한 지식이 부족하거나 혹은 사전편찬자들이 동의할 수 없는 '숭배'에 대한 개인적인 정의 때문이라고 생각한다.

넷째, 그러나 유교의 진정한 초석은 죽은 조상에 대한 숭배라고 할 수 있으며, 그리고 조상숭배가 종교의 진정한 시작이라고 생각하는 사람이 적지 않다. 이러한 선입견을 가지고 헌은 조상숭배를 일본 원시신앙의 기초로 보았다. 그러나 이러한 생각은 에스톤, 쳄버린, 그리고 녹스 같은 신도 연구가들의 지지를 받지 못했다. 그리고 첫째 강의에서 살펴본 바와 같이 철학적이고 역사적인 관점에서 볼 때, 조상숭배가 중국의 종교적 믿음의 기초는 아닌 것 같으며, 사실 그것이 중국 초기역사에 존재했었는지도 의심스럽다. 그리고 이 문제와 직접 관계는 없지만, 지나가면서 한국에서의 상황을 언급한다면, 한국은 중국이 인정하는 것처럼 자기의 오랜 전통을 중국보다 더 잘 보존하고 있는데 그들의 고대 기록에는 그러한 조상숭배에 관한 언급이 없다.

그러나 우리는 공자의 시대에는 이러한 관행이 존재했었다고 믿을 만한 여러 가지 근거를 가지고 있다; 실제로 공자는 죽은 자에게 제사를 드렸다고 우리는 확실히 알고 있다. 후대의 몇몇 해석가들이 유교에는 영혼불멸에 대한 믿음이 없다고 강하게 주장한 것을 알고 있지만, 숭배의 형식이나 죽음에 관한 중국 글자를 살펴보면 영혼불멸이 일반적으로 받아들였던 원리라는 사실을 믿게 된다.

공자는 죽음 이후의 삶에 관해서 명확하게 가르치지 않았으나, 그러나 그가 죽은 자가 존재하는 것처럼 제사를 드렸다는 사실을 우리는 안다; 영혼의 위패를 준비하는 방식이나 위패를 모시는 사당을 관리하는 정성, 그리고 한 달에 두 번 드리는 제사, 반년마다 드리는 희생 등, 이 모든 것이 죽음 이후의 영혼의 존재에 대한 믿음을 명백하게 보여준다. 초하루와 보름에 가족의 모든 구성원은 위패에 절을 해야 하며, 모든 중요한 사건들을 조상에게 엄숙하게 고하며, 결혼은 위패를 모시고 진행한다. 사실 중국인의 삶의 거의 모든 행위가 죽음 후의 영혼의 존재에 대한 굳건한 믿음을 보여준다.

공자에 대한 공식적인 제사를 학자들의 도움을 받는 관리들이 주관하며, 하늘에 대한 제사나 상당한 정도의 자연력에 대한 제사를 황제나 국가 관리들에게 제한시킴으로써, 조상숭배는 오늘날 중국 유교에서 가장 현저한 모습이 되었다. 유교적 규범의 도덕적 효과에 관하여 논의하는 것은 우리의 목적이 아니지만, 그 신론이 미친 영향은 예외이다. 조상숭배를 중요하게 여김에 따라 효사상이 이 나라 사람들에게 가장 큰 덕목이 되었다. 예상할 수 있는 것처럼, 이 효사상이 때로는 단순한 형식에 흐르기도 했지만, 그러나 대체로 중국의 효사상은 세계의 여러 나라가 연구하고 본받을 만하다고 나는 생각한다.[15]

부모가 영적 세계로 들어가고 초인간이 된다는 사실은 이러한 일반 사상에 기여했다. 이러한 사상과 더불어서, 모든 영은 그에게 시중

15 그래서 녹스는 유교와 불교를 다음과 같이 비교한다: "우리가 본 바와 같이 공자에게 덕은 인간관계 안에서만 발견되며, 이를 벗어나면 의미가 없다. 아버지, 아들, 남편, 친구, 신하, 혹은 왕자가 되는 것과 사람의 올바른 도리를 수행하는 것은 우리 앞에 놓여 진 의무이다. 이것에 성공하는 것은 삶이며 기쁨이며 평안이고, 이것에 실패하면 파멸이다. 불교의 창시자는 구원을 찾기 위하여 부모, 아내, 자식, 그리고 나라를 버렸다." - "일본 종교의 발전", p.164

들고 공경해 주어야 할 사람이 있어야 하며 그러한 제사는 남자 후손에 의해서만 수행되어야 한다는 생각이 아들에 대한 비정상적인 선호를 야기했으며, 아들을 못 낳는 것은 이혼의 사유가 되고 첩을 얻는 핑계가 되었다. 결과적으로 진정한 가정생활은 파괴되고 여자영아 살인이 일반화 되었다. 유교의 이러한 영적이고 초월적인 것에 대한 결함이 중국 사람을 도교와 불교로 인도했다.

이제 한국의 현대 유교를 간략하게 살펴보자.

한국의 현대유교

아주 오래 전, 적어도 기자가 이 나라에 와서 사람들에게 문명과 학문을 전해준 이래로, 한국과 중국은 서로 형제로 대했으며, 비록 다툼이 있기는 했지만 크게 볼 때 이러한 감정은 오늘날까지 지속되고 있다; 자연히 형이 소유한 좋은 것은 동생에게 나눠졌고, 아주 이른 시기에 공자의 가르침은 이 나라에 전해졌다. 정확한 시기는 알 수 없지만, 일반적으로 중국 고전들이 B.C. 70년경에 살았던 최치원에 의해서 소개되었다고 전해지며[16], 여러 시기에 서적이 수입되고 공자상이나 조형물과 그 복사물들이 수입되었다고 역사에 기록되어 있다.

16 **[역자주]** 저자의 착오이다. 유교가 한국에 전해진 것은 삼국시대 초기로 추측되고 있으며, 그 정확한 연대나 인물은 알 수 없다. 최치원은 9세기 신라 말기 유학자로서 당나라에서 유학하고 관리로 등용되기도 했으며, 귀국 후 잠시 관직에 있다가 학문에 전념했다. 유불선 삼교에 정통했으며 한국 유교에서는 최초의 도통으로 인정받고 있다.

직전 왕조의 시대인 917년부터 1391년까지는 불교가 우위에 있었지만, 그러나 이 시대에도 유교는 지배적인 외래 종교와 함께 존재했으며, 현 왕조가 시작되면서 유교가 기준이 되었고 불교는 뒤로 물러났다.

그러므로 유교는 실질적으로 지난 이천년 동안 한국에 존재했다. 그러나 그 도입에서부터 중국에서 전개된 것과는 다른 모습을 볼 수 있다. 유교는 도덕적이고 학문적인 기준으로 채택되었으며, 모든 공직 등용은 중국과 같이 유교 고전의 유용성에 근거하여 행해졌다. 유교학교가 널리 설립되었으며, 고전을 강의하고 학교를 유지하기 위한 토지가 분배되었다. 여기에서 두 달에 한번 지방장관이 관리들을 대동하고 의식을 행했는데, 그 성인의 영정이나 위패에 절을 하였다.

한국의 조상숭배는 중국의 축소판이라고 할 수 있다. 그 속에 담겨 있는 영적이고 도덕적인 요소가 덜한 것은 아니고 그 의식적인 면에서 간소한 편이다.

다른 차이도 있다. 물론 황제만이 특별히 하늘에 제사를 지내야 한다는 사상이 있었지만 북경의 화려하게 장식된 사원을 모방하려는 시도는 없었고, 우리가 지난 강의에서 본 것처럼 단순하고 원시적인 제단이 여전히 사용되었다; 독특한 방식으로 왕은 어린 '천자', '하늘의 아들'인 성스러운 인물로서 특별히 하늘에 대한 제사를 주관하기에 적합하다고 인정받기는 했지만, 이미 본 바와 같이 오늘날까지도 하늘에 대한 숭배는 왕에게만 제한되지 않고 백성들에게도 개방되어 있다고 생각되었다. 하늘에 대한 왕의 지위와 관계는 나라의 지도자요 백성의 어버이로서 단순히 더 적합할 뿐이다.

앞에서 언급한 것처럼 공자는 역시 한국에서도 존경을 받았으나, 그 숭배의 형식은 같지 않았다. 유교 사원에서 그의 형상은 좀처럼 발견되지 않는다. 위패가 일반적으로 보이며, 가끔 영정이 있고, 그래서 이러한 사원은 단순히 위패 사당이라고 불린다. 이러한 사당 앞에는 홍살문이 있으며, 두 달에 한 번씩 지방장관이 관리들과 학자들을 대동하고 와서 성인을 칭송하며 절을 올린다. 중국에서와 같이 희생을 드리는 모습은 한국에서는 알려져 있지 않으며, 다만 중국에서 막 돌아온 개인들이 그가 본 것을 답습하려는 예외적인 경우가 있었다. 많은 사람들은 이것이 숭배가 아니라고 말하는데, 그들의 입장에서는 이유가 있다. 내가 잘 아는 기독교 개종자인 한 관리는 이 의식을 행하면서 그것은 성인을 존경하는 단순한 관습이라고 주장하였다. 그러나 공식적으로 개종을 선언하지 않은 그의 아버지는 말하기를, 그의 의견으로는 그것은 진정한 숭배이며 기독교인인 그의 아들이 이 공적인 의식을 따르는 것은 신에게 죄를 짓는 것이라고 했다.

전체적으로 과거를 취급하는 유교는 오랫동안 문호를 닫고 은둔을 원하는 한국에게 자신감을 주었고, 한편으로 도덕규범은 우월감을 갖게 하는 요소가 되었다. 그리고 한국은 최고신을 숭배하는데 있어서 유교적인 황제의 독점을 피할 수 있었고, 자신의 원시적 순수성과 단순함을 유지할 수 있었기 때문에 한국은 이웃나라들의 신앙이 걸렸던 암초를 잘 피해갈 수 있었다. 하나님에 대한 신앙과 사람들이 그에게 접근하는데 장애가 없었다는 사실은 말할 수 없는 이로움이 되었다. 그들의 영에게 희생을 바칠 아들을 선호한 결과로서 이혼과 축첩이 가정생활에 큰 손실이 되었지만, 여자 영아살해는 알려져 있지 않으며,

부모들은 다음과 같이 말한다, "우리는 아들이기를 바랐다, 그러나 하나님이 우리에게 딸을 주셨다, 그리고 우리는 그의 뜻을 따라야 한다." 한국의 모든 가정에서 아들과 마찬가지로 딸에 대해서도 큰 관심과 사랑이 나타나고 있다.

한국의 조상숭배와 관련하여 모든 것을 최종적으로 하나님에게 강렬하고 지속적으로 연관시키는 애도의 관습을 언급해야만 한다. 물론 다른 이웃 나라에도 울부짖음이나 울음이 있지만, 여기에는 특별히 언급되어야 할 어떤 양상이 있다. 아들은 그의 부모가 죽으면 즉시 평소에 상투를 틀던 머리를 풀어헤치고 거친 베옷을 입으며 삼으로 만든 허리띠를 두르고 집밖에 볏짚을 깔아놓은 오두막으로 간다; 그리고 애도자가 이 오두막을 나설 때는 하늘로부터 얼굴을 가리도록 크고 나지막하게 늘어뜨린 모자를 쓰고 손에는 죄스러운 얼굴을 가리는 차양을 가지고 다닌다. 이러한 모습은 부모의 죽음이 하늘로부터의 징벌이며 아들이 지은 죄에 대한 하늘의 분노를 나타내는 저주라는 사상을 설명하고 있다. 그래서 그는 남자의 위엄과 체면을 상징하는 상투를 틀 수 없으며 재판장 앞에 머리를 풀고 기다리는 죄인처럼 보여야 한다. 그리고 그는 죄를 지은 하늘을 향해 머리를 들지 못하며 모든 사람들에게 그의 부끄러움을 감추어야 한다. 모든 죄인은 왕궁에 출입할 수 없기 때문에 그는 애도 기간이 끝날 때까지 특별한 칙령이 없이는 왕 앞에 나갈 수 없으며, 그의 죄를 표시하는 상복을 벗은 후에만 나갈 수 있다. 이 애도기간에는 하나님에 대한 숭배에 참석하는 것이 허용되지 않는다.

한 한국의 높은 교육을 받은 선비가 유교에 관한 글을 쓰면서 여덟

가지 항목[17]을 들어서 비판하고 다음과 같은 말로 요약했다: -

> "불가지론, 이기주의, 교만, 압제, 여성비하 등을 가져온 윤리체계는 선한 것이라고 부를 수 없다. 만약 다른 나라에서 더 나은 체계를 만들 수 있다면 한국은 기꺼이 여기에 참여해야만 한다. 그것은 빠를수록 좋다."

이제 일본의 유교를 살펴보자.

일본의 유교

중국으로부터 한국을 거쳐 불교가 전해진 시기와 동시에 유교의 가르침이 또한 일본[18]에 들어왔다. 초기에는 나중에 두 종교 사이에 일어났던 갈등은 없었다. 그리고 입문자나 사제직을 위한 '초월적인 윤리규범'을 가진 불교 승려들은 대중들을 위해서 유교의 실용적인 일

---

17 제4강의 부록 1번 참조

18 "창조주와 세상 사이의 경계를 명확히 아는 사람들, 정신과 물질의 영원한 차이를 아는 사람들, 과학의 승리 속에 태어난 사람들은 수백만 일본인의 정신적인 상태를 희미하게 파악할 수밖에 없는데, 그들에게는 창조주 하느님이라는 사상이 없다. 법칙의 통일성에 대한 신앙은 모든 과학의 기초이지만, 보통의 아시아인에게는 이런 신앙이 없다. 신비하고 두려운 광대한 자연 가운데 자신의 미미함에 실색하여, 자신의 마음속의 그림자가 그에게 실재 존재가 된다." - 그리피스, "일본의 종교들", p.14

상의 윤리를 가지고 왔다. 불교와 유교는 대중사이에 병존하며 지적으로 성장하고 호감을 받았다. 그러나 천 년 동안 불교는 융성하였지만, 유교는 공자나 후대의 해석가들의 다른 교의는 주목받지 못한 채 단순한 유교윤리만 퍼졌다.

그러나 17세기에 들어와서 이 나라의 문명에 갑작스러운 동력이 발생했다. 이에야스(德川家康)의 후원아래 학문뿐 아니라 모든 예술과 기술에 신선한 자극이 주어졌다. 중국 고전이 인쇄되어 널리 반포되고, 학교가 에도 또는 도쿄에 설립되었다. 중국에서 만주족이 명왕조를 정복한 것이 이때인데, 왕조의 멸망으로 많은 유민들이 안전한 곳을 찾아 일본으로 들어왔으며, 많은 사람들이 북방의 야만족을 인정하기보다는 일본 같은 섬으로 도피처를 찾아 나섰다.

이들 중에 포함되어 있던 중국의 학자들은 마침 일본에서 일어난 중국 문화의 부흥기를 맞아 일본의 지배자들과 백성들로부터 큰 환영을 받았다. 이 새로운 가르침은 특이한 방식으로 '군자'의 성격을 말한다; 중국이나 한국에서 일반적으로 받아들여진 공자사상은 보통사람이 학습을 통하여 이러한 군자의 위치를 얻을 수 있다는 것인 반면에, 이 당시 봉건제도하에 있던 일본에서는 일본체제의 지배자들에 대한 특별한 가르침으로 일반적으로 받아들여졌다. 일본인의 삶의 조건에 의한 그러한 변형으로, 군자사상은 사무라이를 위한 규범으로 받아들여졌으며 평민계급에 속하는 사람들에게는 해당이 없었다.

일본에 들어온 유교는 마지막 발전단계에 해당하는데, 그것은 더욱 철학적으로 받아들여졌다. 그리고 오늘날 중국이나 한국에서 실행되는 다신론 보다는 후대 해석가들의 범신론이 들어왔다. 학교가 전

열도에 걸쳐 설립되고, 이백년 이상 유교 고전이 중국이나 한국에서처럼 일본에서도 교육의 기초가 되었다.

일본에서 신도를 체계화한 이유는 왕가의 권좌를 공고히 하기 위한 것이었다. 신도에 대한 숭배는 여기에 집중되어 있기 때문에, 만일 태양신과 그 후손인 왕에게 충성하지 않는다면 그것은 아무 것도 아니다. 불교는 신도와 협력하면서 이러한 교리를 받아들였다. 충은 모든 일본인들의 사상이며, 그래서 유교윤리가 들어왔을 때, 이 충사상은 중국이나 한국의 효사상 대신에 일본 유교형식의 초석[19]이 되었다.

유교윤리의 근간인 '오륜'은 군신, 부자, 장유, 부부, 붕우 간의 관계에 적용되는 윤리로서 붕우의 경우를 제외하면 상호적이기 보다는 상하의 관계에서 의무와 존경을 중시하여 일방적이다. 이 오륜이 다 들어왔지만, 그러나 충이 중심이었으며 나머지는 이것에 적합하도록 변형되었다. 중국에서는 오륜에 관련된 이야기의 주인공이 다양한 직

---

19 "비록 중국인 선생은 효를 유교의 기초로 가르쳤지만, 일본인들은 점차로 충, 즉 군신관계나 주종관계를 가장 중요하고 첫째가는 질서로 만들었다. 그들은 이 충이라는 어휘에 중국인의 사고와 다른 의미를 집어넣었다. 효의 자리에 일본인의 윤리에 새롭게 성장한 충이 자리를 잡았으며, 이것으로부터 역사에 지속되는 충의 꽃이 피어났다.

"이러한 사상의 새로운 환경에의 적용은 17세기 기독교가 전해 질 때까지 천천히 확실하게 일어났다. 이런 변형의 결과는 유교의 원형과 현저하게 달랐기 때문에 미토나 에도의 중국인 망명학자들에게 놀라움을 가져왔는데, 그들은 정통적이기는 하지만 역사적으로 유교적이지 않은 후대의 교리를 가르쳤다.

"여기에 중국과 일본의 윤리 철학의 차이가 있다. 오래전 일본에서는 충이 효보다 위에 있어서, 자기의 부모나 처자식을 군주를 위해서 버린 사람은 아낌없는 찬사를 받았다. 일본인에게 개인적 의와 공공의 안녕의 초석은 충이었다." - 그리피스, "일본의 종교들", p.111

업에 종사하는 학자인 반면에, 일본에서는 무사가 주인공이었으며, 다른 네 가지 윤리는 어길 수도 있었고, 만일 주군에 대한 충성으로 그러한 행위를 했다면 그 행위자는 칭송을 받았다. 사실 무사도라고 알려져 있는 충사상은 거의 신성시되었으며, 이 미덕에 대한 일본인의 태도는 숭배의 성격이라고 할 수 있다. 일본에 들어온 유교는 일반적으로 주희에 의한 범신론적 사실주의[20]로 알려져 있지만, 일본정신의 영향을 받은 유교가 무사도를 신성시하면서 범신론적 사실주의로 발전했다고 할 수 있을까?

일본인은 결코 그 성인의 숭배를 받아들이지 않았다. 그를 존경하여 세운 학교에 영정이나 위패를 모시고 여기에 학자들이 모여서 그를 기리며 절을 하지만, 그러나 그 안에 숭배는 거의 없다. 그래서 학교와 사원이 폐기되고, 굴릭 박사에 의하면 현재 단 하나의 사원이 남아있으며, 이 신성한 스승의 금으로 입힌 동상은 골동품상에게 팔렸다고 한다.

이 강의의 주제에 꼭 어울리는 것은 아니지만, 지나가면서 유교가 일본의 도덕에 중요한 영향을 미쳤다는 사실을 언급할 수 있겠다. 제3강에서 본 바와 같이 신도는 윤리적 규범이 전혀 없다. 그러한 규범의 부재가 모든 윤리의 부재를 의미한다고 주장할 수는 없지만, 유교가 이러한 엄격한 규범을 일본에 소개함으로써 가져온 큰 유익은 쉽게 찾

20 "현대유교의 철학은 전체적으로 범신론적이다. 거기에는 하느님 같은 존재가 없다. 고대 일본의 정통 범신론에서는 모든 것이 신이지만 그러나 특별한 어떤 것이 신은 아니며, 모든 것이 신이지만 신이 모든 것은 아니다." - 그리피스, "일본의 종교들", p.143

아볼 수 있다. 비록 유교의 규범은 역동적인 힘은 없지만, 그것은 그들에게 삶을 재단할 수 있는 기준을 제공하였고, 죄를 확인할 수 있는 법을 주었으며, 그들이 열망하는 모범을 보여주었다.

그리고 여기 한 사람이 있다. 그의 단순하고 장엄한 삶의 모습은 이천년 이상 세 나라의 거의 5억에 가까운 사람들에게 영향을 미쳤고 그들을 인도하는 우상이 되었다.

그는 자신이 우주의 거대한 신비를 풀 수 없다는 것을 알았다. 그리고 그의 단순한 이론적 선언으로 볼 때, 그는 불가지론자로 분류되어야만 한다. 그의 삶과 실천에서 그는 하늘의 섭리를 믿었으며, 신들을 믿었고, 최고신의 정의를 믿었으며, 그에 대한 신뢰에 확신이 있었다.

그는 인간이 하늘의 자손이라고 믿었다. 그리고 그는 비록 창조주라는 개념은 없었지만, 이와 관련해서 교리화하기를 망설였다고 결론지을 수 있다. 후대의 추종자들은 그의 가르침을 상당히 확대시켰는데, 어떤 사람들은 죽음 이후의 삶과 인간의 근원으로서의 하늘과 자연숭배를 분명하게 밝히기도 했다. 또 다른 해석가들은 더욱 형이상학으로 들어갔다; 어떤 이들은 모든 사물의 근원이라고 주장하는 음양의 원리에 집착했고, 다른 이들은 도교의 사상을 가져오기도 했다. 또 다른 이들은 현실적인 범신론을 발전시켰는데, 일종의 힘의 보존으로 끊임없는 생성과 소멸 속에서 천부적으로 역동적인 힘을 가진 자연이 지속적으로 잉태하며 소멸한 후에는 다시 그것이 나왔던 곳으로 되돌아간다.

이 위대한 노인 공자는 그의 이름으로 유포된 다양한 철학과 체계에 매우 놀랄 것이라고 나는 생각한다. 영혼, 조상, 하늘, 그리고 내세에 대한 가르침에서 불가지론자인 그는 중국에서 모두 그의 추종자를 자처하는 범신론, 다신론, 그리고 불가지론 등 다양한 종파들을 발견할 것이다. 그리고 다신론의 만신전에서 가장 높은 자리의 하나를 차지하고 있는 자신을 발견할 것이며, 그는 하늘과 같은 지위에 앉아 있고 모든 중국인으로부터 일 년이나 이 년에 한 번씩 숭배를 받으며, 하늘과 같은 범주에 위치하며 황제의 칙령에 의하여 높이 추존되어 오직 황제만이 그에게 제사를 드릴 수 있는 존재가 되었다.

압록강을 건너면, 그는 작은 왕국 한국에서 수백만의 사람들이 여전히 그의 이름을 칭송하는 것을 발견할 것인데, 그들은 개인으로서 그를 존경할 권리를 주장하며 그 자신도 존중했던 하늘을 숭배하는 민족임을 주장한다. 그는 한국인들이 그의 조상숭배에 관한 가르침을 엄격하게 따르고 있으며, 나라 곳곳에 그를 기리는 사원을 세우고 관리나 학자들이 한 달에 두 번씩 손을 보고 있는 것을 발견할 것이다; 그는 후기 제자들의 형이상학적 가르침은 별로 볼 수 없을 것이다. 그러나 오랫동안 과거에 안주하며 영원한 진리에 대해서 질문의 해답을 얻지 못한 것에 만족하거나 적어도 순종하는 한 민족을 발견할 것이다.

바다를 건너 섬나라에 이르면, 그는 거의 오천만의 사람들이 그의 가르침을 따르려고 애쓰며 그들의 요구에 맞도록 그의 가르침을 변형하면서 그의 이름을 칭송하는 것을 볼 것이다. 여기에서는 후기 해석가들의 가르침이 많은 영향을 미쳐서 유행하는 초범신론이 하느님의 존재와 내세를 의심하는 결과를 가져왔으나, 그러나 충사상에 대한 숭배가 일어났다.

그러나 이 모든 것 외에, 이 세 나라에서 하나의 변화가 일어난다.

일본에서는 어느 정도 그 변화가 이미 끝났다. 이전에 존재했던 유교사원이 더 이상 존재하지 않는다. 우리가 본 바와 같이 온 나라에 단 한곳이 남아있으며, 그 사원에서 더 이상의 실질적인 숭배는 없다. 태양이 떠오르는 나라에 새로운 날이 밝았다.

한국에도 역시 새로운 질서가 시작되고 있다. 여기에서 여러 해 동안 관리의 등용을 위해 유교고전이 사용되지 않았으며, 서구 지식에 대한 국가적인 열망이 일어나서 유교학교에는 더 이상 사람들이 몰려오지 않는다. 많은 위엄 있는 사원들이 전부는 아니지만 대부분 황폐해지고 있으며, 우리의 작은 체계들은 그들의 날이 있고 마지막이 있다는 덧없는 속성을 말해주듯이 이들 사원의 기둥에는 여기저기에 광고 전단지가 붙어 있다. 일부의 경우에 이들 학교를 지원하는 토지에서 나오는 수입은 지방 당국에 의해서 현대식 교육을 조성하기 위한 재원으로 전용되었다.

그 성인의 구현인 오랜 전통의 중국에서도 새로운 정신이 태동하고 새로운 빛이 비취고 있다. 중국에서는 더 이상 고대의 경전에 의한 시험은 없으며, 서구의 학문이 관리의 등용을 위한 수단이 되었으며, 그들의 고대 경전 대신에 과학을 가르치는 학교는 외국의 선생들이 주관하고 있다.

그러나 공자에 대한 기억은 오히려 윤리의 한 선생으로서 여전히 존중되는데, 왜냐하면 공자 자신도 환영했을 더 위대한 빛이 이들 나라에 비치기 시작했기 때문이다.

■제4강 부록

p.140

1. 유교는 신앙의 능력을 약화시키고 점점 파괴시킨다. 그것은 불기지론적인 체계이다. 그 가르침에 심취된 사람은 이 의식주의 물질세계를 넘어서는 어떤 진리를 믿기가 어렵다는 사실을 발견한다.

2. 유교는 오만한 마음을 갖게 만든다. 유교는 당신의 마음이 물이 낮은 곳으로 흐르는 것처럼 자연적으로 선한 경향이 있다고 말한다. 놀랄만한 말이 되겠지만, 그렇다면 최초의 죄는 어디서 왔는가? 더 나아가서 그것은 도덕적인 것과 영적인 것의 구분을 간과하고 있다. 만일 당신이 도덕적 이라면, 즉 당신이 아버지와 어머니를 사랑한다면, 당신은 하늘 아래의 모든 것을 알게 될 것이라고 유교는 말한다. 유교는 인간의 이해에 아무런 한계를 두지 않는다. 그래서 고전을 암송할 줄 아는 공론가들을 아주 바보로 만드는데, 그들은 마치 자신이 모든 것을 아는 것처럼 허황된 명상에 침잠해 있다!

3. 유교는 인간보다 더 높은 이상을 알지 못하기 때문에 신적인 혹은 신과 유사한 인격을 만들어 낼 수가 없다. 그 추종자들은 도덕적일 수는 있지만 결코 영적이지 못하다. 그들 중에 가장 큰 사람도 그 키가 6피트를 넘지 못한다. 반면에 기독교인은 그 신앙의 저자이며 종결자로서 하느님을 모시고 있기 때문에, 그 자신은 작을 지라도 하늘에 닿아 있는 사람이다. 다시 말하면, 유교인은 인간으로 시작해서 인간

으로 끝나고, 기독교인은 인간으로 시작해서 하느님으로 끝난다. 만일 인간의 불완전성으로 인하여 기독교인이 신적인 상태에 도달하지 못할 지라도, 그럼에도 불구하고 가능성은 똑같이 남아 있다.

4. 유교는 이기적이거나 혹은 이기심을 부추긴다. 유교는 결코 가서 가르치라고 말하지 않으며, 와서 배우라고 말한다. 사람들에게 불가능한 중용의 도를 지키라고 하면서, 그들을 인색하고 편협하고 계산적이고 복수심을 갖게 만든다. 그들은 항상 허울뿐인 관용을 보이며 결코 관대한 시도를 하지 않는다.

5. 유교는 최고의 미덕을 찬양하며 유교인은 이러한 일반적인 원리가 많은 비일상적인 죄를 감추게 하는 반면에, 그 전체적인 체계는 여성을 하인이나 종으로 처우함으로써 도덕성이나 성실성의 기초를 허물어뜨린다. 집에서 쫓겨 난 공자의 부인이 죽은 지 일 년이 지난 후에 그의 아들이 어머니의 죽음을 슬퍼하자 그 위대한 성인은 화를 냈는데, 그 이유는 아버지가 살아있는데 그 어머니의 죽음을 아들이 오랫동안 애도하는 것이 옳지 않다는 것이었다; 유교의 도덕에서 여자는 우둔할수록 덕스럽다.

6. 유교는 규율을 통해서 인간을 선하게 만드는 것을 목표로 한다. 고대 중국 왕조의 창시자들은 위대하고 선한 것이 사실이지만, 그러나 이러한 모범적인 왕조의 여러 왕자들은 그들의 권력을 남용한 것도 사실이 아닌가? 공자나 맹자 시대에 권력을 가진 대부분의 제후들은 악명이 높지 않았는가? 만일에 이 두 성인이 고대 성군들의 가르침을 수행할 수 있는 제후를 발견하였다고 하더라도, 그 이후의 군주들이 그들을 잘 계승할 수 있을까? 근시안적인 유학자들이 주변 환경이나 그

기질이 덕의 성장에 결코 호의적이지 않은 절대 군주의 손에 국가의 도덕적인 복지가 맡겨지는 어리석음을 발견하지 못했다는 사실은 놀라운 일이다. 백성들 각자의 개혁을 통해서 사회를 개혁한다는 이상이 그 군주들의 마음에는 결코 일어나지 않았다.

8.[21] 공자 자신이 현저한 예를 보였던 관리들의 퇴임 후 빈곤함. 공자는 순수한 동기에 의해서 관직을 추구했다는 사실을 나는 기꺼이 인정한다. 그러나 술꾼이 위장을 위해서 약간의 술을 할 수 있다는 바울의 권고를 인용하면서 그의 약점을 감추고 종교적인 계율을 벗어나는 것처럼, 그 급부만을 위하여 관직을 추구하는 유학자들은 신성한 척하며 자신은 공자의 뒤를 따라갈 뿐이라고 말한다. - 윤치호, *Korean Repository*, 1895, p. 403[22]

---

21 **[역자주]** 7번은 누락

22 **[역자주]** 이글의 저자로 기록되어 있는 윤치호는 구한말의 대표적인 지식인의 한사람이며, 개화파의 일원으로 활동하다가 기독교 감리교인이 되었다. 언더우드와는 개인적인 친분관계가 있었으며, 따라서 언더우드가 조선유교를 이해하는데 많은 영향을 주었으리라고 짐작할 수 있다. *Korean Repository*는 언더우드가 간행한 영문잡지이다.

제5강
불교

우리는 이제 마지막 외래종교를 논의하려고 하는데, 이 종교는 세 나라가 모두 신봉했던 두 번째 종교이고 세계적으로 범위를 확대했던 몇 안 되는 종교 중의 하나인 불교이다.

우리는 앞에서 세 가지의 민족종교인 중국의 도교, 일본의 신도, 그리고 한국의 샤머니즘을 살펴보았으며, 이 각 종교는 특수한 방식으로 각 나라에 제한되어 있다.

그리고 우리는 이들 세 나라가 신봉한 몽고인종의 신앙[1]을 간략하게 검토하였다. 그 종교의 창시자인 공자의 언명은 '사해동포(四海同胞)'라는 사상인데, 일반적으로 받아들이기는 이때 공자가 언급한 것은 단지 중국을 중심으로 한 주변 나라에 불과하다고 한다. 그의 가르침이 세계 전체로 퍼져 나간다는 사상은 그에게 없었으며, 사실 그렇

1 **[역자주]** 유교를 동아시아에 국한된 종교라는 의미에서 몽고인종의 신앙이라고 한 것 같다.

게 실행되지도 못했다.

이제 우리는 현재까지 우리가 그 신개념을 검토하고 있는 세 나라에서 지배적인 영향력을 가지고 있으며 세계종교라고 부를 수 있는 유일한 종교인 불교를 검토할 것인데, 이 불교를 신봉하는 사람이 세계 인구에서 큰 비중을 차지하고 있다는 사실을 잊지 말아야 한다. 로마 기독교가 잠깐 동안 중국에서 큰 영향력이 있었으나 곧 소멸되었고, 사실상 이들 나라에서는 불교가 현실적인 유일한 세계 종교라고 말할 수 있다.

이 흥미로운 종교를 자세히 연구하는 것은 나의 목적이 아니다. 그러나 우리가 이들 세 나라에서 실행되어 왔고 현재도 실행되고 있는 부분을 이해한다면, 먼저 불교 일반에 대한 간략한 조사를 할 필요가 있으며, 그리고 이 세 나라에서 다르게 발전된 양상을 구별하는 작업이 중요하다. 우리는 조심스럽게 우리 주제의 범위를 지켜야 하고 불교를 통하여 그 나라에서 발전된 신에 대한 사상을 밝힌 부분만을 다룰 것이다.

그러면 불교 일반에 대하여 알아보자.

불교 일반론

여기에서 원래의 붓다, 고타마, 혹은 석가무니의 존재에 대한 찬반을 깊게 논의하는 것은 불가능하기도 하고 불필요한 일이다. 물론 모든 사람들이 붓다란 개인의 이름이 아니라는 사실을 알고 있다. 그것은 고타마나 석가무니 혹은 사카 - 성인이 보여준 붓다의 경지, 모든 사람들이 도달하고자 하는 어떤 경지를 나타내는 말 혹은 형용사라고 할 수 있다. 그의 생애에 관해서 많은 전설이 생겨나서 그를 신화로 믿는 사람이 많지만, 그러나 대부분의 전문가들은 그가 역사상의 인물이라는 데 의견이 일치한다.

불교의 창설자는 아마도 B.C. 500년경에 인도의 베나레스 지방 북쪽의 도시에서 출생하였으며, 많은 사람들은 그가 새로운 종교를 시작할 생각이 없었다고 주장한다. 그는 세상에서의 소년기와 악을 모르는 왕족의 아들이었다고 전한다. 그러나 그가 불가피하게 늙음, 질병, 죽음과 그에 따르는 많은 고통을 알고 난 후 그는 이것들에 의문을 품고 번뇌했으나 그가 알고 있는 종교나 철학에서 어떤 해답이나 도움을 얻지 못하였다. 그리하여 그는 집과 아내와 어린 아들을 버려두고 마음의 평안과 인생의 두려움으로부터 벗어나고자 출가를 하였다. 여기서 그의 사상체계의 핵심은 벗어남 - 도피이다; 그것은 그에 관한 저술가나 그의 제자들에 관한 한 더 고상해 보이지도 않고 심원하지도 않다.

그는 이 세상의 삶에서 아무런 부족함이 없었다. 정신과 육체가 젊고 건강했고, 재산과 지위, 그리고 그가 원하는 모든 것을 가지고 있었지만 이것들이 그를 잡지 못하였다. 그는 모든 것을 희생하고서 불교인들이 '위대한 포기'라고 부르는 것을 행했다. 그는 한 거지와 옷을 바꿔 입고 이곳저곳을 떠돌며 은둔자들의 가르침을 배웠으나 목적을 이루지 못하였다. 마침내 그는 보리수 아래에서 쉬면서 평안의 길에 가장 큰 장애는 '욕망'이며, 그것은 극복되어야 하고 될 수 있다는 진리를 깨달았다. 여기에 인생의 비밀을 푸는 해결책이 놓여 있는데, 내적인 성찰과 끊임없는 명상을 통해서 욕망이 제거될 수 있다는 것이다. 그리하여 그는 붓다의 경지를 얻었다. 온 세상이 한순간에 변했다. 모든 것이 그에게 명확해 졌으며, 그는 곧 이 진리를 모든 사람에게 가르치고 전파하기로 결심했다.

물론 후대에 와서 이 시기에 관한 수많은 신화와 전설이 생겨났으며, 그리고 이 종교의 교리를 따르는 많은 제자들이 출생 이전의 역사를 말할 수 있기 때문에, 이것도 역시 전설에서 중요한 역할을 담당하고 있다. 그 전설에 의하면 고다마는 이 세상에 처음 나타난 것이 아니다. 사실, 그는 이미 오륙백 번 정도 이미 존재했으며, 그의 마지막 출생과 삶에는 많은 기적이 일어났다. 그러나 우리는 이런 것은 생략하고 다만 선별된 역사적 사실에만 한정할 것이다.

진리를 발견하였다고 믿은 후에, 그는 그것을 널리 전파하기 시작하였다. 명상과 성찰을 통하여 얻은 복음을 혼자서만 가지고 있을 수가 없었다. 많은 대중이 그를 따랐으며, 이곳에서 저곳으로, 이 도시에서 저 도시로 그들은 위대한 메시지를 가지고 돌아 다녔다. 고타마는 인도에서 차이는 있지만 세례자 요한과 같은 존재였다. 그는 금욕주의자였으며 슬픔으로부터 구원을 받기 위한 수단으로 고행과 금욕생활과 바른 삶 - 결과적으로 살아있는 죽음 - 을 가르쳤고, 세례자 요한은 더 높은 삶과 거룩한 하나님과의 교통 - 결과적으로 하나님으로 충만한 거룩한 인간 - 을 준비하기 위해서 금욕을 실천했고 바른 삶을 설교했다.

고타마는 4가지 진리(사성제)를 발견했다고 주장했다.

첫째, 질병과 늙음과 죽음이 따라오는 존재는 고통이다(고제). 태어나지 않음이 더 낫다.

둘째, 이 고통의 원인은 인간의 욕망과 정욕에 놓여 있다(집제).

셋째, - 이것은 그의 위대한 발견이라고 생각되는데 -, 고통과 비참함은 욕망을 정복함으로써 그치게 할 수 있다(멸제). 그 완전한 승리를 통해서 니르바나(열반)를 얻을 수 있다. 고타마에게 니르바나는 완전한 휴식을 의미한다. 그 문자적 의미는 '소멸', '멸절'[2]이다.

넷째 진리는 이러한 목적에 이르는 길이 있다는 것이며(도제), 그

---

2 "중국 한자어에 상응하는 단어를 찾는다면 니르바나는 '완전한 파괴'를 의미하는데, 그것은 소멸과 같은 것이며 모든 인격적 그리고 개인적 존재의 완전한 멸절로서 소멸이 가지고 있는 모든 속성을 갖는다. 인도어인 수트라(불경)를 중국어로 번역할 때, 자주 니르바나는 '완전한 소멸'로 묘사된다; 그래서 이 아시아의 위대한 종교는 존재의 극치를 무로서 끝맺는다." - 두보스, "용, 우상, 그리고 귀신", p.228.

라이즈 데이비스의 니르바나 해석을 참조하라. 이 학자는 불교 일반론을 설명하면서 다음과 같이 말하고 있다: "니르바나란 무엇인가, 그것은 단순히 밖으로 나감, 사멸을 의미한다; *그것은 이전에 지나간 것으로부터 명확하기 때문에 영혼의 소멸일 수 없다. 그것은 죄와 욕망에 사로잡힌 마음의 사멸이다. 그 마음은 업의 신비에 따르면 새로운 개체 존재의 원인이다.* 그 소멸은 마음의 반대 상태와 비례해서 일어나며, 반대 상태에 도달했을 때 완전해진다. 그러므로 니르바나란 마음이 죄에서 벗어난 고요한 상태와 같은 것이다. 그리고 완전한 번역을 한다면 아마도 '거룩함'이 될 것이다. 그것은 불교적 의미로 하자면, 완전한 평화, 선, 그리고 지혜가 될 것이다.

"다른 한편, 니르바나는 지적인 힘, 개인 존재의 정지라는 의미를 담고 있는데, 전자는 핵심적인 것은 아니며, 후자는 우리의 거룩함이라는 개념과는 잘 연결이 안 된다.

"그래서 니르바나라는 말은 불교의 최고선이라고 이해하는 것이 좋겠다. 그것은 기쁨이 넘치는 거룩한 상태, 도덕적인 상태, 인격의 변형이다." - 라이즈 데이비스, "불교", p.111

길이 그의 윤리 체계의 기초가 되었다. 이 길에 8단계(팔정도)를 그는 발견하였다: -

1. 불교 교리에 대한 바른 믿음(정견).
2. 바른 의도(정정), - 자신을 종교적 삶에 헌신하며, 승려가 되기.
3. 바른 말(정어), - 불법을 암송하기.
4. 바른 행동(정업), - 승려다운 행동.
5. 바른 생계(정명), - 자선을 구걸함.
6. 바른 노력(정정진), - 자아의 억제.
7. 바른 명상(정사유), - 무아의 경지와 같은 고요에 이름.
8. 바른 생각(정념), - 삶의 무상에 대하여.

고타마에 따르면 보이는 모든 것은 실제가 아니며, 보이지 않는 것만이 실제이다. 그는 사물이 존재함을 인정한다. 그러나 어떻게 혹은 왜에 대해서는 언급하지 않는다. 그는 힌두교의 윤회를 받아들인다. 그러나 인간은 명상을 통해서 모든 존재의 진정한 목표인 니르바나(열반)를 얻을 수 있다고 믿는다.

그는 죽음에 닥쳐서 제자들에게 그가 가르쳤던 두 가지 증거를 남겨놓았다; 즉, 법인 다르마와 교단인 상가인데, 이 두 가지와 붓다가 오늘날 불교의 삼위일체(삼보)를 형성하고 있으며, 그리고 승려들은 서약을 하며 다음과 같이 선언한다: -

"나는 붓다(佛)에 귀의합니다.

"나는 다르마(法)에 귀의합니다.

"나는 상가(僧)에 귀의합니다."

초기의 기록들을 주의 깊게 연구하고 전설이나 신화 그리고 후대에 삽입된 기록들을 제거해 보면, 고타마는 그의 가르침에서 어떠한 신론도 제기하지 않았다는 결론을 얻을 수 있다. 그가 가르친 신앙은 무신론적이었으며, 그의 나중 행위나 주장에도 불구하고 그의 가르침은 적어도 초기에는 결코 이타적이지 않았으며, 극단적으로 자기중심적 이었다. 그는 인간의 욕망을 알았으며, 그리고 다른 사람을 위한 진리를 배울 수 있다는 사실을 부정했다. 그가 가르친 진리는 고통과 슬픔으로부터의 개인적인 도피였다. 그가 그 길을 발견했다고 믿었을 때 그는 다른 사람들에게 서둘러 전했는데, 그 길은 소멸, 니르바나, 부존재에 이르는 길이었다; 그 목표는 일종의 정신적 그리고 물리적 자살이었다.

그의 철학에는 절대적 존재인 신이 없기 때문에 물론 죄라는 사상도 없었다. 고통과 슬픔과 고난을 그는 알았다. 그리고 이 모든 것은 욕망, 탐욕, 욕정에서 온다; 이 욕정을 정복하고, 탐욕을 부정하고, 욕망을 극복하면 부존재 혹은 니르바나를 얻게 된다.

그리고 이 순수하게 형이상학적인 사상체계에 우상숭배가 들어온 방식을 살펴보는 일은 흥미롭다. 고타마가 긴 여행을 하고 있는 중에 한 왕이 그 성인을 기억하고 존경하기 위해서 형상을 만들었다. 돌아오는 길에 이 성인은 그것을 허락하였고, 그리고 말하기를 자신이 가고 나면 그 형상이 그에 관해서 그들에게 말해 줄 것이라고 했다.

붓다, 다르마, 그리고 상가는 그가 죽고 난 후에 인격화되고 형상이 만들어졌다. 그리고 유골도 또한 숭배되었다. 그 예언자가 머물렀던 장소는 신성시되었다. 그의 보이지 않는 존재가 이러한 장소에 머물고 있다고 생각되었고, 그래서 신성하다고 믿었으며 나중에는 숭배되었다. 그렇게 우상숭배가 불교에 들어왔다. 창설자의 가르침을 연구해 보면 그는 무신론적이라는 사실을 발견할 수 있는데, 아시아에서 불교가 우상숭배를 의미한다는 말을 들으면 처음에는 놀라게 된다.

고타마가 가르친 신앙은 일찍부터 다른 변화도 있었으며, 그의 단순한 언급은 부연설명이 필요했다. 그의 니르바나는 붓다와 구별된다. 그는 처음에 보리수 아래에서 붓다의 경지를 얻었는데, 이것은 니르바나와 같은 종류이기는 하지만 그가 육신을 떠나 절대의 상태에 빠졌을 때 다다른 최종적인 공(空)의 경지는 아니다.

극단적으로 난해한 형이상학적 체계가 성장하고, 이후에 일어난 다양한 학파에서 예상할 수 있는 많은 모순이 존재하게 되었다. 그의 사후 오래지 않아서 종파가 생겨났으며, 남방불교와 북방불교[3]로 갈렸다. 우리가 다루고자 하는 것은 다양한 양상을 보이는 북방불교이다.

이와 같이 우리는 원시적인 유일신론, 유교적 불가지론, 그리고 불교적 무신론이 어떻게 모두 다양한 수준의 다신론으로 귀결되었는지를 성공적으로 살펴보았다.

---

3 **[역자주]** 북방불교를 대승불교라고 하며, 이와 대비해서 남방불교는 소승불교라고 한다. 소승불교는 스리랑카, 버마, 라오스, 태국 등 남방에 퍼져있으며 주로 개인구원에 관심을 두고 아라한 중심의 신앙인 반면에, 대승불교는 중국, 한국, 일본에서 발전했으며 대중의 구제를 기원하는 경향이 강하고 보살 중심의 신앙이다.

이 종교가 세 나라에서 전개되었던 다양한 모습을 검토하기 전에, 이 종교가 각기 다른 나라와 다른 민족 속에서 성공하게 된 주요한 원인을 몇 가지 언급하는 것이 좋겠다.

첫째, 우리는 창시자의 생애에 주목하게 된다. 비록 후대에 다른 나라의 추종자들이 그 생애를 고타마의 가르침과 다른 방향으로 유도하기는 했지만, 그의 금욕과 자기희생의 훌륭한 생애는 그 이름에 걸맞은 교리의 급속한 확산과 무관하지 않을 것이다.

둘째, 우리는 욕망의 포기와 탐욕의 소멸이라는 기본적인 사상에 근거하여 세운 뛰어난 도덕체계에 특별한 관심을 갖는다. 이 성인의 법 - 다르마는 상세하고 주의 깊게 규정되어 있다. 여기에 그는 기본계율을 가르치면서 그것을 준수하도록 명했다.

셋째, 이 고통에서의 구원은 사제집단인 상가 - 교단을 통하여 얻을 수 있다고 말한다. 평신도의 형제애를 인정하기는 하지만, 실제로 니르바나를 얻을 수 있는 길은 승려집단에 들어가는 것이다. 진실로 구원을 받은 모든 사람은 완전한 승려이며, 완전히 헌신한 적극적인 일꾼이다.

그리하여 우리는 삼위일체를 다시 보게 되는데, 강한 인격의 붓다, 엄격한 법인 다르마, 그리고 활동적인 교단인 상가는 모두 직접적으로 이 종교의 발전에 기여하고 있다.

네 번째 성공 요인은 이 신앙체계가 욕망의 포기 속에 가장 큰 행복이 놓여있다는 일반적이고 무의식적인 확신에 대답하는 방식에 있다. 특별한 방식으로 앞에서 언급된 불 · 법 · 승의 삼위일체에서 불교는 고타마의 생애에서 그 예를 보여주며, 그 법에서 방법을 보여주고,

그 명령을 통해서 육신을 극복하는 승리와 인간의 저급한 수준을 넘어서는 방식을 보여주며, 모든 사람이 그 마음속에 강한 만족감을 느끼게 만든다.

그러나 이 모든 것 외에, 그리고 첫 번째 붓다의 경우를 제외하고, 불교가 급속히 발전하게 된 큰 요인은 이 신앙체계가 갖고 있는 카멜레온과 같은 자기변신의 성격이다. 불교는 자기가 처해 있는 시기와 장소에 따라 비의도적으로 자신의 색깔을 바꾸는 모습을 보였다.

불교는 어느 지역 어느 시기의 다른 종교와 비교해서 훨씬 더 자신을 환경에 적응시켜 왔으며 오늘날도 적응해가고 있다.
비록 처음에는 무신론적이었지만, 그 무신론은 인도인의 마음에 적합하지 않았으며, 그리하여 곧 불교는 그의 추상적인 원리들을 인격화하고 신격화하여 사람들의 유신론적 사고에 적합하도록 적응했다. 우리가 앞 강의에서 살펴 본 바와 같이 불교가 일본에 전해졌을 때, 이미 만신전이 존재하였고 이들은 비록 불교가 추상적 원리들을 인격화한 것이기는 했지만 외국으로부터 신이 들어오는 것을 환영하지 않았다. 얼마 동안 특별한 저항이나 성과 없이 시간이 지난 후에 불교는 다시 과감하게 정복을 시작했는데, 특별한 계시에 의해서 일본의 자연신들이 이전의 보디삿트바(보살)였다는 설이 퍼지고, 그래서 불교의 보살들은 일본인의 만신전에 환영을 받으며 들어오게 되었으며, 평화가 이루어 졌다. 일본이 오늘날 우리가 숭배하는 하나의 절대 신을 기꺼이 받아들이려고 하며, 그리고 성부와 성자와 성령을 나타내는 형상과 제단을 만들고, 그렇게 함으로써 그들 속에 기독교를 수용하려고 한다는 사실에 큰 의심이 없다.

일본은 이미 다신론에 의해서 많은 수로 늘어난 만신전에 약간의 신들이 더 들어 온다고 해서 복잡해 질 것이 없으므로 그러한 계획이 가능할 수 있다는 것을 우리는 쉽게 알 수 있다; 그러나 하나의 절대신 이외에는 어떤 신도 부정하는 유일신론에서는 이것이 불가능할 것이다.

이러한 적응력과 성공을 거두는 방법이 있었으며, 거기에 고타마의 탁월한 인격이 더해져서 넓은 범위까지 불교의 놀라운 성공이 가능했다고 나는 믿는다.

다음에는 중국의 불교를 살펴보자.

중국의 불교

고대로부터 중국과 인도의 접경지역 사람들은 어느 정도의 교역이 있었으며, 그래서 불교의 초기 가르침이 이들을 통해서 중국에 들어왔으리라고 우리는 믿을 수 있다. 접경지역에서 처음 전해졌다는 사실은 의심의 여지가 없지만, 공식적으로 전해진 것은 A.D. 67년경이다. 한나라 명제는 재위 3년째에 놀라운 꿈을 꾸었는데, 그의 신하들은 그것이 인도의 새로운 훌륭한 종교와 관계가 있다고 해석을 하였다는 기록이 있다. 그래서 그는 그 새로운 종교의 정확한 사조를 알아보고 서적을 구하기 위하여 사절단을 보내게 되었다. 그의 사절들은 그림, 서적, 유골, 그리고 두 명의 승려와 함께 귀국하였고, 그리하여 불교는 중국 왕조에 잘 정착하였다. 그러나 불교가 순항만을 한 것은 아니다. 그 새로운 종교는 심한 반대와 박해를 당했다. 역사의 먼 장면들을 뒤돌아보면, 불교는 중국에서 빠르게 성공한 것처럼 보인다. 중국의 긴 역사에 비교해 볼 때 불교가 확고하게 뿌리를 내린 시간이 짧은 것처럼 보이지만, 사실 그 기간은 3백년이 넘어 걸렸다.

서적과 유품과 도움을 받기 위한 다양한 사절이 파견되었으며, 많은 가치 있는 기록들이 중국으로 수입되었다. 이러한 기록들이 초기에 번역되어 세 나라에서 이 종교의 관습과 철학의 기초를 이루었다. 이 모든 것들이 명 왕조 때에 집대성되었는데, 그 존재는 알려졌으나 오랫동안 세계에 알려지지 않다가 최근에 S. 빌 목사의 끈질긴 노력으로 '삼보의 신성한 가르침'으로 알려진 경전집이 입수되어 런던으로 전해졌다. 이것들이 새로운 연구의 길을 열었으나, 그러나 그 작업은 매우 방대했다. 빌 목사는 설명문에 다음과 같이 적고 있다: "전체 경전은 103편으로 정리되었으며, 각 편은 평균 20권이고, 그래서 전체 권수가 2천 권 이상이 되었다. 수집된 경전을 포개 놓으면 높이가 110피트에 이른다."

이것들은 원래 인도로부터 들여온 것도 있지만, 해설서와 함께 중국에서 저술된 것도 포함하고 있으며, 그리하여 이 경전들이 중국, 일본, 그리고 한국 불교의 이론과 교리에 관한 지식의 기초를 우리에게 제공하고 있다. 물론 한국과 일본은 중국으로부터 경전을 들여왔으며, 이들 중 몇몇은 이미 영어로 번역되어 있다. 이들을 모두 번역하는 데는 몇 년이 걸릴 것이다. 그러나 우리가 이 종교의 교리를 이해하기에 이미 충분한 자료가 있다.

불교는 아마도 확실한 철학으로 간주될 수도 있다 - 어떤 이들은 그 이상이 아니라고 주장한다; 그리고 경전에 대한 연구로만 본다면 그러한 결론에 이를 수도 있지만, 실제에 있어서는 그것은 의심의 여지없이 종교라고 인정해야만 한다. 그 철학은 세상의 슬픔과 고통에 근거하고 있다. 그 목표는 질병(病)과 늙음(老)과 죽음(死)으로부터의 벗어남 뿐 아니라, 출생(生) 자체로부터의 벗어남이다. 불교는 자연을 끊임없이 돌고 있는 바퀴로 비유하며, 인간이 이 바퀴에서 벗어나서 삶과 죽음에 구속되지 않고 다만 니르바나에 들어갔을 때, 궁극적인 목적을 이룰 수 있다고 설명한다. 물질세계의 존재가 인정되며 우주창조설도 있지만, 그러나 진정한 기원은 해결되지 않고 그러한 시도도 없으며 그러한 질문도 하지 않는다.[4] 모든 사물은 생성, 번영, 감소,

---

4 "불교는 모든 사물의 원초적 기원 문제를 풀려는 시도를 하지 않는다. '말룬카가 세상의 존재가 영원한 것인가 아니면 영원하지 않은가를 붓다에게 물었을 때, 그는 대답을 하지 않았다; 그가 대답을 하지 않은 이유는 그 질문이 별 유익이 없다고 생각했기 때문이다.' 불교는 물질세계의 존재와 그 안에 살고 있는 의식 있는 존재들을 궁극적인 사실로 받아들인다; 그리고 모든 사물은 인과의 법칙에 따르며, 모든 것은 미세하게 항상 변한다고 말한다. 이러한 법칙이 작용하지 않는 곳은 없다; 그리고 정상적인 의식에서는 천국도 없고 지옥도 없다. 천사들이 사는 세계가 있는데, 그들의 전생은 다소 거룩했고, 그 존재는 어느 정도 물질적이다; 그러나 천사도 죽으며 그들이 살던 세상도 지나간다. 고통스러운 장소도 있으며, 그곳에는 인간이나 천사들의 악한 행위가 불행한 존재를 만든 곳이다; 그러나 그들을 만든 악한 힘이 다하면 그들은 사라지며, 그들이 살던 세상도 영원하지 않다. 전체 우주 - 지상, 천국, 지옥 - 은 항상 개선되기도 하고 파괴되기도 한다; 항상 변하며 지속적으로 개선되기도 하며 그 시작과 끝을 알 수 없는 순환 속에 있다. 이 결합과 해체의 우주 법칙에서 인간과 천사도 예외가 아니다; 의식이 있는 존재를 구성하는 힘의 결합도 언젠가는 해체되고 만다; 그리고 그런 존재들이 각자가 자존적인 전체라는 몽상에 빠지는 것은 환상과 무지 때문이다." - 라이즈 데이비스, "불교" p.87.

쇠퇴, 죽음을 거쳐 다른 형태로 다시 태어난다. 불교의 윤회사상[5]은 분명히 내생의 조건이 금생에 달려 있다는 브라만교 사상에서 온 것이며, 그 최고의 희망은 마지막 니르바나에 들어가는 것이다. 우리는 이것을 멸절이라고 불렀으나, 어떤 의미에서는 멸절이 아니고, 그리고 이 말은 불교도들이 인정하지 않을지도 모른다. 개인은 떠나고, 자아는 더 이상 존재하지 않으나, 그러나 그것이 멸절은 아니고, 그것은 단순히 니르바나에 빠져드는 것으로 절대상태에 드는 것이다. 이 니르바나는 브라만교의 '순수한 영혼'인데, 그러나 그것은 신은 아니라고 확고하게 주장한다.

이것은 우리를 불교가 영혼에 관하여 가르치는 것이 무엇인가 하는 문제로 안내한다. 영혼에 관하여 불교는 아무것도 가르치지 않는다. 영적인 세계에 관하여 불교는 무지한 것처럼 보인다. 존재하는 것은 한 형태에서 다른 형태로 변해간다. 한 존재의 생명은 다른 존재의

---

5 "윤회사상은 아마도 처음에는 기억의 신기한 착각에서 시작되었을 것이다. 우리는 종종 우리가 하고 있는 일이 그 이전에 이미 경험한 것처럼 느껴질 때가 있지만, 그러나 언제 어떻게 했는지는 알지 못한다.
그것이 어떻게 되었든지 간에, 불교에서는 그러한 믿음이 인간이 이생에서 겪는 고통에 대한 도덕적인 원인을 제공하는 것으로 받아들여지고 있다; 그리고 불교는 영혼을 인정하지 않기 때문에, 한 생애와 다른 생애 사이의 연결 고리를 어디에선가 찾아내야만 한다. 이것을 하기 위해서, 그리고 도덕적 원인을 구하기 위해서, 불교는 필사적으로 신비로운 한 방편을 찾게 되는데, 불교의 네 가지 신비(이것은 확실히 잘못된 네 가지 관점이기도 하다) 중에 하나인 바로 '카르마(업)'라는 교리이다. 이 교리는 인간이나 동물이나 천사 같은 의식 있는 존재가 죽으면 그 존재가 행했던 생전의 선한 '카르마'나 악한 '카르마'에 따라 고통이 더하거나 덜한 물리적 존재로 새롭게 태어난다는 것이다." - 라이즈 데이비스, "불교", p.100

생명이 되는데, 그러나 거기에는 이것에서 저것으로 전해지는 어떤 영혼이 없으며, 인격도 없고, 지속되는 자아나 의식이 없다. 빌 목사는 이에 관하여 다음과 같이 말하고 있다: "이 모든 과정 속에 동일한 개인 존재와 같은 영혼에 관한 인식이 없다; 다른 한편으로 그것은 부정된다. 개인이 죽으면, 생명을 이루고 있던 육신의 다섯 가지 요소(오온)가 해체되어 파괴되지 않고 남는다. 그 결과는 재탄생이다; 이 재탄생의 성격은 전생을 '만드는 힘'인 '이전의 행위'에 달려 있다. 그 신비로운 원리가 작동하여 새로운 집을 짓는데, 그러나 다시 태어난 존재에는 뚜렷한 동일성이 없다."[6]

불교에 따르면 이 재탄생은 완전히 운명에 달려있고, 기계적으로 작용하며, 그리고 초자연적 능력에 의해서도 변경될 수 없는데, 이 능력은 실제 불교에서는 일찍부터 존재했다고 인정하고 있으며, 나중에 불교의 만신전에 들어온다. 사람이 다시 태어날 때에는 전생의 조건에 대한 지식이 아무 것도 없다. 만약에 그런 지식이 있다고 한다면, 그것은 오직 초자연적 능력의 도움에 의한 것이다.

불교는 원래 죽을 수밖에 없는 존재들이 영혼에 대한 인식을 갖는 것은 고통만 가져올 뿐이라는 사상을 가지고 있다. 이 초기의 원리는 나중에는 천국과 지옥에 관한 북방불교의 교리에 명백하게 나타나는 것처럼, 죽음 이후의 개인에 대한 인식으로 바뀌게 된다. 천국에서는 선인들이 붓다와 함께 즐겁게 지내며, 지옥에서는 악인들이 징벌과 고통을 당하게 된다. 물론 중국 불교는 초기에 조상숭배에 대한 강한 집

6 "중국의 불교", p.188

착을 발견하고 특유의 절충주의에 따라 이에 협력하였다.

불교인들이 죽음이후의 천국과 지옥에 대한 특이한 가르침을 어디에서 가져왔는지 말하기는 어렵다. 그러나 이러한 교리가 존재하는 것은 틀림없으며, 우리는 불교의 초기 학파에서 여덟 단계의 지옥을 설명하며 각각의 장소에 해당하는 죄인들과 거기서 시행되는 징벌들을 묘사하는 것을 발견할 수 있다. 그들은 또한 여러 층의 천국에 대한 믿음도 가지고 있는데, 가장 높은 천국은 생각 자체가 소멸된 초월적인 상태이다.

이와 같이 우리가 살펴본 모순과 또 앞으로 보게 될 모순들, 붓다의 난해한 교리들, 후대의 엄격한 형이상학론자와 실용적 학파의 현실적인 작업들, 그리고 현학적이고 심오한 불교인과 평범한 불교인, 절충적인 불교인 사이의 다양한 분파 등 - 이러한 여러 요소들을 고려할 때, 우리는 이러한 관점들을 서로 모순되지 않도록 하는 어떤 교리를 확립한다는 것이 대단히 어렵다는 사실을 쉽게 이해할 수 있다.

불교의 윤리에 대하여 살펴보면, 그것은 붓다가 처음에 추구했던 고통과 슬픔, 태어남과 죽음으로부터의 구원에 전적으로 의존해 있으며, 그리고 그것은 욕망의 완전한 포기나 멸절에 달려있다고 믿으면서 붓다는 '여덟 가지의 길(팔정도)'을 제시하였으며, 그리고 상세하게 규정된 이 팔정도가 불교의 윤리적 규범이 되었다.

종교적 죄는 알려지지 않았고, 죄의식은 고려의 대상에 들어오지 않았으며, 다만 올바른 삶은 행복을 가져오고 그릇된 삶은 고통을 가져 온다. 계속되는 윤회과정에 있는 존재는 니르바나에 완전히 들어가기 전까지 그 행위에 따라 악화되기도 하고 개선되기도 한다. 후대의 불교는 우리가 본 바와 같이, 천국의 즐거움과 지옥의 괴로움, 그리고 그것을 즐기고 감당하는 실제적인 개인을 동인으로 추가하였다.

다음에는 불교인의 신개념을 살펴보자.

불교인의 신개념

우리는 붓다가 어떻게 그의 철학에서 신의 존재를 가르치지 않았을 뿐만 아니라 부정하기 까지 하였는지를 이미 살펴보았다. 만약 우리가 니르바나를 절대성이나 무한성으로 생각하지 않고, 그래서 그의 믿음을 범신론적이라고 생각하지 않는다면, 붓다의 모든 가르침은 무신론적이다. 확실히 그의 니르바나에는 아무런 인격성이 없으며, 그것은 절대적이며 무한하다. 그리고 그의 교리를 믿는 대부분의 제자들은 고타마가 그 교리를 가르쳤을 때, 그것이 무신론적이라는 것을 인정했다고 나는 생각한다. 물론 붓다가 초자연적 존재들을 받아들였다는 사실은 인정해야 한다. 그러나 이 존재들은, 우리가 말하기는 어렵지만, 보이지 않는 능력들이다. 그들은 운명[7]을 조정하지 않으며, 다만 운명에 의해서 조정된다. 수메루산의 설교에서(이것은 아마도 전설일 가능성이 많은데, 만일 그렇다면, 그 설교는 그것을 기술한 추종자들의 인

7 "신 자체 - 인간 혹은 동물 혹은 식물, 또는 그 이전 존재들 - 의 행복은 순간적이며, 그리고 그것은 곧 사라진다는 인식을 하세 되면 훼손된다. 그리고 그 신도 이 세상에서 격정의 홍수를 피하고, 경건한 도의 과실을 얻고, 모든 더러움에서 풀려나고, 모든 환상과 슬픔에서 영원히 자유로운 축복된 상태, 결코 잃어버릴 수 없는 상태 - 니르바나를 부러워한다." - 라이즈 데이비스, "불교", p.149

식을 나타낸다) 그는 다음과 같이 말했다고 전해진다. "오, 신이시여, 당신의 재산이 영원히 하늘나라에 있다고 생각하지 마소서, 당신도 또한 인간들처럼 윤회의 수레바퀴를 따라 땅으로 내려와야 합니다."

불교의 우주발생론에서 창조주는 설 자리가 없다. 후대에 북방불교 혹은 불교 전체에서 그들의 우주발생론에 신격화된 자연의 힘이나 성질이 소개되었다. 그 신격들은 윤회의 수레바퀴 중 일곱째 단계의 높은 곳에서 왔으며, 이러한 연속된 변화를 통해서 신이 되었다고 말한다. 만일 이것이 등급을 매기기 위하여 임의로 사용된 이름이며 최종적으로는 절대상태로 들어가는 것이고, 그들에게 아무런 신성한 힘이나 숭배가 없다면, 우리는 이러한 것들이 현재 불교의 신개념에 영향을 미쳤다고 생각하지 않아도 된다. 그러나 초기의 사상이 어떻든지 간에, 우리는 현대불교의 만신전에서 이러한 신격들을 발견하는데, 이들은 그들의 영역에서 활동하며 숭배와 기도를 받을 수 있다.

또한 이 종교체계 안에 스며들어 온 어떤 능력에 대한 믿음이 있는데, 그것은 붓다의 경지를 얻은 대상들의 집단에 거주하는 것으로 여겨지며, '모든 붓다들'이라는 용어로 알려져 있다. 이것은 '결합된 덕'으로서, 그들의 개성을 잃어버린 것으로 믿어짐에 따라, 순수한 범신론 사상이다.

인도에서와 같이 동아시아에서도 불교의 삼위일체는 존재하고, 그리고 그와 같이 숭배된다. 더 계몽된 불교 승려들은 우상은 불필요하며 그들은 우상을 숭배하지 않는다고 말하며, 이것은 상당부분 사실이다. 우리는 불교 신봉자를 세 부류로 나누어 볼 수 있으며, 그들은 우상을 필요로 하지 않거나 그 존재를 잃어버린 사람, 우상의 존재가 그들의 신앙에 도움이 되는 사람, 그리고 우상 자체를 숭배하는 사람이다. 이러한 사실에 대해서, 이들 사상적인 신격들은 계몽된 불교인의 시각에서는 전혀 신격이 아니라고 주장하는 사람들이 있다. 그러나 우리가 이전 강의에서 살펴 본 바와 같이, 모든 종교에서 조금 더 계몽된 이교도들은 그것이 형상, 바위, 나무, 태양, 혹은 하늘이든지 우상 자체를 숭배하지는 않으며 단지 숭배하는 대상의 표현이거나 물리적인 거소로 간주한다. 그리고 지적인 불교 승려들이 이러한 것을 인식하고 있다는 사실은 그것들이 신격이 아니라는 것을 증명하기 위한 논쟁도 필요로 하지 않는다. 추상적인 사상을 취해서 인격화하고 신의 위치에까지 올려놓은 것이다.

그밖에, 어떤 종파에서 특별한 계시에서든지 혹은 어떤 책의 영향에서든지 혹은 꿈을 통해서든지, 그 지역의 특별한 신을 강하게 숭배하는 것이 발견되지만, 이것도 역시 하나의 보살이며 그들의 신 안에 받아들여진다.

붓다의 형상과 관련한 초기의 사상은 단순히 창시자를 기억하며 그의 이름을 숭배하는 것이었지만, 얼마 지나지 않아서 오늘날처럼 그의 형상에 진정한 숭배를 드리게 되고, 나중에 창시자의 유골과 그가 방문했던 장소들이 헌신의 대상이 되었으며, 이 모든 것들이 그들의 만신전을 채우게 되었다. 원래 붓다의 가르침은 무신론적이었다. 그의 초기 제자들은 창조주는 없으며 신도 존재하지 않는다고 명확하게 주장했다.[8]

---

8 제5강 부록 1번 참조

불교의 이름으로 현재 중국에 존재하는 다신숭배는 많은 도교의 신들을 받아들이고 있으며, 우리가 도교 강의에서 본 것과 같이, 도교 사원과 불교 사원을 구분하는 것이 종종 불가능하다.

많은 사람들이 중국 불교에서 가장 일반적으로 숭배하는 대상은 자비의 여신인 관음보살[9]이라고 생각하는데, 이 관음은 모든 사람의 탄원에 귀를 기울인다고 믿어지고 있으며, 이 교리는 중국과 북방불교에 특별한 것이라고 주장하고 있다. 확실히 이 관음숭배와 관련된 사상과 불교의 신격들 중에서 그녀가 차지하고 있는 지위는 불교의 일반 가르침과는 상반되는 것이다. 비록 어떤 사람들은 인도에서도 그녀가 숭배되고 있다고 말하고 있지만, 중국에서 그녀는 우주적인 숭배를 받고 높이 평가를 받으며, 그리고 그녀에게 바친 기도는 특별한 효험이 있기 때문에 그녀가 높은 지위를 차지하고 있다는 사실을 인정해야만 한다.

그 숭배의식은 훌륭한 방법으로 그녀가 차지하고 있는 높은 지위를 밝혀 주고 있으며, 그 사원에 모여 드는 많은 사람들은 그녀의 인기를 보여주고 있다. 이것은 명백하게 보살 혹은 속성의 인격화의 또 다른 사례이다. 자비라는 사상이 처음에 인격화되고, 곧 숭배되었으며, 그리고 지금은 전체 중국불교의 만신전에서는 아니라도 이들 인격화한 대상들 중에서는 가장 주요한 위치를 차지하고 있다. 이러한 숭배의례를 세심하게 살펴보면, 이것은 원래 불교사상과는 정반대인 것을

9 **[역자주]** 극락정토에서 아미타불을 보좌하고 있는 보살. 관세음보살이라고도 한다. 갖가지 재앙으로부터 중생을 구원하는 보살로 알려져서 민간신앙에 널리 퍼져 있다.

알 수 있는데, 원래 불교에서는 진정한 기도를 바치는 최고 능력은 없으며, 이러한 형태의 숭배는 중국, 일본, 그리고 한국 이외에는 어디에도 존재하지 않는다.

불교의 예배에 특이한 방법으로 적어도 중국과 한국에 침투한 또 다른 형태의 미신이 있다. 이것은 그들이 아미타라고 부르는 신과 관련이 있고, 아미타는 관음의 아버지라고 불리며 페르시아에서 유래된 것으로 믿어진다.[10] 그는 또한 영원한 존재라고 불리며, 진정한 믿음을 가지고 그의 이름을 반복해서 부르거나, 계속 이 자비의 아버지를 부르면, 하늘이나 땅이나 육적이나 정신적인 모든 장애물과 어려움을 극복할 수 있다고 말한다. 당신은 거의 모든 붓다의 다르마 혹은 법의 규율을 어길 수 있고, 서약을 부정할 수 있으며, 상가 혹은 교단과 반대로 나갈 수도 있다. 그리고 '모든 부처들'을 부정하지 않는 한, 그러한 지속적인 기도는 운명의 수레바퀴를 극복할 수 있고, 확실하고 영원한 구원을 가져 온다.

중국에는 다양한 불교 종파가 있으며 우리는 그들을 크게 세 부류로 나눌 수 있다. 그러나 이들 각 종파의 정확한 신조들은 우리의 구

10 "이와 같이 이전의 방법과 대조되는 아미타의 모든 것을 구원하는 능력에 대한 절대적 믿음에서, 우리는 신학의 요점인 믿음으로 의롭게 된다는 불교적 교리의 등장을 보게 되는데, 이것은 불교 학풍에 대한 반란이다. 일본의 전문적 용어인 '타리키', 혹은 타력의존은 '지리키', 혹은 자력구제의 사상을 포기하는데, 조도 교리의 본질이다; 그러나 확장된 용어인 '타리키 치우 노 지리키', 혹은 타력에 의존한 자기노력은 전체 교의를 표현하지만, 이것은 신 종파 사람들이 조도주의자를 경멸적으로 부르는 말이다. 아미타에 대한 기원은 신자들에게 이로움을 주는 행위이며, 여러 번 반복하는 것은 나와 남의 노력을 합치시키는 본질이다." - 그리피스, "일본의 종교", p.268

분에서 볼 수 있는 것처럼, 그들 안에서 여전히 다른 차이점을 보인다.

우리는 이들 학파를 구분하는 경계선의 기초를 고타마가 니르바나에 도달하기 위하여 기울였던 수련과정을 따르는 제자들의 엄밀성에서 찾으려고 한다.

첫째는 명상을 주로 하는 학파[11]인데 대부분 중국 남방에서 발견된다. 그들은 책을 통한 연구를 완전히 버리고, 그들의 무리를 통제하기 위한 아주 단순한 규율을 가지고 거의 모든 시간을 자기성찰을 위하여 보내는데, 이것은 그들의 창시자가 단순한 명상을 통하여 붓다의 경지를 얻었기 때문이다. 그들은 모든 종류의 사역을 포기하려고 노력하는 것처럼 보인다. 올바른 삶은 내적 성찰을 통하여 얻을 수 있다고 믿으며, 그들의 금언은 '아무 일도 하지 말라'처럼 보인다. 그들의 창시자는 많은 시간을 벽을 바라보며 지냈다고 하며, 그래서 면벽 붓다라고 불려진다. 이것은 내밀한 학파이다. 이들은 '불교 신비론자'들이다.

두 번째 혹은 통속적인 학파는 교리 연구를 신봉하는 사람들로 구성되고, 명상을 반대하며, 붓다의 가르침과 그 해석자들을 옹호한다.[12] 이 학파에는 계율이 신중하게 정해지고 거의 모든 일상생활이 가장 사소한 일까지 정확한 지시와 의무로 가득하다. 이들 제자들은 '불교 실용주의자'들 이라고 부를 수 있다.

세 번째 학파는 중간 방법을 취하여 중도파라고 부를 수 있는 데,

11 **[역자주]** 선종을 말하며, 창시자는 인도에서 온 보리달마이고 육조 혜능 이후에 여러 종파로 나뉜다.

12 **[역자주]** 선종에 대비하여 교종이라고 하며 화엄종, 천태종 등이 이에 해당된다.

책에 대한 연구와 명상을 병행한다.[13] 이것은 처음에 명상학파에 속한 사람들에게서 시작되었으나, 만족스럽지 못해서 두 사상을 연합하여 가르치게 되었다. 이들은 말한다, "지식이 없으면 명상도 없고, 명상이 없으면 지식도 없다; 지식과 명상을 가진 사람이 니르바나에 가깝다." 이 학파에 대하여 빌 목사는 토착 연구가를 인용하여 말하기를, "그것은 반대편과 화해를 통해서 중간 진리를 찾으려고 노력한다"고 하였다. 중국에서 이 파에 소속된 승려들은 많으며, 존경할 만하고 잘 교육되어 있다. 그들은 형상이 없이도 숭배할 수 있고 또 그렇게 하는 것이 바람직하지만, 세속인들을 위해서 형상도 필요하다고 말한다.

마술과 축귀의 방법을 사용하는 도교 미신의 나라에 들어온 불교는 역시 이 미신을 빌려왔으며, 둘째와 셋째 학파의 불교 승려들은 그들의 신앙체계에 이것을 받아들여서 특별한 구절을 암송함으로써 귀신을 쫓아 내거나 병을 고치기도 하였다. 이러한 관습은 중국에 널리 퍼져있으며, 우리가 아는 바로는 인도나 남방불교보다 중국에서 더 일반적이다; 그러나 빌 목사가 언급한 것처럼 이것이 불교가 그러한 관행을 중국에서 발견한 것인지 혹은 불교 사상의 자연적인 발전에 의한 것인지 말하기 어렵다. 빌 목사는 다음과 같이 말한다: "만약 인격적인 최고 존재에 대한 인식이 없고, 뛰어난 능력에 대한 명확한 부정이나 우리의 신앙과 조화될 수 있는 심오한 원리가 없다면, 기도를 사용하는 것은 단지 행위 자체에 존재하는 미덕을 가져오는 것일 뿐이다. 이

13 **[역자주]** 교종과 선종을 아우르는 시도가 화엄종과 천태종에서 있었으며, 선종에서도 역시 같은 시도가 있었다. 그리고 아미타불의 극락정토를 신앙하는 정토종이 여기에 해당할 것이다.

것과 언어들 속에 있는 미덕에 대한 믿음과는 큰 차이가 없는 것이다."[14] 이러한 관습은 어느 정도 우리가 언급한 세 가지 학파에 모두 해당하지만, 그러나 이들 마술은 특히 통속적인 학파의 일 부류에서 더 많이 사용된다. 반복되는 언어들 속에 있는 심오한 능력에 대한 원리는 난해한 언어에 속한다. 그리고 세 학파 모두에서 어느 정도 사용되고 있으나, 그것은 일반적으로 요가차라[15] 혹은 통속학파인 탄트라 종파[16]의 특권으로 여겨진다. 그 역사로부터 우리가 배운 바와 같이 이 종파는 일본 불교에 퍼져있다. 불교는 중국에서 국가에 의해서 반복적으로 선호되기도 하고 박해를 받기도 하였으나, 지금은 국가의 명령으로 어쩔 수 없을 만큼 사람들의 마음과 삶속에 크게 자리 잡고 있다.

이 불교의 여러 가지 상황에 대해서 더 많은 이야기를 할 수 있지만, 우리 강의에서는 한계가 있으므로 대략적으로 이 종교가 개인적으로나 집단적으로 끼친 유익하고 그리고 해로운 영향에 대해서 살펴볼 뿐이다.

유익한 점에 대해서 생각해 보면, 불교가 처음에 중국에 들어 왔을 때 불교는 국가적 종교인 유교와 만났고, 유교는 종교적 규율에 관한 한 매우 극단적인 형식화를 보이고 있었다. 유교는 학문적인 종교이며 그들이 성인으로 공경하는 창시자는 여섯 권의 경서[17]를 그들에게 주

---

14 "중국의 불교", p.220

15 **[역자주]** 인도에서 성립된 대승불교 종파로 중관파와 함께 대승불교 사상의 기초를 확립한 종파이며, 유식파, 유식종으로 불린다.

16 **[역자주]** 불교에서 밀교라고 하며, 이들은 남신과 여신, 정신과 물질 등 대립적인 것들의 통일을 중요시하며, 특히 여신의 성적인 힘(샥티)을 중요하게 생각한다.

었다. 반면에 불교는 그들의 경배에 더 생동감 넘치는 요소를 도입한 것처럼 보인다. 고타마는 그의 생애에 대한 설명이 미약하지만 그 안에 비범한 금욕과 자기부정을 분명하게 나타냈으며, 이러한 모습은 중국에 전해진 불교 경전에 신비하게 채색된 신화와 전설이 덧입혀 졌을 때 더 현저하게 나타났다.

두 번째는, 그들의 숭배의 대상뿐 아니라 숭배 자체에도 큰 변화가 있었다. 유교는 행위와 의례를 강조했던 반면에, 불교는 매우 통속적이고 혹은 여러 학파가 다르기는 했지만 항상 명상과 자기성찰에 강조점을 두었고, 그렇게 함으로써 그들의 숭배에 적절한 말이 될지 모르겠지만, 이때까지 알려져 있지 않았던 영성을 추가하게 되었다.

세 번째, 유교의 목표는 모든 사물을 잘 규율할 수 있는 군자, 학자를 기르는 것이다. 반면에 불교는 죄에 대한 진정한 지식이 없음에도 불구하고, 모든 인간은 자기부정과 동물적 본성을 극복함으로써 붓다의 경지를 추구하도록 요구된다는 점에서 훨씬 더 높은 차원의 목표를 이 나라에 제공하였다. 불교의 교리를 이상화한 에드윈 아놀드는 불교의 가르침의 매력을 다음과 같이 아름답게 표현하였다:

> "사랑으로 영원한 아름다움을 가까이 붙잡고,
> 영광으로 자신의 주인이 되며,
> 즐거움으로 신들을 넘어 살고,
> 셀 수 없는 부로 끊임없는 재물을 쌓는다."

---

17 **[역자주]** 〈시경〉, 〈서경〉, 〈예기〉, 〈역경〉, 〈악기〉, 〈춘추〉의 여섯 가지 경서.

네 번째, 불교는 여자들이 사찰에 들어와 비구니가 되는 것을 허용함으로써, 그들의 지위를 실질적으로 높여주는 경향이 있었다. 그와 같이 상가에 들어옴으로써 그들이 붓다의 경지에 궁극적으로 도달하는 것이 가능하게 되었다. 그러나 이것은 전생에 큰 덕을 쌓은 뒤 윤회를 통하여 남자가 된 후에 가능하다는 사실을 기억해야만 한다.

다섯 번째, 우리는 불교의 교리가 여러 면에서 그들의 종교적인 이상을 변경했으며, 그래서 결과적으로 그들의 종교적 어휘를 풍부하게 했다는 점을 주목하게 된다. 그들의 자비의 여신은 신들이 인간에게 자비를 베풀며 그들의 간구를 들어준다는 것을 실질적으로 깨닫게 도와준다. 지속적인 믿음을 절대적으로 요구하는 아미타불은 그들에게 진정한 믿음과 신뢰의 의미를 가르쳐 준다; 계율과 율법의 의미를 가진 다르마는 그들에게 행위를 판단하는 규범을 주고, 천국의 보물과 지옥의 공포는 부분적이고 불완전하지만 어떤 동기를 부여하고 있다.

유해한 효과에 대해서는 첫째, 통상적으로 무신론적인 중국에 들어오면서 불교는 이미 중국에서 미미하게 작동하고 있던 유교의 불가지론적 경향을 적지 않게 도왔다는 것이다.

둘째, 이러한 무신론적 교리는 비교적 소수에게 제한된 반면에, 불교가 보여준 난잡한 다신론은 상제에 대한 관념을 저하시키데 일조하였다. 상제는 이미 사람들의 숭배 대상에서 제외되었으며, 이렇게 풍부한 신들은 그들의 인격신론적 사상을 저하시키는데 적지 않은 역할을 하였다.

셋째, 절충주의를 취하는 불교는 거의 형편없는 종교문제들에 대한 무관심을 가져 왔다. 자신의 것과 모순될지라도 갈등을 통하여 이루어진 다른 종교들의 교리나 신과의 타협 가능성과 하나 혹은 많은 신앙에 대한 신봉자들의 충성에 대한 무관심은 중국 사람들 사이에 우상 제작자나 납품업자들이 보이는 공경심의 절대적인 결여나 부주의함에 의하여 크게 증가된 비종교성을 키웠다.

넷째, 만일 불교가 중국에 들어 올 때 명상적인 형태로 자신을 절대성의 지지에 한정하고 영성에 강조점을 두었다면, 그 나라에 대한 효과가 훨씬 좋았을 것이다. 그러나 가장 조잡한 형태의 다신론을 들여오고 동시에 문장을 암송하는 주술의 방법을 사용하면서 불교는 맹목적인 미신과 도교의 제멋대로 자란 다신론을 더욱 조장하였다.

다섯째, 불교는 나라 전체를 값비싼 사원과 수도원으로 채웠다. 그리고 그렇게 함으로써 건축이나 예술 분야에 자극을 준 반면에, 그 사원에는 게으르고 무지한 사람들로 가득차서 현재까지 그 나라에 폐해가 되고 있다. 여러 곳에서 고승이나 수도승들이 불교의 가르침을 따라 중국을 도우려고 애쓰기도 하지만, 그러나 대체적으로 불교 승려들은 경멸의 대상이며 그들 중 많은 사람은 죄악과 부도덕한 행위로 그들의 종교에 불명예를 가져오고 있다. 이러한 남녀 승려들이 종교의 옹호자를 자처한다는 사실이 모든 종교를 혐오스럽게 만들었다.

다음에는 한국의 불교를 살펴보자.

한국의 불교

중국은 불교를 받아들이고 그것을 자신들의 생활의 일부로 만들자

마자 곧, 이웃 형제 나라인 한국에 이 종교를 전해야 한다는 의무감을 느꼈다. 단편적인 불교교리와 그 추종자들이 매우 초기에 '고요한 아침의 나라'에 도착했다. 그러나 한국 전 지역에 사원이나 수도원이 세워진 것은 중국에 불교가 확고하게 뿌리를 내린 이후였다. 이 종교에 관한 초기의 공식 기록은 A.D. 372년에 순도에 의해서 고구려 왕조에 불교가 전해졌다고 언급하고 있다. 그 신조들은 앞에서 본 바와 같이 이전에 알려져 있었지만, 이제는 왕이나 신하들이 그 국가적 의례들을 정착시키려고 노력했다. 한반도의 작은 나라에서 시작된 이 사례는 곧 이웃나라인 백제와 신라에서도 나타났고, 중국에서와 같이 여기에서도 그 새로운 교리는 사람들에게 거부감 없이 받아들여졌으나, 지배층에서는 고려왕조로 통일 될 때까지 다양한 호응이 있었다.

고려시대 이전에 지나칠 정도로 성공을 거두었던 불교는 쇠퇴하는 모습을 보였으나, 고려왕조의 권좌에 오른 태조 왕건의 마음속에 굳게 자리를 잡았으며, 왕조가 망할 때까지 그 세력이 줄어들지 않고 융성했다. 그리고 이 기간 동안에 사람들의 마음을 사로잡아 굳건한 위치를 차지하였기 때문에 조선조 오백년 동안의 명목적인 탄압이 이를 완전히 철폐하지 못했다.

한국에서의 상황은 중국과 실질적으로 달랐다. 사람들은 최고신으로서의 하나님 숭배와 발전되기는 했지만 아직 체계화되지 않은 자연숭배가 금지되지 않았으며, 그래서 불교는 기존의 상황에 자신을 적응시켜서 최고신인 하나님의 숭배를 허용하였고, 그들의 만신전에 들어오려는 토착신을 받아들여서 사람들이 만족하지 못했던 영적인 욕구를 채워주려고 노력했다.

물론 승려들이 한국에 들어 올 때 중국의 높은 수준의 문화를 함께 가지고 왔으며, 그래서 그들이 미적으로나 실용적으로 예술의 발달에 주도자들이 되었다는 사실을 잊어서는 안 된다.

매우 초기의 시기부터 주술을 암송하는 통속학파인 탄트라 종파를 발견하기는 하지만, 한국에 성립된 것은 대부분 비의적 혹은 명상적인 학파[18]였다. 현 왕조가 시작되면서 불교는 금기시 되었고 그 승려들은 특권을 박탈당하고 서울의 사대문 안으로 출입이 금지되었다. 그러나 이것은 명목상의 금지였는데, 왜냐하면 이와 동시에 왕이나 왕비들은 사찰[19]을 세우고 수도원을 유지하면서 도움을 받으려고 노력했기 때문이다.

생명을 존중하는 불교의 교리에서 볼 때, 이곳에서 승병이 보통으로 받아들여지는 것은 이상하게 보인다. 예전에 왕이 피난을 갔던 산성은 이들 군인 같은 승려들이 돌보고 있으며, 식량 창고에는 삼년 치의 식량이 보관되어 있고, 이 승려들은 유사시에 성벽을 지키도록 준비되었다. 이것은 이 종교가 얼마나 뛰어난 적응력을 가지고 있는지를 보여주는 간단한 사례이다.

그러나 후대에 와서는 후한 하사품을 내린 왕실의 호의에도 불구하고, 불교는 점점 불신을 받았고, 그 승려들은 교리도 제대로 모르고

---

18 **[역자주]** 신라시대에는 교종과 선종이 공존하다가 고려시대에 와서 차츰 선종이 세력이 커져서 후기에는 중국 선종의 일파인 임재종의 영향을 받은 조계종이 한국불교의 주류를 이루게 된다.

19 **[역자주]** 세종과 세조는 신하들의 반대를 무릅쓰고 궁궐 안에 내불당을 설치하였으며, 중종비인 문정왕후는 승려 보우를 중용하여 불교의 중흥을 도모하기도 하였다.

적지 않은 부분에서 주술사나 귀신 쫓는 자로 전락하였으며, 때때로 자신들은 불교 교리를 신봉하기보다는 생계를 위한 쉬운 수단으로 승려가 되었다고 공언하기도 했다.

왕실로부터 보조금을 받고 상당수의 사찰들이 우거진 숲과 높은 곳에 아름답게 위치해 있으면서 많은 토지를 가지고 있었지만, 불교는 점차 쇠퇴하여 한국에서 비교적 적은 영향력을 가지게 되었다.

불교는 토착적인 하나님사상을 변경하는데 별 영향력이 없었다. 하나님의 최고성은 불교 사원에도 굳게 뿌리를 내려서 때때로 '하나님은 제일 높고 부처는 낮은 신들 중의 하나'라고 인정하기도 한다. 한국 무속 혹은 샤머니즘의 토착신들은 불교의 만신전에 받아 들여졌으며 사실 상호간에 교류가 있었다고 말할 수 있는데, 어떤 불교 승려는 그들의 삼위일체가 한국의 '삼신'과 같은 것이라고 말하기도 하였다. 그래서 말하자면 그들의 긴 만신전 목록에 몇몇 이름을 추가했을 뿐이다. 중국에서와 같이 여기서도 관음과 아미타불의 영향력이 행사되었는데, 그들은 자연숭배에서는 알려지지 않은 사상인 인간을 향한 사랑과 자비를 행하는 신을 보여 주었으며, 진정한 선을 얻기 위해서는 믿음과 신앙이 절대적으로 필요하다는 것을 보여주었다.

불교는 굳건하게 형성되어 있는 토착신앙에 대응할 것을 요구받지도 않았으며, 그리고 사실 기존 두 종교의 부족한 점을 채우려는 의도만 갖고 있었고 눈에 띄게 두드러지지도 않았다. 그 결과로 불경스러움이 덜 했고, 여기서는 종교적 본능이 중국에서 보다 더 쉽게 각성되었다.

일본의 불교

중국으로부터 한국을 거쳐 불교가 일본에 들어왔다. 일반적으로 일본이 '햐쿠사이(百濟)'라고 부르는 백제의 왕이 A.D. 550년경에 불경과 금불상과 붓다의 삼보인 승려들을 일본에 보냈으며, 이 해를 일반적으로 인도의 종교가 일본 섬 제국에 소개된 해로 기념하고 있다. 몇 년 후에 신라의 사신들이 추가로 불경과 불상을 새로운 숭배를 확립하기 위해서 가지고 왔다. 이처럼 친선사절의 선물로 들어왔으나, 일본의 궁정에서는 그 외래 신들을 어떻게 다루어야 할 것인가가 문제가 되었다. 다수의 신하들은 외래 신들을 들여오는 것은 그들의 토착신에 대한 모욕이라고 믿으며 그들을 배척하려고 하였다. 그러나 다른 방식으로 그 새로운 신들의 능력이 나타났는데, 마침 발생한 어떤 재앙들이 그 새로운 신들을 모욕해서 발생했다고 여겨졌으며, 그래서 그 우상들을 모셔두기 위한 사원을 세웠다. 다양한 수단으로 사람들은 그 사원을 파괴하려고 하였으나 그것들은 다시 세워지곤 하였는데, 한국에서 온 승려들의 열정을 이길 수 없었으며 그들의 주장을 꺾을 수가 없었기 때문이었다.

새로운 종교는 천천히 퍼져갔고 더 많은 사원과 수도원이 세워졌으나 아직 평화는 정착되지 않았으며, 오래 된 신과 새로운 신의 신봉자들 사이에 끊임없는 투쟁이 이어졌다. 그러나 점차적으로 그들의 교리를 잘 설득하는 선교사들의 지속적인 노력과 적대자들을 외교적으로 잘 다룬 덕분에 그들은 승리를 얻게 되었다.

물론 다른 곳에서보다도 더 일본에서는 불교의 전파자들이 상당한 정도로 문명의 개척자였다는 사실을 기억해야 한다. 그들은 그들과 함께 중국의 학문을 들여왔으며, 사실 이와 동시에 유교의 선생들이기도 하였다; 왜냐하면, 앞 강의에서 언급한 바와 같이, 이때는 유교와 불교 사이에 적대감이 아직 알려지지 않았다. 실제로 이시기에[20] 일본에서 예술이 태동한 것은 아닐지라도, 역시 예술도 자극을 받은 것이다.

그러나 완전한 조화는 고보 다이시(弘法大師)라고 알려진 일본인 승려가 태양여신의 신전에서 환상을 본 후에 이루어졌는데, 신도 강의에서 본 바와 같이 그 환상에서 태양여신이 보살이었다는 사실이 밝혀지고, 그래서 그녀와 다른 토착 신들이 모두 일본불교로 전환하게 되었다. 이 신앙의 전환은 매우 현저해서 그리피스가 말 한 바에 의하면, 그 결과는 혼합된 신도라기보다는 혼합된 불교였다.

우리가 일본불교의 만신전에 모여 있는 다양한 신들을 검토할 필요는 거의 없다. 불교가 중국이나 한국에 끼친 영향에 대한 논의는 어느 정도 여기의 상황에 대한 판단에 도움이 된다.

중국으로부터 다양한 종파가 일본에 소개되었으며, 현재 일본에는 비의적이고 신비한 불교가 지배적이라고 일반적으로 알려져 있다. 물론 일본인의 사색적 본성이 불교의 형이상학에 더 잘 동화하게 하였으며, 초월적인 이론에 강하게 집착하게 만들었을 것이다. 중국으로부터 한국을 거쳐 일본에 처음 들어온 불교는 북방불교였으나, 일본의 지식

20 "A.D. 710년 나라에 거대한 사원이 세워졌다; 여기에서 우리는 불교와 함께 들어온 문명의 물결을 목격하게 되는데, 많은 수의 예술가와 기술자들, 온갖 종류의 상인과 전문가들을 볼 수 있다. 이 거대한 나라 사원의 건축물과 함께 다른 발전의 증거와 일본 문명의 안정화 요소가 드러난다." - 그리피스, "일본의 종교들", p.182

인들은 고타마가 전해 준 초기의 가르침에 일반적으로 더 기울어졌으며, 그것들이 비의적이고 관행에 있어서 교리 상으로 신비주의에 더 가깝다고 알려졌지만, 경전의 자세한 연구와 명상을 결합하는, 우리가 '절충적'이라고 명명한 종파에 더 가깝게 다가갔다. 그러나 그들은 대게 매우 무신론적이다.

일반사람들은 중국 북방불교의 관음과 아미타불과 함께 천국과 지옥의 교리를 그들의 체계에 기꺼이 받아들였다. 그러나 우리가 본 바와 같이 우상을 가지고 있지 않은 신도 신앙의 영성은 중국의 극단적인 우상의 잡다한 형태로부터 그들을 구해냈다.

불교사원과 수도원들이 여기저기에 세워졌고 여전히 번성하고 있으며, 신도가 더 이상 종교로 불리지 않기 때문에, 만일 그 자리를 대신할 것이 없다면, 불교는 거의 확실하게 부흥할 것으로 기대할 수 있다. 사실 불교의 부흥은 지금 그 나라에서 진행되고 있으며, 그 선동자들은 청년회, 주일학교, 전도 집회, 전도지 등과 같은 적지 않은 기독교의 방식을 채택하고 있다.

확실히 중국이나 한국에서보다 일본에서 불교가 주목할 만한 새로운 활기를 보이고 있다. 현재 일본에서는 절대적 이상론자로부터 순수한 관능론자에 이르기까지 모든 형태의 불교를 발견할 수 있는데, 이상론자는 보이는 사물에 실재성을 부여하지 않으며 궁극적으로는 보이지 않는 절대 속으로 빠져들고, 관능론자는 그가 보는 모든 것의 실제에 만족하지 않고 미래의 이상 속에 있는 가장 저속한 관능에까지 내려간다.

지금 일본열도에서 종교로 활발하게 활동하고 있는 가장 강한 종파 중에 정토종(淨土宗)[21]이 있는데, 이들은 부처보다도 아미타불에 더 의존해 있다. 중국에서와 같이 이 종파는 절대적인 신앙을 믿으며, 신앙만으로 구원을 받는다고 주장하며, 그것은 노력으로 되는 것이 아니라고 강력하게 외친다. 그 신도들은 주장하기를, 그들 종파는 동일한 목표에 도달하기를 추구하지만, 다른 사람들은 그 길을 찾으며, 그들 종파는 순수한 땅의 종교이고, 다른 종파는 순수한 길의 종교이며, 그들은 특별히 쉬운 길로 동일한 목표 - 영원한 행복에 도달한다고 한다. 그들은 고타마를 대체시켰으며, 그래서 아미타가 주인이 되었다. 그는 그들의 신이며, 사람들은 그를 거의 유일한 신이라고 말한다. 니르바나는 더 이상 추구되지 않으며 영원한 천국이 그들의 목표이다. 그들에게서 우리는 진리가 우리의 삶과 관계가 있다 기 보다는 아미타에 대한 신앙과 관련이 있다는 것을 발견한다. 이것은 물론 많은 사람들로부터 반대를 받았으며 그것은 불교가 아니라고 주장하는 사람도 있지만, 그러나 그것은 아미타의 이름으로 가르쳐지고 그 추종자들은 대부분 낮은 계층이거나 무지한 사람들이다.

또 다른 종파에서는 '진불종'을 세웠는데, 그 말이 의미하는 것처럼, 그들은 붓다를 '세계의 아버지', '스스로 태어난 자, 영원하며 전지전능한 모든 것의 주인이며 구원자'라고 주장한다. 그들은 붓다의 법인 다르마를 의인화하며 그를 주인으로 만들고, 그리고 여기에서 그를 창조자로 명백하게 선언한다.

그래서 우리는 불교 자체에 하나의 모순점을 발견하게 된다. 무신

---

21 제5강 부록 2번 참조

론적이면서 또한 유신론적이며, 이상주의적이면서 현실주의적이고, 불가지론적이면서 영지주의적이다; 순수하게 형이상학적이며 대단히 실용적이다; 그러나 고타마가 추구한 것을 성취하려는 그 모든 것 안에서 인간의 내면적인 물음에 대답하고 현재와 과거와 미래의 삶의 불가사의를 해결한다. 불교는 일본에게 어떤 영향을 끼쳤는가?[22] 그 효과도 역시 상반되고 모순된다. 그 원래 이론은 이미 언급한 회의적인 성향을 고무시켰다. 그의 극단적인 절충주의는 어떤 사람들은 단순히 목적을 이루기 위한 수단이므로 용인할 수 있다고 하는데, 거짓을 정당화하는 궁극적인 목적은 부분적으로 모든 종교지도자들에 대한 불신을 가져왔으며, 그들이 하는 말은 믿을 수가 없고 그들의 설교에는 다른 숨은 동기가 있다는 생각을 만연시켰다. 실용적인 불교인들은 고타마의 이론적인 가르침은 일본인들의 욕구를 만족할 수 없다는 사실을 발견하고 그의 가르침 속에서 일본인들의 현재 만신전을 유추해 낼 수 있다고 주장했는데, 사람들을 그와 같이 무신론적으로 만들기가 불가능하다는 것을 알았기 때문이었다.

그들이 믿음을 통한 구원을 선언했다는 사실은 실제로 극복하기 어려운 도덕률초월론을 가르친 것이며, 또한 구원의 필요성과 행위로 구원을 얻을 수 없다는 절대적인 주장은 법을 지지했고, 인간이 혼자 힘으로는 무기력하다는 사상을 가져왔다.

그러므로 우리가 위에서 언급한 것과 같이 종파의 다양성과 가르

22 "불교는 아시아의 빛이라고 불렸고 고타마는 그 빛을 밝히는 자라고 말한다; 그러나 그 빛은 순수하지 않았으며, 그 빛의 산물도 건전하지 않았다." - 그리피스, "일본의 종교들", p.173

침의 모순들은 고타마의 교리가 결함이 있음을 증명했다. 고타마가 거의 죽기 전에 일어났던 교리상 그리고 실천상의 변화는 그의 실천적 철학체계나 혹은 윤리체계로서의 교리의 치명적인 약점을 어떤 주장보다도 강하게 항변하고 있다. 신이 존재하지 않는다고 가르친 그가 신으로 숭배를 받으며, 가장 초월적인 가르침 앞에 가장 다양한 만신전이 설치되었다; 그가 전파하기를 힘썼던 가르침과 모순되는 학설들이 소위 그의 제자들에 의해서 가르쳐지고 추종되었다. 사실 기독교에도 역시 많은 잘못된 해석과 설명이 있고, 많은 다른 교리들이 다양한 종파에서 가르쳐지고 있는데, 왜냐하면 인간은 실수를 하기 쉽고 진실 자체를 외곡하기 쉽기 때문이다. 그러나 처음부터 그 실수가 무엇이든지 간에 대체로 짧은 기간뿐이었으며, 거대한 교회 조직이 동일한 성경을 가지고 있었고, 기독교의 살아있는 진리에는 아주 적은 사소한 차이가 있었고, 그들의 지도자들은 하나님의 본성, 삼위일체, 그리스도의 피를 통한 구원, 성령의 역사, 개인적 의로움의 필요성, 영원한 생명 등을 가르쳤다. 그러나 불교는 그 추종자 수는 늘어났지만, 그 한계가 어디인지 무엇을 가르치는지 정의할 수 없을 정도로 끊임없이 일관성이 없고 잡다한 학설이나 신들을 추가했다. 그러나 불교는 많은 진리의 요소를 포함하고 있으며, 희생과 자기 헌신 그리고 초월성에 대한 사랑의 강렬한 능력으로 인간의 본성 특히 아시아적 인간성의 욕구에 부합했다는 사실을 잊어서는 안 된다. 또한 이와 동시에 의로움과 순수한 삶과 목표에 대한 나팔소리가 잔인하고 거룩하지 못한 신들의 관능성과 죄악으로 지쳐있는 사람들의 순응적인 정감을 울렸다는 사실도 기억해야 한다.

아, 그러나 또한 이 의로움의 목적이 단순히 고난으로부터의 개인적인 해방이라는 것도 사실이다. 그 충만한 힘은 단지 자아에 대한 사랑이고, 그래서 상처받은 양심에 진정한 평화를 가져오지 못했으며, 불교가 영향력을 행사했던 나라들에서 대혼란과 깊은 타락만 야기했을 뿐이다.

그래서 이제 우리는 동북아시아의 다섯 종교에 관한 논의를 끝맺을 시점에 이르렀는데, 그들 모두에서 일말의 진리를 발견했다. 그들은 세상의 빛이신 하느님의 '꺼진 불'이 아니다; 완전한 계시가 없는 각각의 불충분함이 사람들을 만족시키지 못했고 구원하지 못했다.

그리고

"그들은 무거운 근심을 안고
세상의 위대한 제단의 계단을 오른다,
그 길은 어둠을 통해서 하느님에게 인도한다,
그들은 빈약한 신앙의 손을 뻗어서
먼지와 잡동사니를 움켜쥔다, 그리고
그들이 주라고 믿는 존재를 부른다,
그리고 희미하게 더 큰 희망을 믿는다."

■제5강 부록

부록 1번, p.169

빌 목사는 그의 "중국의 불교"(p.179)에서 다음과 같이 말한다: -

"그래서 그는 격렬한 가을바람이 몰아치고 가을의 구름을 흩어 버릴 지라도 진실한 통찰을 얻었고, 잘못된 견해는 영원히 사라졌다. 그는 이스바라[23]를 원인이라고 주장하지 않았고, 이단적인 주장을 옹호하지도 않았으며, 또한 세상의 시작에 관한 원인이 없다는 사실을 인정했다. 만일 세상이 이스바라에 의해서 만들어졌다면, 젊음도 늙음도 없고, 처음과 나중도 없고, 윤회의 다섯 가지 길도 없으며, 한번 태어나면 죽음도 없어야 한다. 그리고 슬픔이나 불행도 없어야 한다; 옳고 그름도 없어야 한다; 왜냐하면 순수하고 순수하지 못한 모든 것은 이스바라로부터 나와야 하기 때문이다. 또한, 만일 이스바라가 세상을 만들었다면, 아버지에게서 태어난 아들이 그 사실을 고백하며 그에게 경의를 표하는 것처럼, 사실에 대한 의문도 결코 없어야 한다. 만일 이스바라가 창조주라면, 인간이 큰 불행을 당했을 때 그에게 반항해서는 안 되고 오히려 자존자로서 그를 완전히 경배해야 한다. 그리고 그 외에 다른 신들을 경배해서도 안 된다. 또한, 만일 이스바라가 조물주라면, 그는 '홀로 존재한다'고 불려서도 안 된다. 왜냐하면 그는 항상

23 **[역자주]** 인도 브라만교의 신으로 만물창조의 최고신. 불교에 수용되어 자재천(自在天)이라고 불린다.

자신을 넘어서는 다른 것들을 만들기 때문이다. 그러나 만일 그가 항상 무언가를 만든다면, 그러면 그는 항상 만들기를 구상할 것이고, 그래서 그 스스로 충분하지 못할 것이다. 그러나 만일 그가 어떤 목적 없이 만든다면, 그러면 그는 손을 빠는 어린아이와 같다; 혹은 만일 목적이 있다면, 그러면 그는 아직 완전하지 못한 것이다. 슬픔과 기쁨은 살아있는 모든 것 안에서 일어난다; 이러한 일들은 적어도 이스바라의 작업과 같지 않다; 왜냐하면 만일 그가 슬픔과 기쁨의 원인이라면, 그는 사랑과 미움을 가지고 있어야 한다; 그러나 만일 그가 사랑도 하고 미워도 한다면, 그는 정말로 스스로 존재한다고 말할 수 없다. 또한, 이스바라가 조물주라면, 모든 생명체는 조용히 조물주의 힘에 참고 복종해야 하는데, 그러면 덕을 행하는 것이 무슨 소용인가? 선을 행하는 것이나 악을 행하는 것이나 같은 것이 된다. 행위에 대한 보상도 없어야 한다; 행위 자체가 모두 그의 것이기 때문에 모든 것이 조물주에게는 같은 것이다; 그러나 만일 모든 것이 그와 하나라면, 그렇다면 우리의 행위와 그것을 행하는 우리도 역시 스스로 존재하는 것이다; 그러나 이스바라가 창조되지 않았다고 가정하면, 그와 하나인 모든 것은 창조된 것이 아니다. 그러나 만일 이 이스바라 이외에 다른 원인이 있다고 한다면, 그러면 그는 모든 것의 목적(모든 것의 태양)이 아니며, 따라서 살아있는 모든 것은 결국 창조되지 않는다(조물주 없이) - 그래서 당신은 이스바라 사상이 폐기되는 것을 보게 된다."

부록 2번, p.184

그래서 이 종파는 다른 것과의 차이를 다음과 같이 설명한다: -

"구원을 얻는 데는 다양한 방법이 있다 - 그것은 존재의 바다를 건너 그 너머에 있는 평안과 안전으로 가는 것이다. 주요한 것은 네 가지 방법이다. 즉, '가로로 지나기', '세로로 건너기', '사선으로 지나기', 그리고 '사선으로 건너기'인데, 이들 '지나기'와 '건너기', '가로로'와 '사선으로'는 구원을 얻는 난이도와 관계가 있다. 이제 우리 종파는 '사선으로 건너기' 방법을 가르친다. 둘 사이의 대비는 예시로 알아 볼 수 있다: '세로로 그리고 사선'으로 방법은 정도(淨道) 종파들에 속한다. 그것을 따르는 사람들은 집을 멀리 떠난 나그네와 같은데, 그들의 길은 산과 평야와 강을 가로 질러 놓여 있다 - 고난, 오래고 깊은 위험, 그래서 운이 좋은 사람만이 성공한다. 그러나 우리 종파는 정토(淨土) 종파로서, 그 방법은 잔잔한 바다와 바람을 안고서 그를 목적지 까지 데려다 주는 장비를 잘 갖춘 배를 발견한 여행자의 방법과 같아서, 평안하게 수고로움이 없이 그가 바라는 안식처에 다다른다. 그리고 우리는 정토의 다른 종파들과도 이점에서 다른데, 우리는 죽음 후가 아닌 지금 즉각적인 구원을 얻는다. 왜냐하면 확고한 마음으로 아미타를 믿는 사람은 곧 평안에 들어가고 구원을 발견하기 때문이다."

덕의 실천이 부족하고 계속적인 신앙의 요구가 부족함을 말하면서, 다음과 같이 계속된다: -

"우리는 진실로 다음과 같다: 우리는 깨어있지 못하기 때문에, 출생과 죽음의 악에 종속되어 있다; 여러 겁 동안 우리는 해체되고 떠다니다가 가라앉는다; 피할 방법이 없는 것 같다. 그러나 아미타불은 오랜 겁 전에 큰 자비심을 내어서 다섯 겁 동안 계획하고 오랜 겁 동안 수행하여 그의 서원을 완성하였다. 그는 말하기를, '만일 십방 세계의 어떤 살아있는 존재든지 진지하게 신앙과 기쁨과 열망을 가지고 내 나라에 태어나기를 바란다면, 내 이름을 기억할 수 있도록 열 번을 불러라, 그래서 만일 그 나라에 태어나지 못한다면, 나는 깨달음을 얻지 않겠다.' '만일 십방 세계의 살아있는 존재 - 그들이 집이 있든지 없든지, 금기사항을 깨뜨렸든지 혹은 금기사항이 없든지, 아내가 있든지 없든지, 자식이 있든지 없든지, 술을 마시고 고기를 먹든지 안 먹든지, 그들이 남편이든지 상인이든지, 그들이 믿는 마음을 내고 아미타불의 서약에 귀의하기만 하면, 그들은 붓다의 광체를 내뿜을 것이다.'" - 녹스, "일본 종교의 발달", pp.125-127

제 6 강

동아시아 신론과 신구약 성경 신론 비교

극동 지방의 종교들을 검토함으로써 이제 우리 강의의 마지막 과정이 준비되었으므로 앞 강의가 기초가 되어준 과제로 들어가 볼 것이다; 그것은 바로 그들의 신론과 성경의 신론을 비교하는 일이다.

앞에서 논의된 종교들의 경우처럼 우리는 단순히 그들의 신 혹은 신들에 관한 그들의 생각을 알아보려고 한다. 그래서 이번 강의는 기독교의 신론에 관한 논의를 하는 자리가 아니며, 다만 그 원리를 확인하고 그것이 아시아의 신론과 일치하는지, 더 지나치는지, 혹은 모자라는지를 알아볼 것이다.

세계종교의 발달에 관하여 살펴보면, 자연에서 진화의 표시를 보는 것처럼 계시나 혹은 적어도 계시의 이해에서 일종의 진화를 추적하는 사람들은 자연의 진화와 같은 규칙으로 모든 종교의 발달에서도 불가피하게 비슷한 진화의 과정을 따른다고 생각한다. 그리고 이러한 전제에서 시작하여, 그들은 조상숭배가 모든 종교의 기초, 혹은 고차적인 형태로 나아가는 주물이나 주술에 대한 인간의 원시적인 신앙이라는 것을 증명하려고 애를 쓰기도 한다.

그러한 가정을 증명하는데 있어서 가장 큰 어려움은 원시인들의 실제적인 종교사상을 확인하는 일이다; 그래서 이러한 목적으로 그들은 야생의 아프리카로 갈 수도 있다. 거기서 그들이 원시적 야만인이라고 부르는 사람들의 관습을 연구하고 이론을 도출하는데, 물론 여전히 문제는 남는다. 이런 종족들이 우리가 원시적이라고 말하는 인간인지, 혹은 그들이 더 높은 형태에서 퇴화된 것은 아닌지, 그리고 그들이 원시적이라고 하더라도 모든 종족이나 부족 사람들과 실질적으로 닮았는지 하는 문제들이다.

이런 연구가들이 그들의 이론을 기초하고 있는 역사적인 주장들을 살펴보면, 그 초기의 역사가 우리가 신빙성을 담보할 수 없는 자료에 의존하고 있는 나라들의 기록에서 나온 것을 알 수 있다.

일반적으로 언급하고 있는 종교(신론)와 관련한 진화이론은 증명된 것이 아니다; 사실, 그 이론의 열렬한 옹호자들은 역사적으로 조상숭배, 주술, 혹은 자연숭배를 가지고 그들의 다신론으로부터 그들이 가장 고차적인 신론이라고 여기는 유일신론으로 진화한 종족이나 민족을 우리에게 보여주지 못했다.

창조의 진화이론에서 우리는 지적 능력이나 인격이 시작되는 어느 시점으로 돌아가야 하는 것처럼, 역시 그렇게 가장 고차적인 형태의 신론에 이르는 종교적인 진화가 존재할 수 있음이 증명될 수 있다고 나는 생각한다. 그 형태에서는 하느님이 있어서 인간에게 말을 하며 시작의 기초가 되고 그러한 발달의 방향을 지시하는 지침으로서 그 자신에 관한 직접적인 계시를 준다.

초기 인간의 역사를 살펴보면, 특히 아주 이른 여명기로 돌아가서 우리가 단편적인 모습을 볼 수 있는 초기에, 여러 가지 단서와 보조수단에 의해서 강화되고 우리가 확인해 볼 수 있는 사실들은 가장 고대의 인간들이 더 순수하고 높은 수준의 하느님 사상을 가지고 있었다는 사실을 매우 결정적으로 우리에게 보여주고 있다.

세상이 이해하고 있는 바와 같이 물질문명은 그에 상응하는 가장 높은 신 개념이나 윤리 사상을 동반하지 않는다; 사실, 역사는 그것을 조절하는 계시가 있던 지역을 제외하고는 소위 진화라는 것이 하향이라는 사실을 증명하고 있다고 나는 생각한다.

내 견해로서, 나는 모세에게서 형제 원숭이들과 천둥이나 어둠의 두려움 속에서 떨며 소리 지르기보다는 타락하거나 짐승 같지는 않고 선선한 저녁에 동산에서 하나님과 함께 산책하는 무지하고 훈련되지 않고 세련되지 않은 인간의 유아성을 생각해 내고 싶다.

우리가 듣기로는 종교의 진화는 가장 낮고 유치한 원시인들의 미신으로부터 더 높은 하느님 사상으로 모든 민족에서 더 고상하고 영적인 형태의 숭배로 나아간다고 한다. 그러나 우리가 신뢰할 수 있는 자료들에 의하면, 사실은 지속적인 경향은 상향이기보다는 하향이며, 단지 부분적이고 우연한 상향현상들은 오랜 휴지기간 후에 위대한 인물, 선지자, 성인, 그리고 사도들이 나타났을 때 일어나며, 그들은 '음란한 세상'에서 어둠의 세대에 그들의 작은 촛불의 빛을 던졌다.

우리가 아주 초창기 나라들의 세속적인 문서에서 발견할 수 있는 초기의 숭배는 모든 면에서 유일신론인데, 여기에서 사람들은 아주 단순하게 그의 창조주만을 숭배했다. 이 유일신론에서 멀어지면서 왕을 이 하느님의 대리인 혹은 후계자로 신격화하는 사상이 생겼다; 그리고 영웅, 일반적인 조상, 자연력이 일어나고, 범신론, 다신론, 주물숭배가 나왔다; 끝없이 이어지는 타락한 미신들로 인해서 어리석은 신화나 전설의 두꺼운 구름(탁한 향처럼)으로 어두워지고, 구걸하는 사제들, 수도자, 그리고 점술가들이 그들이 믿는 종교의 불쌍한 노예들에게 전제적인 권력을 휘두르며 군림했다. 우리들이 수행하는 최근의 연구는 한국의 절벽 바위에 새겨지고, 중국의 역사 속에 있으며, 두 나라에서 교환된 훌륭한 고대 기록물에 담겨있고, 그들의 오래된 글자의 형상 속에 담겨있는 창조주의 발자국들을 우리가 어떻게 발견할 수 있는지를 보여준다. 그 자취는 우연히 알려졌을 수도 있으나, 그러나 그 창조주는 여전히 희미하게 단순한 형태로 진실하게 숭배되고 있다; 후대의 저급한 상상력을 가진 불쌍한 피조물보다 훨씬 높이 있는 영원한 천국은 고요히 순수하게 그리고 준엄하게 지상의 먼지 더미를 뛰어넘어서 존재한다.

약간의 일시적 상승이 공자와 붓다의 가르침 속에 왔는데, 공자는 합당한 법도를 제시했고, 붓다는 육신의 금욕적 수행을 제시하였다. 그러나 이 체계들은 우리가 본 바와 같이 급격히 타락하여 더 짐만 되는 비도덕적 형태를 가진 다신론의 중심이 되었다. 유대인들도 그들의 원시 신앙이 무엇이든지 간에 아주 초기에는 가장 순수하고 고상한 유일신론을 가지고 있었다고 모든 사람들이 인정한다. 그러나 여호와의 무서운 징계와 선지자들의 경고, 그리고 그들의 귀에 들렸던 시나이 산의 천둥소리에도 불구하고 그들은 계속 하향하는 과정을 좇았다.

우리가 말한 것처럼, 높은 수준의 문명이 높은 수준의 종교 개념을 가져 온다는 것은 거의 사실이 아니다. 왜냐하면 이집트, 그리스, 그리고 로마의 저급하고 유치한 신앙이 그 말이 사실이 아닌 것을 보여주고 있기 때문이다. 테티스는 쥬노가 시야에서 사라질 때를 기다려서 쥬피터의 무릎에 앉아 어린 학생들이 하는 것처럼 그의 턱밑을 가볍게 어루만져서 그녀의 사생아 아들을 위한 호의를 얻어낸다. 우리는 이미 중국인과 한국인들의 신앙과 숭배에서 급속한 타락을 언급한 바 있다; 한편 살펴본 바와 같이, 일본의 알려진 초기문서들은 매우 최근의 것이므로 그 이웃 나라에서 벌어진 일들이 역시 일본에서도 일어났을 것이다.

기독교를 신봉하는 사람들 중에도 우리는 계속되는 똑같은 하향의 경향을 발견한다.[1] 인간의 마음이 품는 모든 상상은 부도덕하고 사악하다고 기록한 고대의 서적은 틀리지 않은 것 같다. 거기에는 반복되는 타락이 나오는데, 어떤 종파 혹은 온 나라가 미신이나 우상숭배의 형태에 빠져들며, 똑같지는 않지만 대부분 중국이나 고대 그리스의 사례처럼 그 형상, 그림, 유물, 방종, 신화, 그리고 전설이 퇴폐적이다; 그리고 조만간 세상은 알게 될 것이다. *종교는 문명의 산물이 아니며, 점차 진화한 동물에 의해서 이루어진 진화의 산물도 아니고, 오직 영감의 문제인데, '너희들 자신에게서 온 것이 아니요, 그것은 하느님의 선물이다.'*

그러나 이 문제에 관해서 어떠한 결론에 도달하든지 간에, 오늘날

---

1 쉴러 박사의 최근 저서 "*Testimonium Animae*"와 비교하라.

인정되고 있는 기독교의 신론은 기독교를 전후한 세상의 모든 문명국들과 오늘날 아시아 국가들의 신론과 현저한 대조를 이루고 있다는 사실은 거의 의심의 여지가 없다; 그리고 이러한 차이를 밝혀내는 것이 이 강의에서 우리의 일이며, 그것은 어느 한쪽이 부족하거나 잘못된 점을 보여주고, 한편 다른 쪽이 그 신성한 태생과 신앙의 정당성을 보여주는 것이다.

우리가 검토하고 있는 세 나라는 세 종교를 가지고 있으며, 그들은 그 종교의 신봉자이고 추종자임을 인정한다. 그리고 각 나라의 각기 다른 특징들은 그들 민족종교의 다양한 형태에서 차이가 날 뿐만 아니라 다른 종교를 외부로부터 들여오는 방식에서도 차이가 난다.

우리는 이미 이들 신앙을 검토하면서 그들의 신론을 밝히려는 시도를 했다. 이제 가능하기만 하다면 각 나라에 대한 국가적인 신개념의 복합적인 그림을 그리는 일이 우리의 과제로 남았는데, 그 그림은 비슷한 충성심으로 어느 면에서는 적대적이고 반대되는 종교에 독특하게 귀의한 결과물이다.

중국으로 관심을 돌리면, 우리는 무엇을 발견할 수 있는가? 오늘날 도교에서 우리는 신화와 미신의 복합체를 발견한다. 그리고 그것은 부분적으로는 기댈 수 있는 더 높은 능력을 바라는 인간의 요구를 충족하는 반면에, 그것은 실제로 아무런 신학도 없고 신화나 윤리도 없으며 결코 신앙을 고양시키지 못한다.

유교는 윤리의 부족을 채워 주려고 노력했지만, 절대적으로 신학이 부족했고 그래서 단순한 인간학에 머물렀으며, 단지 현세만을 다루었기 때문에 내세론이 없다. 이런 것들은 그 결함의 일부분일 뿐이다. 유교는 확실히 아시아 종족의 연대를 인정하고 있는데, 여기에는 인류의 동포애를 포괄하지 못한 패착이 있다.

불교는 이들 두 종교의 부족한 부분을 많이 제공하는데, 후기의 발전단계에서는 적어도 변증론에서부터 내세론에 이르는 완전한 신학을 가지고 있다. 그러나 내세의 상과 벌로써 올바른 삶을 위한 동기를 제공하려는 시도에 있어서, 불교는 아미타불의 도덕률 초월적인 교리에서 이들의 진정한 효과를 왜곡시켰다.

그러면 중국에서 이러한 모든 시도의 효과는 무엇인가? 중국에는 종교에 대하여 어느 정도 자유방임이 있고, 유교의 불가지론이 사람들로 하여금 알 수 없는 것들은 그들 개인에게 관계가 없다고 생각하게 만들고, 그리고 불교의 절충적인 경향은 어떤 신을 섬기는지는 중요하지 않다는 생각을 갖게 하였지만, 그러한 중국인은 이들 초자연적인 능력의 존재와 그 당위에 대한 강한 믿음을 갖고 있으며 많은 사람이 그러한 편에 속할 것이다. 만일 그가 그 나라를 떠나 다신숭배의 나라를 방문하게 된다면, 그는 그의 '조스[2]'를 가지고 간다. 그러나 그 지방의 신에게도 마찬가지로 숭배를 바친다. 만일 그가 특별한 '조스'의 집이나 사당을 설치할 능력이 없으면, 틀림없이 집안의 어딘가에 향을 피우고 기도를 드리는 신상 선반이나 제단을 가지고 있다. 그러나 유일신론의 나라에 가면, 유일신론의 배타성이 자연히 그의 숭배를 자신의 신에게만 한정하게 만든다. 만일에 그가 그의 신상을 가지고 가지

2 **[역자주]** 중국인이 신으로 섬기는 작은 우상

않았다면, 그는 곧 하나를 만들어서 그것을 숭배의 장소에 설치할 것이다. 교육을 받은 중국인은 유교인일 것이며, 그래서 아마도 그는 그런 일들을 모두 여자나 아이들에게 맡긴다고 말하겠지만, 그러나 동시에 실제로는 그도 이들 신이 존재한다고 믿으며, 그들은 자신을 기쁘게 하기 위해서 존속하며, 그리고 그들의 분노에서 피하려면 잘 대해주고 적절한 희생을 바쳐야 한다고 믿는다.

그러나 우리가 본 것처럼, 중국에서 이 세 종교의 혼합을 이루는 초석은 조상숭배이다. 요약하자면, 그는 신들이 있다고 믿으며, 그 신들은 실질적으로 그의 삶과 행복에 영향을 미치는 충분한 능력이 있다고 믿고, 그리고 하나의 최고신이 있다고 믿는다.

중국의 고대종교들은 하나의 최고 창조주 영의 존재를 당연한 것으로 인정했는데, 그는 인간에게서 멀리 떨어져 있어서 인간들의 어린아이와 같은 손은 그를 잡을 수 없다고 생각했다. 그래서 그들은 많은 저급한 신이나 귀신, 영들의 능력 속으로 떨어졌다. 그들은 부분적으로 잠시 동안 공자의 부름에 의해서 이성과 고상한 삶으로 고양되었다. 그리고 그 후에 붓다에 의해서 추상적 명상과 육적인 고행으로 고양되었다가 결국은 다시 잡다한 형태의 다신론과 어둠의 감각 속으로 떨어졌으며, 그곳에서는 원시신앙의 마지막 불빛이 영원히 억제당하는 것 같다.

일본을 돌아보면, 두 종교가 만나는 시점에서 상이한 발전단계의 변화된 조건과 그들의 독특한 민족적 성격이 합쳐져서 매우 다른 결과를 낳았다. 일본인들은 '태양여신의 후손'이며, 그녀는 당연히 그 자식들의 안녕을 갈망했다. 그들 신론의 이러한 기초에서, 우리는 중국의 신론에는 거의 알려지지 않은 하나의 사상을 발견하는데, 바로 신의 입장에서 인간의 안녕을 위한 갈망이다. 그러나 그들의 신학적 체계는 어떤 의도에 의해서 세워졌으며, 그리고 그들의 전 신화는 그들의 군주를 영광스럽게 만들기 위해서 계획되었고, 이러한 신들이 이야기 속에서 그들의 성격을 투영하는 해설자에 의해서 채색되었다.

나란히 일본에 들어온 불교와 유교는 주어진 조건을 받아들였다. 그러나 원래 신도는 자연숭배인 반면에, 불교는 초자연의 숭배로 그들에게 다가왔다. 신도의 신화와 의례에 의해서 강화되었던 일본의 종교적 충성심은 불교를 받아들임으로써 강화되었고, 일본유교의 변화에 의해서 더욱 강조되었는데, 일본유교에서는 충사상이 그 초석으로서의 효사상을 대체하였다.

물론, 후기의 발전과 현대 과학의 도입, 그리고 불교의 다양한 철학적 종파의 노력에 의해서 무신론적 경향이 나타났다; 교육을 받은 비기독적인 일본인은 대부분의 경우에 이러한 이야기는 단지 우화나 신화일 뿐이라고 말하려고 하지만, 그러나 그들도 실제로는 신론으로부터 벗어나기가 거의 불가능하다는 것을 안다. 그는 보편적인 인간과 그가 살고 있는 이 세상을 공부해 왔기 때문에, 실제로 유일신론은 아니라도 일원론적 경향으로 나갔다.

그들의 애국심은 우리가 본 것처럼 충사상이 숭배되는 지점까지 발전해 갔다. 그리고 이 사상에 주어진 정확한 성격은 없지만, 이 사상을 인격화하는 무지한 사람들 중에는 불만족스러워하는 사람도 없다; 그래서 오늘날 범신론적이든지 다신론적이든지 적어도 유신론을 취하는 일본인들은 신 혹은 신들을 인정하며, 대부분 최고의 가능한 목표는 피를 흘리고 생명을 국가에게 바칠 때 얻을 수 있다고 믿는다.

아주 늦게야 시작되는 일본역사는 같은 시기의 중국에서와 비슷한 조건을 보여주고 있다. 개연성이 더 크지는 않을 지라도 우리가 발견하는 사실은 초기의 더 순수한 신론으로부터 비슷한 쇠퇴의 단계라는 것이다. 그리고 오늘날은 급속하게 문명화된 국가의 면모를 정부, 예술, 과학, 직업, 산업, 해군과 육군의 군사력 등에서 보이고 있지만, 불교는 더욱 조야한 양상으로 부흥하고 있는데, 그 사원은 사람으로 붐비며 그 우상은 많은 헌신자들의 숭배를 받고 있다. 확실히 일본은 새로운 문명에 상응하는 높은 수준의 신론을 아직 발전시키지 못하고 있다.

한국으로 눈을 돌리면, 우리는 오늘날까지도 어느 정도 고대신앙의 단순성을 유지하고 있는 것을 발견할 수 있다. 금세기 동안 외부세계와 단절하면서, 이 나라는 자신 안에서 만족을 취해왔으며, 그래서 외부의 다신론의 침입 속에서도 자기의 원시신앙을 지켜왔다.

유교를 받아들이면서, 한국은 조상숭배와 윤리규범을 채택하였고, 한편으로 '천자', '하늘의 아들', 황제가 특별히 하늘을 숭배할 수 있다는 것을 인정하면서도, 이것이 중국 황제만의 특권이라는 규범을 거부했으며, 최고신에게 접근할 수 있는 그들의 권리를 열렬히 옹호하였다. 그래서 우리가 본 것처럼, 한국은 때때로 그 이웃 나라에서 목격되는 잡다한 물질주의나 관능성으로부터 보호될 수 있었다.

한국은 불교를 단순히 또 하나의 종교로 받아들였으며, 그래서 그 신들을 자신의 만신전에 추가하였다. 한국은 오늘날 다신론적이고, 교육을 받았든지 아니든지 평균적인 한국인은 유신론자이며 신들의 존재를 인정하지만, 그러나 하늘을 가장 뛰어나고 모든 신들을 다스리는 최고신으로 받든다. 한편 한국의 고대역사는 이 신을 창조주로 주장하였지만, 오늘날은 이러한 규범을 잃어버리고 모든 사물은 두 개의 원리에서 기원한다는 우주창조설을 받아들이고 이러한 힘이 어디에서 왔는지는 스스로 묻지 않는다.

하늘에 다가서기 위해서는 매우 큰 정성이 필요하다고 생각되었으며, 정화를 위한 노력은 그들이 이 신을 거룩하게 생각했다는 것을 보여준다. 그러나 이러한 사상은 희미했고 제한적이며, 그리고 여기에는 자유가 인정되는데, 그들은 다른 계시에 의해서 가르침을 받거나 지도를 받지 못한 사람들처럼 높은 수준의 신앙으로부터 타락하여 다른 신들을 좇아갔다. 그럼에도 불구하고 그들은 모든 다신론적인 경향 속에서도 그들의 '하나님'을 굳게 붙잡았다.

따라서 우리는 각 나라에서 발전된 세 가지 토착종교가 삶들의 요구를 만족시켜 주지 못하였으며, 비록 때때로 하강하는 경향을 멈추기 위해서 최선을 다하며 저항했던 사람들이 있기는 했지만, 그들 모두 타락하는 경향을 보이고 있음을 알 수 있다.

그 창설자들의 매우 수준 높고 고상한 이상과 그 제자들에 의해 발전된 유교와 불교는 인간애의 요구에 균형을 맞추어 평가를 받아 왔으나 부족한 것으로 확인된 것을 우리는 안다. 그들이 가지고 있는 일종의 삼위일체 교리, 추상적 사상의 인격화, 조상숭배, 낡은 윤리규범등은 삶과 죽음의 문제에 적절하게 대응하지 못했다. 여기에서는 존재를 위한 투쟁이 눈물과 수고로움으로 힘들고 지친 사람들을 땅바닥에 던져버리고, 예법과 무(無)라고 하는 의심스러운 평안과 혹은 후기 불교의 천국교리에 복종하라는 냉엄한 명령 외에는 아무런 도움이나 희망도 없다. 아미타불이나 관음이 일종의 신앙으로서 구원의 교리를 가지고 있는 것은 사실이나 그것은 조심스럽게 언급되어야 하는데, 이 교리는 현세에 인간의 재생이 아니며 죄와 권세로부터의 구원도 아니고 다만 내세의 징벌로부터의 구원일 뿐이다.

아미타불과 관음은 의심의 이유가 충분한 모방들이다; 그러나 그렇더라도 그들은 매우 서툴게 만든 것이다. 그들의 교리는 가장 축복된 땅을 획득하는 것을 매우 편하고 쉽게 만든 반면에, 비열한 범죄를 기꺼이 저지르게 한다. 이 신들은 어느 것도 신봉자들의 인격에는 관심이 없으며, 그들의 유일한 관심사는 '많은 말'[3]로 그들의 이름을 부르는 사람을 징벌에서 구해내는 것이다. 우리는 이들 의례에 관한 책에서 인간의 영혼이 절대적인 공경과 헌신으로써 그 앞에 부복하는 신의 모습을 나타내는 희미한 단서나 어떤 고상한 이상을 찾아 볼 수가 없다.

사탄은 기독교를 풍자하기를 좋아한다고 주장하는 사람들이 있다; 그리고 우리는 특히 불교에서 이러한 이론을 지지하는 많은 교리를 볼 수 있다; 이것이 사실이든지 아니든지, 우리는 그 안에서 풍자 이상의 어설픈 유사점을 많이 확인할 수 있지만, 그러나 그 이상은 아니다.

---

3 **[역자주]** '나무아미타불 관세음보살'이라는 말을 반복한다. 이 말은 아미타불과 관세음보살에게 귀의한다는 의미이다.

이세상의 신론은 알맹이가 없는 조잡한 모조품이며, 혹은 냉정하고 거리가 먼 추상적 관념이다.

이제 음지로부터 '세상의 빛'으로 나가 보자. *성경의 신론은 엄격한 의미에서 유일신론적이다.* 역사를 연구한 사람들 중에는 유대교인과 마호멧교인과 기독교인만이 유일신론자이며, 신의 배타적인 주권이라는 관념은 신성한 계시를 받은 사람들에게만 존재한다고 명백하게 주장하는 사람들이 있다. 물론 '유일신론'이라는 말을 느슨하게 사용하면서 다른 순수한 유일신론적인 사람들을 발견했다고 말하는 사람들이 있지만, 이들은 일반적으로 일신론자로 확인이 되었다. 원시시대 한국과 중국 사람들은 유일신론자들이었다고 우리가 시사하기는 했지만, 그들이 아무런 형태의 계시도 없이 이 유일신론을 취했다고 주장하지는 않았다. 오히려 이것은 신이 여러 민족의 조상들에게 개인적이고 직접적으로 계시를 준 더 오랜 고대시대의 자취라는 믿음에 가깝다. 그때 신은 에녹과 함께 거닐고 아브라함과 친구로 말을 하였는데, 이러한 초기의 믿음은 아마도 홍수가 난 후에 높은 지대에 놓여진 받침대와 같은 것이다.

이러한 가장 고대의 신앙은 순수하게 유일신론적 이었지만, 그들은 일찍 후퇴했으며, 우리가 확인할 수 있는 형태는 일신론이었다. 그리고 그들의 후퇴는 성경에서 하나님을 부정하는 민족들이 보인 후퇴에 상응한다. 이러한 개연성의 초기 유일신론은 신의 단일성이라는 교리가 오직 계시에서 나왔다는 가정을 결코 거스르지 않는다.

최근 과학의 결정들은 신론으로 직접 인도하며, 우리는 과학이 받아들이는 유일한 신론은 유일신론이라고 명확하게 언급되고 있는 것을 알 수 있다. 여기에서 나는 오르 박사가 한 말에 주의를 기울이기를 바라는데, 그는 다음과 같이 말하고 있다. "과학과 진화론 철학의 최종적인 결과로서 설명된 이 진리는 성경적 종교의 첫 번째 진리이다."

아마도 가장 발전된 진화론은 유일신론으로 나간다는 증거가 여기에 있다고 말할 수 있을 것이다. 그러나 이상하게 들릴지 모르지만 이러한 현상은 이미 유일신론이 인정된 나라에서 발생했으며, 그것은 교리의 진화라기보다는 이미 신성한 계시에 의해서 받아들여진 진리에 대한 인정이다.

이러한 관점은 이들 세 나라의 다신론과 현저히 대비된다. 일본이나 아시아의 다른 지역에서는 과학의 연구결과에 영향을 받기도 한 어떤 경향이 나타나고 있는데, 인류와 우주의 단일성을 더욱 더 확인하려는 것이며, 그리고 성경의 가르침이 이것을 설명하는데 얼마나 적합한지를 깨닫게 된 것이다.

성경적 신론과 관련하여 우리가 제시할 수 있는 두 번째 정리는 *이 유일신은 자신을 세상에 명확한 방식으로 계시한다*는 것이다. 그는 자연 속에서 선지자나 사도를 통해서 자신을 나타냈으며, 특별히 그 아들의 생애와 가르침을 통해서 자신을 드러냈다. 물론 자연을 통한 자신의 계시는 모든 사람이 부분적으로 읽을 수 있으며, 그래서 그들은 하느님을 이해할 수 있다. 그러나 그의 전 모습은 오직 이 기록된 계시를 통해서 드러나며, 그의 작품을 통하여 그의 전 속성에 대한 진정한 이해는 이 계시된 언어의 도움을 통하여 이루어진다. 이 기록된 계시는 그 권위의 관점에서, 그리고 계시 자체에 불확실성이 없다는 점에서 이방인들의 기록과 크게 대비가 된다.

여기에는 하나의 법칙이 주어져 있는데, '하느님이 이와 같이 말했다'는 것이며, 그리고 주석가나 설교자, 사제, 수도자들은 때때로 기록에 없는 것, 혹은 그 속에 포함된 교리를 읽을 수 있는 반면에, 기독교인들에게는 성경이 마지막으로 호소할 수 있는 법정이기도 하다. 중국인들이 경전으로 부르는 책들이 있기는 하지만, 그것은 공자의 고전일 뿐이며, 결코 성경과 같은 권위를 가지고 있지 않다. 중국 경전이나 일본서기, 고사기의 글은 그러한 주장을 하고 있지 않으며, 그것은 초기시대의 역사적인 연대기일 뿐이고, 그 문체나 글자는 마음에 새길만한 것이 아니다. 마찬가지로 불교서적도 결코 이와 같은 주장을 하지 않는다; 그들은 단지 존재의 문제를 해결하기 위한 시도일 뿐이며, 그 속에는 '하느님이 이와 같이 말했다'는 것이 없다.

성경에 등장하는 하느님의 속성에 대하여 이야기할 때, 우리는 많은 단련을 받은 소요리문답[4]에서 정의된 내용보다 더 나은 설명을 제시할 수 없는데, 거기에는 다음과 같이 언급되어 있다. "하느님은 영이며, 무한하고, 영원하며, 그리고 그의 존재와 지혜, 능력, 거룩함, 정의, 선함, 진리에 있어서 변함이 없다."

많은 지적인 발전을 이룩한 아시아인과 같은 사람들은 하느님이

---

4 **[역자주]** 영국 청교도 혁명 당시인 1647년에 영국의회에서 채택한 기독교 교리문답서이며, 장로교회의 핵심교리이다. 성직자를 위한 대요리문답에 대비하여 일반신도를 위한 간추린 소요리문답이라고 한다.

틀림없이 영이라는 사실을 기꺼이 인정한다. 그들의 숭배에서도 일부 비속하고 교육을 받지 못한 사람들을 제외하고 그들은 일반적으로 그들이 모시는 신들은 일본사원에서 아무런 우상도 없이 단지 위패만을 모시는 것처럼, 영적이며 물질적이 아니라고 인정한다. 여기에서 우리는 하나의 접점을 발견한다.

그러나 이러한 관계에서 우리는 다음과 같은 사항을 주목해야 한다. 기독교 신론은 인간은 하느님의 후예이기 때문에 역시 영이며, 그래서 그는 하느님의 영을 분별하고 숭배할 수 있으며, 그렇게 함에 있어서 그는 영과 진리로써 그를 숭배해야 한다고 가르친다. 이 기독교 신론의 요소는 동아시아 종교의 숭배에 나타나는 물질주의, 관능성과 결정적으로 대비되는 영성을 나타내고 있다; 왜냐하면 기독교 신론에서는 이 하느님이 인간의 손으로 만든 집에 거주하지 않으며, 그 자신을 드러내기 위하여 그림이나 우상을 필요로 하지 않고, 그의 진정한 성전은 인간의 마음이며, 만일 인간의 마음이 순수하고 거룩하다면 이 하느님이 스스로 그 안에 거하기 때문이다.

이러한 관념은 우리가 이제까지 검토한 어느 종교에서도 완전히 알려져 있지 않다. 불교에는 니르바나가 있는데, 그것은 절대적인 비인격성으로 들어가는 것이며, 모든 개인성을 상실하는 것이다. 이것조차도 절대로 신이 아니라고 주장한다; 그리고 인간 안에 거주하는 신성한 하느님이라는 생각은 결코 해본 적이 없다.

물론 다신론적 개념에서도 선한 영과 악한 영이 있고, 우리가 본 것처럼 추상적 개념을 인격화하기도 한다; 거기에는 특별히 선한 신과 악한 신이 있지만, 그러나 성경의 신론은 그들이 가장 최고의 이상으로 꿈꾸었던 모든 것들을 그 안에 가지고 있는 하나의 인격신을 제시하고 있으며, 이 신에게는 그들의 잡다한 신들 속에 인격화한 악한 것이 전혀 없다; 그 신은 그들의 지식을 넘어서서 하늘보다 더 높으며, 그러나 겸손한 신자에게는 '생각하기와 숨쉬기보다 더 가깝다.' 그런 신자는 이 신론의 교리에 따라 신성한 능력에 의해서 모든 성인들과 함께 무엇이 길고 넓고 높은지를 배울 수 있으며, 더욱 '하느님의 충만함에 가득차서' 그 자신을 알게 될 것이다.

신의 속성으로서의 거룩함은 그들의 신앙에 암시되어 있으나, 그것은 성경의 이상에는 훨씬 못 미친다. 그들이 사원에 갈 때나 특히 하늘에 숭배를 할 때, 정화가 요구되는데, 그것은 주로 외적이고 형식적인 정화이다. 이것은 마음의 정화가 필요하다는 것을 의미한다고 말할 수 있지만, 그러나 그 신들의 행위에 대한 설명은 그들이 성경에 계시된 유일한 신의 순수한 거룩함으로부터 얼마나 멀리 떨어져 있는지를 보여주고 있다.

바로 여기에 그들 신앙체계의 가장 큰 결함 하나가 있다; 신에 대한 저급한 사상에서는 자연히 인간에 대한 저급한 사상이 나온다. 그리고 잘못된 행위를 하는 신에게서 그 신을 공경하고 숭배하는 사람들이 무엇을 기대할 수 있겠는가?

성경의 하느님은 순수하고 거룩한 신이며, 그 안에 아무런 악이 없다; 그의 길은 의로우며, 그의 행위는 완전하다. 거룩함은 그의 왕관이다! 이것은 아시아적 신들의 신화적인 삶과 얼마나 대비가 되는가! 한 신 안에 이 신성한 성질이 없다면 다른 모든 속성이 무슨 소용인가.

아시아적 개념에서는 이들 신들은 서로 기분에 따라 말하기도 하고 행동하기도 하는데, 그것은 단지 어리석고 천박할 뿐만 아니라 매우 역겹기도 하다. 일본서기나 고사기를 읽거나 도교신자와 그 신들의 행동에 대하여 이야기 해보면, 당신은 신에게 필수적 속성인 거룩함이 그들에게는 알려져 있지 않다는 사실을 곧 발견할 수 있다.

그러나 신구약 성경을 읽고, 유대인의 의례와 의식을 연구하고, 시나이 산의 천둥을 읽어 보고, 모세가 하나님과 이야기를 나눌 때 그 서있는 땅이 신성하기 때문에 그 발에서 신을 벗은 곳을 확인하고, 그리고 모든 그림에, 그에 관하여 말하고 있는 모든 책에, 모든 양식에, 사원의 모든 건축물에, 사제의 두루마기에 쓰여 진 '거룩하다, 거룩하다, 거룩하다, 전능하신 주 하느님'이라는 글을 보라.

그들의 개념을 다시 살펴보면, 물론 우리는 그들의 정의의 신에게서 연유하는 정의를 발견한다. 그러나 그것은 그들의 다른 신들에게는 매우 낯선 성질이다. 중국이나 한국에서 원시 숭배의 대상인 최고신의 속성으로 이러한 개념을 찾아 볼 수 있는데, 이 예외는 이 숭배의 신성한 기원에 대한 우리의 가정을 가능케 하는 간접적인 설명이 된다. 정의를 그들의 최고신에게 돌리는 것은 어느 정도 높은 수준의 신론적 개념을 유지하는데 도움이 되지만, 만일 그러한 속성을 가진 신이 그들의 유일한 신이었다면 그 신이 어떤 신인지를 밝히는 데는 실패했다. 최고신은 멀리 떨어져 있으며, 오직 황제만이 접근할 수 있었다; 만일 한국에서처럼 사람들이 그에게 소원을 빌 수 있었다고 할지라도, 그것은 주로 큰 재난이 있을 때이며, 그래서 그의 정의가 인정될 지라도 그 인정은 사람들에게 그렇지 않았다면 가능했을 삶에 효과를 가져오지 못했다.

게다가, 우리는 특히 *기독교의 신론에서는 하느님을 사랑하는 아버지로 표현한다*는 사실을 주목한다. 그러한 생각은 이들 나라에는 결코 알려지지 않은 사상이다. 사람들에게 다가오는 놀라움 중에 하나는 하느님이 인간을 사랑한다는 것이다. 물론 관음숭배에서는 그에게 소원을 비는 사랑이나 자비를 발견할 수 있지만, 그러나 인간을 향한 진정한 사랑에 관한 희미한 암시도 찾아 볼 수 없다. 반면에 기독교적 개념은 인간의 선을 추구하는 하느님을 우리에게 제시하고 있는데, 그는 고난에 빠진 자 옆에서 그를 일으켜 세운다. 어디든지 그의 자녀의 선을 위해서 갈망하는 사랑하는 아버지가 있다. 그는 너무나 갈망하기 때문에 그의 외아들까지도 희생하는 존재로 나타난다. 이것은 어느 곳에서든지 인간의 마음을 사로잡는 사상이다. 이러한 외아들을 희생하는 하느님 아버지의 모습은 신구약 성경에 나오는 신의 놀라운 속성을 드러낸다. 이것은 인간이 이해하기 매우 어려운 교리이지만, 만일 그것을 이해한다면, 그것은 살아있는 원리이고 고상하고 순수하게 하는 영이며 행위이다.

이 하느님은 그의 자녀를 사랑할 뿐만 아니라 또한 그의 자녀에게 다시 사랑을 요구하기도 한다. 우리가 처음 한국에서 '너는 네 마음을 다하고 네 뜻을 다하고 네 생각을 다하고 네 힘을 다하여 너의 주 하느님을 사랑하라'는 10계명의 요약을 번역할 때, 우리는 적합한 한국말을 알지 못하며 사람은 하느님을 *사랑*할 수 없다는 말을 들었다. 사람은 하느님을 존경하고 공경할 수 있으나, 그를 사랑하는 이것은 불가능하다는 것이다. 그들의 최고신은 아주 멀리 떨어져 있고 인간보다 훨씬 높이 있기 때문에, 그러한 인간적인 사랑이라는 개념은 생각할 수 없다; 인간과 신과의 관계는 그러한 생각을 받아들일 수 없는 것이다. 한국인들은 우리가 하느님과 인간의 관계에 새로운 빛을 가져왔다고 믿지 않았으며, 단지 우리가 *사랑*이라는 한국말에 담겨진 의미를 이해하지 못했다고 믿었다. 인간을 사랑하는 신이라는 개념은 아주 적합한 것이며 그 단어의 의미를 곡해한 것이 아니지만, 한국인들의 생각에는 최고신은 사랑을 받기에는 두렵고 위엄 있는 존재로서 너무나 높고 멀리 떨어져 있다. 그들의 다른 신들에 대해서는 아무도 그들을 사랑하거나 사랑을 받는다는 생각은 꿈에도 없다; 그들의 분노를 진정시키고 값진 제물로써 그들의 호의를 얻으면 그것으로 충분하다.

인간을 동경하는 신은 거의 생각할 수 없다, 그러나 이것은 성경이 명백하게 말하는 것이다; 성경은 명백하게 무수히 반복적으로 영원한 존재의 희생적인 사랑을 그리고 있다. 그는 그의 자녀들이 그에게 돌아오라고 부른다, 그는 가장 부드러운 말로 그들에게 간청한다, 그는 잃어버린 양을 찾는 목자요, 방탕한 자식이 돌아오기를 기다리는 아버지요, 정숙하지 못한 아내를 두 팔을 벌려 환영하는 남편으로 묘사된다.

그러나 그리스도의 인격 속에 계시된 신성한 본질은 그들의 신개념과 기독교의 개념사이에 현저한 대비를 보여주는 것이다. 성육신이라는 사상은 동양인에게 결코 놀라운 일은 아니지만, 그러나 그가 예수 안에서 하느님을 보며 그 이야기 - 그의 생각과 행동의 주요 동기인 사랑과 자기희생, 인간들을 위해서 그 생명을 낮은 자를 위해서 높은 자가 희생됨 - 를 읽고서 이것이 전능한 창조주라는 것을 알 때, 한줄기 빛이 그의 어두움에 비치고 그의 전체를 그가 신이라고 믿을 수 있는 존재 앞에 부복하게 될 것이다; 그는 신에게 매료되어 놀라움에 싸이고 다 이해하지는 못하지만 하느님을 숭배할 것이다.

도교나 불교에서 우리가 본 대략적인 삼위일체 사상은 많은 종교에서 나타난다. 그들의 공통되는 기원을 검토할 시간과 지면이 우리에게는 없다. 하느님은 우리가 개인적으로, 국가적으로, 세계적으로 그의 빛을 감당할 수 있는 만큼 그 자신을 드러낸다. 그래서 우리가 모세 5경의 시대에서 선지자의 시대로, 선지자의 시대에서 그리스도의 시대로, 신약성경의 가장 명확하고 명백한 표현으로 나아감에 따라서, 성부와 성자와 성령이라는 삼위일체 사상이 점점 확실하게 우리의 시야로 들어오는 것을 알 수 있다. 그리고 그 사상은 요단강가에서 성부가 말하고 성자가 비둘기 같은 형태로 성령을 받는 장면에서 확실하게 읽을 수 있다.

이 삼위의 일치는 신약성경이 명확하게 가르치고 있는데, 이미 말했듯이 구약성경에 그 예표가 나와 있다; 그리고 유대인들에게 완전히 이해되거나 실현되지는 않았지만, 일단 언급이 되면, 천지창조로부터 명백하게 나타나며, 양식이나 상징으로, 의식이나 섭리로, 선지자의 환상이나 음유시인의 노래로, 선택된 민족의 모든 역사를 통하여 나타난다. 성부 하느님은 세상을 향한 그의 사랑으로 신성한 인격인 성자 하느님 속에서 자신을 증거하며, 그의 신성한 선생을 통하여 말씀을 설명하는데, 세 가지 독특한 인격이며 하나의 하느님, 삼위의 일치다.

이것은 단순히 신비가 아니며, 사실 그것이 절대로 필연적이라고 말하는 사람들에게 잘못이 없다. 마르텐센은 다음과 같이 말했다. "기독교의 교리가 삼위일체론을 주장하고 발전시키지 않았더라면 윤리는 자신의 장점 안에서 주장하여야만 한다." 레이드로 교수는 그의 인간론 강의에서 다음과 같이 말했다. "이 삼위일체론은 계시의 발견 중에서 가장 풍부하고 광범위한 것이다; 그것은 신론의 완성이며 완벽한 방어이다." 오르 박사는 다신론을 어둠속에서 삼위일체를 찾아가는 탐구라고 생각하고 다음과 같이 주장하고 있다. "삼위일체는 하느님의 개념이며, 특히 기독교의 개념이다. 그리고 그것은 극단적인 범신론이나 이신론에 대항하는 *살아있는* 신론에 대한 가장 확실한 보장을 제공한다."

앞에서 언급한 소위 이교도의 삼위일체는 진실한 것이 아니며, 그것은 삼중의, 혹은 세 가지 효과를 가진 신들이라고 불러야한다; 세 가지는 하나로 간주될 수 없으며, 여기에 가장 가까운 것이 중국이나 한국의 삼신(三神)[5]인데, 그것은 어떤 지역에서는 구별되지 않고 각각으로 숭배되지 않지만, 그러나 여기에서도 진정한 삼신의 일치라는 진정한 개념은 없다.

기독교는 성부와 성자와 성령이며 셋이면서 절대적으로 하나인 하느님을 세상에 제시한다. 성부 하느님은 세상을 인도하고 조정하고 지시하며 그의 자녀들의 안녕을 보살피고, 그리고 아무런 중재자나 의식

---

5 **[역자주]** 아기를 점지하는 일과 산모와 아기를 보호한다는 세 신령.

이나 사제도 없이 언제든지 하느님에게 호소할 수 있다; 그는 언제나 뚜렷하게 인식되는 것은 아니다; 그는 전지전능하지만 구름 뒤에 있는 것처럼 베일에 싸여 있으며, 사랑의 섭리를 분명하고 확실하게 전하고 있다: 삼위 중에 두 번째 위격인 하느님은 육신으로 나타나는데, 신인이며 현재도 살아있는 내재하는 능력이며 거룩하신 이의 오른 편에 앉아 있고, 그의 백성을 중재하고 도와주며, 하느님의 진정한 본질을 명백한 방법으로 증거한다:[6] 세 번째 위격인 성령은 영적으로 갱생시키는 힘이며, 마음을 깨우치고 삶을 바꾸며 성격을 개조하는 능력이며, 그리고 개인이나 사회나 전 국가를 도덕적으로, 사회적으로 완전히 변혁시키는 능력이다. 인간의 마음속 깊은 곳의 영적인 신비를 열 수 있는 선생이다. 이 세 가지 아버지, 맏형, 그리고 선생이 하나의 하느님을 형성한다.

이 삼위일체 존재의 통찰이 이교도들에게 그들의 이전 빛은 어둠에 지나지 않으며, 이 진리의 빛이 인간 영혼의 모든 요구를 충족시키고 인간 본성의 모든 결함을 완전하게 한다는 것을 인정하도록 압력을 가하고 있다.

그러나 우리는 기독교 성경의 신론에 대한 개관을 마치면서 그 안에 포함된 믿음에 특별한 관심을 가져야 하는데, 그것은 인간이 신의

6 이 하느님과 가장 낮은 신자와의 생생한 현존의 능력 있는 개념이 한 한국의 늙은 농부 여인의 대답에서 나타나는데, 그녀는 예수가 어디 있는가 라는 질문에 대답하기를, "나는 그가 어디에 있는지 모릅니다, 나는 무지한 늙은 여자입니다, 그러나 나는 그가 늘 내 집에 있다는 것을 압니다."라고 하였다. 틀림없이 이 두 번째 위격인 예수는 한국의 그 토착 기독교인에게 살아있는 실제이다.

본성, 신인이 되는 길에 참여하는 것이 가능하다는 것이다. 이것은 황제나 사제들의 신격화에 의해서도 아니고, 영웅들에게 바쳐진 사후의 공경도 아니며, 성인의 목록에 수도자의 이름을 올려서도 되는 것이 아니라, 다만 지금 이 생애에 신성한 본성에 참여한 가장 겸손한 신자들에게 가능한 것이다. "그를 받아들이는 자들에게 그는 하느님의 자녀가 되는 능력을 준다." 성경은 모든 사람에게 하느님의 자녀가 되라고 요구하지 않는다는 것을 주목해야 한다. 그 대신 특별한 방식으로 이 이름을 '새롭게 태어난' 사람에게 사용하고 있다. "이제 우리는 하느님의 자녀이다", "우리는 그의 후손이다", "그의 형상을 품으라", 그리고 그의 본성에 '참여자'로 언급된다. 성경의 신론은 성육신을 세상의 구원에 필연적으로 앞서는 것으로 설명한다. 그러나 그것은 또한 부활의 결과로서 재림을 주목할 만한 방법으로 묘사하고 있다. 그의 본성을 거룩하게 하면서 인간안에 거하는 하느님이라는 성경적 사상은 세계의 신학에서도 깜짝 놀랄 만큼 매우 독특한 것이며, 그리고 매우 드물지만 일단 이해가 되면, 어디서든지 사고하는 인간의 관심을 집중시킨다.

이러한 내용은 기독교 신론에서 두드러진 점들이다. 그것이 설명되어지는 곳은 어디든지, 그것은 인간의 마음속에 있는 죄, 슬픔, 약함, 유혹, 악과의 싸움, 그리고 본능적인 숭배의 욕구 등에 적절히 대응하고 있는 것을 발견한다. 이러한 모든 요구에 그것은 자물쇠를 푸는 열쇠처럼 적합하다는 것을 발견한다. 그리고 이 하느님이 나타나는 곳은 어디든지, 이방신은 몰락하게 된다.

그러나 어떤 면에서 이들 잘못 된 종교들은 우리 하느님을 위하여 사막에서 고속도로를 놓는데 도움을 주었다. 오랜 기간 동안 조상에 대한 효사상으로 훈련된 중국인들은 하느님에게서 위대한 하느님 아버지를 보며, 그 조상숭배는 하느님을 공경하면서 최고의 완성을 발견한다. 그가 이 더 위대한 '제(帝)'는 그의 백성들의 요구에 초연하지 않는다는 사실과 '참새 한 마리도 당신의 아버지의 허락이 없으면 땅에 떨어지지 않는다'는 말씀과 '그에게 나오는 자는 누구든지 그가 저버리지 않는다'는 말씀을 알았을 때, 그의 마음은 '아바, 아버지'라고 응답한다.

그는 공자의 '사해안의 모든 백성이 동포이다'라는 진부한 말에 오래 동안 익숙해 왔으나, 그가 영원한 아버지를 통한 인간의 동포애라는 위대한 진리를 알았을 때, 그의 시야가 넓어지고, 작은 세계에서 큰 세계로 쉽게 나아가며, 비록 그 성인이 천명한 말에도 비의도적인 지혜가 있기는 하지만, 더 넓은 세계를 깨닫는다.

그는 삶의 고난과 고통으로부터 도움을 받는데, 사제나 승려들의 마술이나 주술을 통해서가 아니라 "수고하고 무거운 짐 진 자들아 다 내게로 오라"는 하느님의 말씀을 통해서 이다. 창조주 하느님이 그의 자녀들의 울음에 귀를 기울인다는 사실을 알았을 때, 그는 곧 이것이 얼마나 옳고 합당한지, 그리고 과거에 방편적으로 믿었던 것들이 얼마나 무익하고 형편없는지를 알게 된다.

일본인들은 그들이 신의 후손이라고 믿지만, 그들이 태양여신이나 보살이나 관음 혹은 아미타불보다 훨씬 뛰어나며 떠다니는 도깨비불보다 더 밝은 정오의 태양처럼 그들을 초월하는 무한하고 영원하며 변함없는 존재가 있다는 것을 알고, 그리고 그는 그 집안의 아들과 딸로서 그들에게 거할 곳을 제공하며 그를 받아들이는 만큼 그의 자녀가 되는 능력을 주고자 한다는 것을 알 때, 그들은 그들의 일본서기가 그들을 높여 준 것 이상으로 높은 수준으로 고양되었다고 느낀다; 그리고 그들의 선조일지도 모르는 그의 고상한 성품에 대하여 더욱 더 많이 알고 그의 본성에 참여할 때만이 그들은 그 이름을 감당할 가치가 있음을 알 때, 그것은 곧 그들을 더 높은 이상과 더 고상한 목표로 올려놓는다.

조물주로서 모든 사물에 닿은 그 손길이 공정하고 아름다운 이 하느님은 자연숭배의 저급한 사상에서 그들을 건져 낸다; 그리고 나라에 대한 헌신하는 마음이 풍부한 그들이 여기에서 또한 영광과 존경과 영원한 생명의 주체인 한 왕을 발견할 때, 그들은 즐거운 마음으로 그러한 왕의 신하가 되고 그러한 나라의 시민이 되는 것이 살 만한 가치가 있는 유일한 목표라는 것을 깨닫는다.

하늘에 대한 숭배와 강한 효도 사상을 가지고 있으면서 또한 끊임없는 공중 권세들에 대한 두려움을 가지고 있는 한국인이 그들이 결코 숭배하기를 그치지 않았던 '위대한 존재'가 최고일 뿐만 아니라 유일하다는 것을 알고, 그리고 오래 동안 두려움의 대상이었던 이러한 저급하고 작은 악한 능력들은 단지 그들의 상상에 불과하다는 사실을 알며, 유일하게 존재하는 신은 사랑, 지혜, 정의, 그리고 진리의 하느님인 것을 알 때, 그는 그 하느님에게 온전한 충성을 바칠 준비가 되어 있다.

아무런 형상도 없고 위패도 없는 단순한 제단에서 그의 조상들이 여러 세대 동안 하늘의 신을 숭배해 온 한국인이 하느님은 영이며 그래서 그들은 영과 진리로 그를 숭배해야 하다는 것을 알 때, 그는 이 하느님이 그들 조상의 신인 것을 믿는다. 더 나가서 그가 오래전 역사를 살펴보고 가장 고대왕국의 왕인 단군이 강화에 제단을 쌓고 그의 '아버지 신'인 '창조주'를 숭배했다는 사실을 읽을 때, 그는 더욱 '이 신 이외에는 우리의 신이 될 수 없다'고 말하게 된다.

이 연구는 중국, 일본, 그리고 한국에서 얻은 신론 개념과 신구약 성경의 신론을 비교하였다. 내가 믿기로 이 연구는 이들 나라 사람들의 관점을 잘 이해하게 하였을 뿐 아니라, 동시에 그들의 현재 신앙체계는 고차적인 신사상을 제공할 수 없으며, 인생의 문제들을 해결하고 인간의 본성에서 나오는 호소하는 욕구를 채워주지 못한다는 것을 확실하게 보여주고 있다; 이와 동시에 우리는 우리가 성경이라고 부르는 책 속에 포함된 신론은 존재의 의문이나 인간의 욕구에 지적으로 대답할 뿐 아니라, 이것이야말로 그렇게 할 수 있는 유일한 것이라는 사실을 알 수 있지 않을까? 내 생각에, 다른 종교들을 더 연구하게 되면 편견을 갖지 않은 사람들은 이것이야말로 그러한 목적을 완성할 수 있는 유일한 신앙체계라는 사실을 확신하게 될 것이다.

이교도의 신앙체계 아래에서 죄의 짐을 진 영혼들은 힘껏 모세에게 울부짖는다, "나는 매우 두렵고 떨립니다, 그러나 우리는 시나이 산까지 나아 왔고 살아있는 하느님의 도시, 하늘의 예루살렘까지 왔으며, 그리고 새 계명의 중재자인 예수에게 왔고, 아벨의 피보다 더 나은 것을 호소하는 피로 나왔습니다."

■제6강 부록

극동지방을 이야기하면서, 오랫동안 연구해 온 화이버 박사는 다음과 같이 말한다. "오늘날 중국은 특별한 방식으로 다른 나라들의 관심을 끌고 있다. 이미 현재 아시아 문제를 넘어서는 극동 아시아 문제가 진행되는 과정에 있다. 두 경우에서 러시아가 사건의 중요한 축을 이루고 있다는 사실은 주목할 가치가 있다. 이밖에 근동에서와 마찬가지로 극동에서는 마호멧주의가 최종적인 위기를 가져올 중요한 요인이다. 병든 인간에 대하여 우리 자신을 속이지 말자. 우리는 마호멧주의와 터키제국을 명확하게 구분해야 한다. 터키는 쇠퇴할 수 있다; 마호멧주의는 지난 수백 년보다 더 강력하게 아프리카와 아시아로 뻗어나가고 있다. 하나의 불꽃이 그 폭발할 것 같은 열광에 점화를 할 것이고, 인도의 영국 지배지역을 심각하게 해체시키고, 네덜란드의 지배권을 위태롭게 할 것이며, 많은 기독교인을 희생시키고, 모든 아시아와 아프리카를 초승달의 깃발아래 예속시킬 것이다. 마호멧주의는 큰 권력이며, 그것은 국가적 차원이 아니고 국제적이다; 물질적인 이해관계가 아니라 그것을 고취시키는 신앙의 힘으로 야만적이고 반목하는 부족을 통합한다. 유일신론은 이슬람이 근거하는 진리이며, 숙명론은 그 손에 쥐어진 양날의 칼이다. 우리는 그 안에서 유대교의 반기독교 정서가 다시 일어나는 것을 보며, 이전보다 더 강력하게 고취되는 것을 알 수 있다. 고착된 유일신론은 다신론이 존재하는 한 아직 세상에서 그 사명이 있다. 마호멧주의자의 광신은 하느님의 징벌이며, 그 하느님의 바른 사역은 오랜 형식 속에 마비되고 내적인 영적 삶이 없이 끌려가며 비잔틴 규칙 아래 오랫동안 있어 온 세속적이고 감각적인 기독교화한 이단과 타락한 기독교가 존재하는 동안에는 완전히 실현될 수 없다." - "맹자의 마음" p.1.

■ 참고문헌*

G. W. 에스톤, "신도", 런던과 뉴욕, 1905.

S. 빌, "중국의 불교", 런던, 1884.

E. B. 비숍, "한국과 그 이웃들", 런던, 1898.

R. K. 더글러스, "유교와 도교", 런던, 1879.

E. 화이버, "맹자의 마음", 상해, 1882.

H. A. 가일스, "중국과 중국인", 런던, 1902 ; "중국문학사", 런던, 1901.

W. E. 그리피스, "일본의 종교들", 뉴욕, 1895.

S. 굴릭, "일본인의 진화", 뉴욕, 1903.

H. B. 헐버트, "한국의 역사", 런던, 1906.

G. W. 녹스, "일본종교의 발달", 뉴욕, 1907.

J. 레그, "중국의 종교들", 런던, 1881 ; "공자의 생애와 가르침", 런던, 1887.

W. A. P. 마틴, "중국인", 뉴욕, 1881.

T. W. 라이스 데이비즈, "불교", 런던, 1877.

* 언더우드가 주로 참고한 저서목록이다. 그는 이 책을 통하여 그의 연구에 많은 도움을 받았다. 그러나 이들 이론을 단순하게 인용하지는 않았으며, 비판적인 시각을 유지하며 취사선택하였고 상충되는 이론에서는 자신의 판단에 따라 입장을 정리했다. 그리고 무엇보다도 그 자신의 직접적인 경험이 기초가 되었다.

번역후기

이 책은 뉴욕대학에서 찰스 딤즈 철학 강좌(The Charles Deems Lectureship of Philosopy)의 초청으로 '동아시아의 종교'라는 제목으로 한 강의 내용을 편집한 것이다. 이 강좌는 미국 기독교철학 재단의 기금으로 매년 개설되는 강좌로서 기독교 신론과 관련된 과학과 철학에 저명한 인사들을 초청하였다. 언더우드는 네 번째로 이 강좌에 초청되어 여섯 번의 강의를 하였다. 그리고 이 강좌에서는 해당 강의를 단행본으로 출판해 주도록 되어 있는데, 이 책은 1910년에 뉴욕의 멕밀란 회사(The Macmillan Company)에서 〈동아시아의 종교〉(*The Religions of Eastern Asia*)'라는 제목으로 간행되었다.

이 강좌에 대하여 언더우드의 부인인 릴리어스 언더우드(Liillias H. Underwood)는 그녀가 쓴 〈언더우드의 전기〉(*Underwood of Korea*)에 다음과 같이 기록하고 있다.

"1907, 1908년 가을과 겨울 동안 언더우드는 〈한국의 부름〉(*The*

Call of Korea)이라는 자신의 저서를 준비하였다. 또한 1908년 여름에는 뉴욕대학에서 가진 딤즈 기금 강좌에서 '동아시아의 종교'라는 강의를 하였다. 이 사변적이고 철학적인 강좌를 수행한 방식과 그에 수반된 연구량은 아주 짧은 기간에 놀라운 양을 이루어 내는 그의 능력을 알고 있는 우리들에게도 놀라운 것이었다. 이 강의는 도교, 신도, 샤머니즘, 유교, 불교 등이 중국, 일본, 한국에서 어떠한 역할을 해 왔으며, 지금은 어떠한가를 다루면서 그 나라에 사는 사람들이 생각하는 신 개념을 밝히고 동양의 종교를 기독교와 비교하는 것이었다.

그리고 또 다음과 같이 언급하고 있다.

"언더우드는 에스톤(Aston), 레그(Legge), 가일스(Giles)와 같은 여러 학자들의 일본과 중국에 대한 저서를 너무 많이 인용했다는 비판을 받았지만, 동양에서 살아본 경험이 있는 사람이라면 평생 동안 공부해도 이들 가운데 한 사람의 연구 정도 밖에 이해할 수 없음을 알 것이다.

또한 언더우드의 강의를 보다 신뢰할 수 있는 것은 그것이 언더우드 자신의 매우 세밀한 연구와 관찰에 의존했을 뿐만 아니라, 동양문헌에 대해 연구한 위대한 학자들의 뛰어난 업적을 폭넓게 연구한 결과이기 때문이다."

언더우드가 이 강의를 한지 한 세기가 지났다. 도교를 민족종교로 가지고 있던 중국은 공산주의 체제를 유지해 오는 동안 대부분의 종교가 그 기반을 잃어버렸다. 오늘날 도교는 대만과 동남아의 화교권에서 부흥하고 있다. 최근에 와서 중국은 경제대국으로 부상하면서 자국의 우수한 문화를 선전하는 문화사업의 일환으로 대대적으로 공자와 유교를 부흥시키고 있다. 유교경전을 의무적으로 가르치고 공자의 사당과 제사의례를 복원하며, 외국에 공자학당을 개설하여 유교문화의 우수성을 선전하고 있다. 물론 이것은 종교적인 선교라기보다는 문화사업에 가깝지만 유교의 부활임에는 틀림없다. 중국에서 기독교는 미미한 수준으로 외국인의 선교를 허용하지 않고 있다. 그러나 종교가 자유로운 대만의 경우를 보면, 중국에 선교가 허용되더라도 그 성과를 단언하기는 힘들 것 같다.

신도를 믿는 일본은 여전히 신도의 나라이다. 일본의 기독교는 한 세기 전보다 더 나아진 것 같지 않다. 현재 일본의 기독교 개신교인은 인구에 1퍼센트 미만이다.

반면에 한국의 경우는 언더우드가 예상했던 것보다 훨씬 긍정적인 결과가 이루어졌다고 할 수 있다. 2005년 인구통계에 의하면, 한국의 기독교인은 신 · 구교를 합해서 전인구의 28.1퍼센트이고, 개신교만으로는 17.6퍼센트에 이른다. 불교인구는 21.9퍼센트이다. 유교인은 1퍼센트 미만이고, 기타 무속인은 거의 무시할 숫자이다. 언더우드가 한국의 민족종교로 샤머니즘을 지적한 것은 한국인의 삶속에 널리 퍼져있는 무속의 풍습을 정확히 본 것이다. 이 무속은 현재도 면면히 그 명맥을 이어오고 있는 것이 현실이다. 현대에 와서 무당의 굿은 많이 찾아보기가 어렵지만 점집은 곳곳에서 성업 중이다. 유교나 무속은 통계로 나와 있는 숫자는 적지만 우리 문화 속에 깊숙이 자리 잡고 있어서 단순히 외형적으로만 평가하기는 어려울 것이다.

샤머니즘에 대해서 한 가지 짚고 가야 할 것은 하나님 숭배와 샤머니즘의 관계이다. 언더우드는 샤머니즘 안에 하나님 숭배사상이 포함되어 있는 것으로 설명하고 있는데, 여기에는 이견이 있을 수 있다. 물론 무속의 신계보를 보면 가장 높은 곳에 하나님이 언급되어 있기는 하다. 그러나 그 하나님은 무당의 숭배대상이 아니며 형식적으로 앉혀 놓은 허상에 불과하다. 오히려 한민족이 숭배한 하나님은 온 민족이 제천행사에 모여 숭배한 하나님이고, 단군 이래로 제왕이 숭배했고, 일반 백성이 정화수를 떠 놓고 빌던 하나님이다. 한민족이 숭배한 하나님이 무속에서 말하는 하나님이 아닌 것은 하나님에 대한 제천의례에 무당이 참여하지 못했던 것을 보아도 알 수 있다. 이 하나님이 중국의 도교와 유교에서 언급하고 있는 상제와 어떤 관련이 있는지는 정확히 밝혀진 바가 없다.

한국인의 하나님 사상은 유일신 사상이며, 그래서 기독교의 여호와 하느님과 통할 수 있다는 언더우드의 통찰은 한 세기가 지난 오늘에 와서 판단해 보면 매우 타당성이 크다고 생각된다. 세계 기독교사에 유래가 없을 정도로 급속한 성장을 한 한국 기독교의 비결이 여기에 있는지도 모르겠다.

또 하나 언급할 것은 불교에 관한 것이다. 불교는 언더우드가 동아시아의 다섯 종교 중에 유일하게 세계종교로 평가한 것인데, 그 평가대로 현대에 와서 서구사회에 활발하게 선교영역을 넓히고 있다. 붓다가 초기에 가르친 것은 무신론적 철학에 가까운 것이었으나 후대에 와서 특히 대승불교에서 다신숭배로 변질되었다는 것이 언더우드의 주장이다. 그러나 그가 지적한 바와 같이 불교는 뛰어난 절충주의와 적응력으로 현대에도 그 영향력을 확장하고 있다. 한국에서도 한 세기

전과 비교하면 놀라운 성장을 이룩한 것이다.

오늘날 한국의 종교는 다종교적 상황에 처해 있다. 이러한 환경에서는 종교 간의 평화가 중요한 이슈로 등장한다. 우리나라는 주도적인 종교가 없이 큰 종교가 양립하고 있는 형국이기 때문에 더욱 그러하다. 이러한 때에 타종교에 대한 이해의 폭을 넓히는 일은 소중한 경험이다. 언더우드의 이 책은 그의 신분이 선교사라는 점을 감안하면, 그래도 동아시아의 다섯 종교의 진실을 많이 밝혀 놓았다고 생각한다.

앞으로 우리 한국사회에서는 더 많은 종교적 논의가 필요할 것이다. 가능한 많은 대화를 통해서 서로간의 오해를 줄여 나가고, 공감할 수 있는 부분은 활발히 교류해서 이 사회에 큰 비용과 희생을 치르는 불필요한 갈등을 해소해 나가는 노력이 모든 종교에서 있어야 할 것이다.

동아시아의 종교

지은이 H. G. 언더우드
옮긴이 한창덕
발 행 연세대학교 대학출판문화원
주 소 서울특별시 서대문구 연세로 50
전 화 02)2123-3380~2
팩 스 02)2123-8673
http://www.yonsei.ac.kr/press
ysup@yonsei.ac.kr
등 록 1955년 10월 13일 제9-60호
인 쇄 대일문예사

2012년 11월 16일 1판 1쇄
ISBN 978-89-97578-60-3 (93200)

정가 18,000원